드디어
시리즈

01

드디어 만나는
심리학 수업

PSYCH 101

Copyright ⓒ2012 by Paul Kleinman
Published by arrangement with Adams Media, an imprint of Simon & Schuster, Inc.,1230 Avenue of the Americas, New York, NY 10020, USA.
All rights reserved.

Korean Translation Copyright ⓒ2024 by Hyundae Jisung
Korean edition is published by arrangement with Simon & Schuster, Inc.
through Imprima Korea Agency

이 책의 한국어판 저작권은 Imprima Korea Agency를 통해
Simon & Schuster, Inc.와의 독점계약으로 현대지성에 있습니다.
저작권법에 의해 한국 내에서 보호를 받는 저작물이므로 무단전재와 무단복제를 금합니다.

드디어 시리즈 01

폴 클라인먼 지음 | 문희경 옮김

드디어 만나는 심리학 수업

유쾌하고 깔끔하게 정리하는 심리학 필수 지식

현대
지성

추천의 글

심리학은 요즘 왜 사람들의 관심을 받고 있을까? 그저 우리가 좀 먹고 살만해졌기 때문일까? 물론 그럴 수도 있다. 하지만 우리가 그만큼 복잡한 세상에 살고 있기 때문이다. 그 과정에서 나와는 너무나도 다른 많은 사람을 만나고 그들을 이해해야만 한다. 게다가 나 자신의 마음 역시 종잡을 수 없다. 실로 우리는 참으로 많은 장면과 순간에서 심리학에 관한 지식을 필요로 한다. 그래서 많은 정보를 찾아보곤 한다. 그런데 그런 이야기들 하나하나에 공감하고 무언가를 느껴갈 즈음 이 수많은 정보가 오히려 혼란스럽다는 것을 깨닫게 된다. 마치 파편화되어 우리의 머릿속에서 떠다니는 느낌이다. 그래서 정리가 필요하다. 그것도 쉽게 말이다. 물론 내용은 알차야 한다. 이는 참으로 어려운 일이다. 심리학 전문가들이 쓴 책은 내용은 풍부하지만 이해하기 어려운 경우가 대부분이다. 그렇다고 읽기 쉬운 책을 집어 들자니 내용이 싱거울 때가 많다. 따라서 그 분야를 오랫동안 살피고 대중을 만나온 전문 작가가 필요하다. 마침내 이 일을 매우 유쾌하면서도 진지하게 해낸 책을 만났다. 『드디어 만나는 심리학 수업』은 읽는 내내 심리학의 진수를 생생하게 느낄 수 있었다. 프로이트와 융에서부터 인지심리학과 뇌과학까지, 심리학을 이해하고 앞으로 더 잘 받아들일 수 있는 마중물과도 같은 쓸모 있는 책으로 널리 활용할 수 있을 것이다.

_김경일 | 인지심리학자, 아주대 심리학과 교수, 『마음의 지혜』 저자

심리학을 제대로 공부하고 싶다면, 이 책은 분명 시간 낭비를 줄여줄 것이다. 보통 심리학 책은 심리학의 한 분야만을 설명하는 것이 일반적이다. 그러나 심리학은 인지심리학, 사회심리학, 상담심리학 등 다양한 분야로 이루어져 있다. 따라서 하나의 심리학 책만으로는 코끼리 다리를 만지는 장님처럼 심리학의 전체적인 내용을 살펴볼 수 없다. 그러나 『드디어 만나는 심리학 수업』은 심리학을 전체적으로 설명해주기 때문에 균형 있게 심리학을 공부할 수 있다. 또한 도표나 이미지를 활용해 입문자도 쉽게 심리학을 이해할 수 있도록 돕는다. 아울러 단순히 심리학자를 중심으로 내용을 전개한 것이 아니라, 필요에 따라서 심리학자를 중심으로, 때로는 심리학 용어를 중심으로 전개해나가는 점이 핵심 내용을 유연하게 이해하는 데 큰 도움이 되었다. 심리학을 제대로 공부해보고 싶은 사람이라면 당장 이 책을 정독하길 바란다. 당신을 심리학의 세계로 이끌어줄 것이다.

_**최설민** | 85만 유튜브 채널 《놀면서 배우는 심리학》 운영자, 『양수인간』 저자

들어가는 글

심리학이란 무엇일까?

심리학 Psychology
psyche- '정신, 영혼, 숨결'을 뜻하는 그리스어
logia- '무언가에 대한 학문'을 뜻하는 그리스어

심리학은 정신과 행동의 과정을 다루는 학문입니다. 심리학을 연구하는 사람들은 '무엇이 우리를 움직이게 하는가?'와 '우리는 세상을 어떻게 바라보는가?'와 같은 본질적인 질문에 답하고자 합니다. 지극히 단순해 보이는 이 두 질문에는 정서와 사고, 꿈, 기억, 지각, 성격, 질병, 치료를 비롯한 온갖 복잡한 주제가 담겨 있습니다.

심리학의 뿌리는 고대 그리스 철학자들로 거슬러 올라가지만, 1879년에 독일의 심리학자 빌헬름 분트Wilhelm Wundt가 최초로 심리학 연구만을 위한 실험실을 차리면서 심리학이 하나의 학문으로 발전하기 시작했습니다. 이후 심리학은 급격히 퍼져나가며 의

학, 유전학, 사회학, 인류학, 언어학, 생물학을 중심으로 다양한 학문에 걸쳐 사용되고 있고, 나아가 스포츠, 역사, 사랑과 같은 다채로운 주제와도 연결됩니다.

이제 생각을 집중하고(소파에 편히 기대앉으셔도 됩니다) 깨달음을 얻을 준비를 하세요. 아직 몰랐던 방식으로 우리 자신에 대해 알아볼 시간이니까요.

이 책으로 심리학을 다시 한번 정리해보고 싶은 독자든 심리학을 처음 공부하는 독자든, 이제 심리학 공부를 시작해봅시다.『드디어 만나는 심리학 수업』에 오신 여러분을 환영합니다.

감사의 말

이 책이 나오기까지 지원을 아끼지 않은 나의 가족과
애덤스미디어 출판사의 관계자 여러분,
그리고 모든 위대한 학자에게 감사드립니다.

차례

추천의 글 ··· 8
들어가는 글 ··· 10

❶ 내면을 이해하는 심리학

지그문트 프로이트: 정신분석학의 창시자 ··· 19
카를 융: 내향성, 외향성, 무의식 ··· 30
헤르만 로르샤흐: 잉크 반점으로 알아보는 성격 ··· 36
카렌 호나이: 여성, 신경증, 프로이트에서 벗어나기 ··· 51
헨리 머레이: 성격 특질 ··· 59
안나 프로이트: 아이들을 생각하다 ··· 65
에리히 프롬: 인간의 근본적인 욕구 ··· 71
에이브러햄 매슬로: 인간의 잠재력에 주목하다 ··· 78
인지심리학: 머릿속에서 실제로 무슨 일이 벌어지는지 이해하기 ··· 85
정서: 우리는 왜 이렇게 느낄까? ··· 96
추동 감소 이론: 균형을 맞추기 위한 노력 ··· 104
인지 부조화 이론: 나 자신과의 싸움 ··· 108
자기 불일치 이론: 성취 또는 미달의 영향 ··· 113
휴리스틱: 의사 결정 ··· 119
합의성 착각 효과와 고유성 착각 효과: 나랑 같은 생각인 거… 맞죠? ··· 123
좌뇌와 우뇌: 내 쪽에서 생각하기 ··· 128
시지각: 보이는 것을 어떻게 보는가 ··· 132

❷ 관계를 이해하는 심리학

이반 파블로프: 인간의 가장 친한 친구를 연구한 사람 ··· 143
알프레드 아들러: 개인이 중요하다 ··· 150
존 브로더스 왓슨: 행동주의의 창시자 ··· 155
쿠르트 레빈: 현대 사회심리학의 아버지 ··· 161
해리 스택 설리번: 대인 관계 정신분석 ··· 166
장 피아제: 아동의 발달 ··· 173
레프 비고츠키: 사회적 상호작용의 중요성 ··· 180
칼 로저스: 사람들이 스스로 일어서도록 도와주기 ··· 185
버러스 프레더릭 스키너: 결과의 중요성 ··· 191
존 보울비: 모성애 이론의 아버지 ··· 199
해리 할로우: 원숭이들만의 이야기가 아니다 ··· 206
솔로몬 애시: 사회적 영향의 힘 ··· 211
메리 애인스워스와 낯선 상황: 애착에 대한 다른 접근법 ··· 216
앨버트 엘리스: 새로운 유형의 심리 치료 창시자 ··· 223
앨버트 반두라: 다른 사람들을 관찰하면서 배우기 ··· 230
로렌스 콜버그: 도덕적 딜레마 ··· 236
로젠한 실험: 건강한 사람이 정신 장애 환자들 사이에 있으면 어떻게 될까? ··· 242
스탠리 밀그램: 대단히 충격적인 심리학자 ··· 248
필립 짐바르도: 교도소를 만든 연구자 ··· 256

❸ 세상을 이해하는 심리학

게슈탈트심리학: 행동과 마음을 전체로 보기 ··· 265

꿈: 빛이 사라질 때 나타나는 것	⋯ 273
스트레스: 압박감의 과학	⋯ 280
성격: 우리는 어떻게 우리가 되는가?	⋯ 286
사랑: 진심으로 들어주기	⋯ 293
지능 이론: 생각에 대한 생각	⋯ 301
리더십 이론: 리더가 되려면 무엇이 필요한가?	⋯ 309
귀인 이론: 우리가 하는 모든 일에 의미 부여하기	⋯ 315
집단에 관한 기초 이론: 사람들이 모이면 무슨 일이 생기는가	⋯ 322
데이비드 콜브의 학습 유형: 경험을 통한 학습	⋯ 328
성격 장애: 행동이 잘못된 방향으로 나아갈 때	⋯ 334
해리성 장애: 갑자기 단절되는 사람들	⋯ 341
불안 장애: 긴장 그 이상의 상태	⋯ 346
기분 장애: 감정이 격해질 때	⋯ 354
신체형 장애: 고통은 느끼지만 이유는 알 수 없는 상태	⋯ 360
인지 행동 치료: 부정적 행동 알아채기	⋯ 365
미술 치료: 치유를 위한 미술	⋯ 371
최면: 교묘한 속임수가 아니다	⋯ 375
선한 사마리아인 실험: 도움을 이해하기	⋯ 379
마법의 숫자 7, 플러스 또는 마이너스 2: 기억의 한계	⋯ 383

부록: 심리학 이론별 목차 정리	⋯ 387
부록: 심리학, 더 즐겁게 공부하기	⋯ 390
이미지 출처	⋯ 394
찾아보기	⋯ 396

1

내면을 이해하는 심리학

지그문트 프로이트
Sigmund Freud, 1856-1939

#오이디푸스콤플렉스
#심리성적발달
#빙산의은유

정신분석학의 창시자

> "자신과 비교해야 할 유일한 사람은 과거의 자신이다."
> ―지그문트 프로이트

지그문트 프로이트는 1856년 5월 6일, 현재 체코공화국에 있는 모라비아의 프라이베르크에서 태어났습니다. 그의 어머니는 아버지의 두 번째 부인으로 아버지보다 스무 살이나 어렸습니다. 프로이트 위로는 스무 살 정도 많은 이복형 둘이 있었고, 프로이트는 어머니와 아버지가 결혼해서 낳은 일곱 자녀 중 첫째였습니다. 프로이트가 네 살 때 가족이 모라비아에서 오스트리아 빈으로 이사했습니다. 프로이트는 빈을 싫어했지만 인생의 대부분을 빈에서 보냈습니다.

정신분석학자 지그문트 프로이트

학교 성적이 우수했던 프로이트는 유대인이라서(나중에 무신론

자라고 밝히기는 했지만) 1873년에 빈 대학교 의과대학에 입학했습니다(당시 빈에서 유대인 남자가 선택할 수 있는 학과는 의학과 법학밖에 없었다고 하네요). 프로이트는 신경심리학을 연구하고 싶었지만, 연구직 자리를 구하는 것이 무척 어려웠습니다. 그래서 신경학에 주력하는 사설 병원에 들어갔습니다.

프로이트는 이 병원에서 의사이자 심리학자인 요제프 브로이어Josef Breuer 박사에게 가르침을 받으며 그와 가까워졌습니다. 브로이어는 최면요법으로 히스테리 환자를 치료할 때 환자에게 자신의 과거를 말하게 했습니다. 이 시절 프로이트와 브로이어 두 사람의 관계가 프로이트 이론이 발전하는 데 중요한 역할을 한 것으로 보입니다. 프로이트의 환자 안나 OAnna O는 이 치료 과정을 '말하는 치료법'이라고 불렀습니다. 환자들은 이 과정을 통해 의식 수준에서는 기억하지 못하는 이야기를 할 수 있었고, 결과적으로 히스테리 증상이 완화되었습니다. 프로이트는 브로이어와 공동으로 『히스테리 연구Studies in Hysteria』를 집필했으며, 이후 파리로 건너가 프랑스의 저명한 신경학자 장 마르탱 샤르코Jean-Martin Charcot에게 최면을 더 자세히 배웠습니다.

1886년에 프로이트는 빈으로 돌아와 개인 진료를 시작했습니다. 처음에는 신경증과 히스테리 환자들에게 최면요법을 썼지만, 얼마 후 소파같이 편안한 곳에 환자를 앉히고 마음속의 생각을 모두 꺼내놓도록 이끌어주면(자유 연상) 환자에게서 더 많은 정보를 끌어낼 수 있다는 사실을 알게 되었습니다. 이렇게 하면 환자가 말한 내용을 분석하고, 과거의 어떤 외상 사건이 환자에게 고통을 주는지 찾아낼 수 있을 것이라고 보았습니다.

5년 사이에 프로이트의 유명한 저서 세 권이 연이어 출간되었는데, 이 저서들은 이후 수십 년 동안 심리학 분야에 영향을 미쳤습니다. 1900년 『꿈의 해석The Interpretation of Dreams』으로 무의식 개념을 세상에 내놓았고, 1901년에는 『일상생활의 정신병리학The Psychopathology of Everyday Life』을 통해 말실수(훗날 '프로이트의 말실수'로 불립니다)가 사실 '역동적 무의식'을 보여주는 의미 있는 발언이라는 이론을 제시했습니다. 그리고 1905년 『성 이론에 관한 세 편의 에세이Three Essays on the Theory of Sexuality』에서는 그가 제시한 개념 중 가장 유명한 오이디푸스콤플렉스Oedipus complex를 논의했습니다.

당대를 대표하는 학자였던 프로이트는 1933년 독일의 나치 정권이 그의 저서를 불태우기 시작하면서 원치 않게 주목받았습니다. 1938년에 나치가 오스트리아를 점령했고, 프로이트는 여권을 압수당했습니다. 프로이트가 영국으로 건너갈 수 있었던 것은 국제적 명성과 해외 지인들의 영향력 덕분이었죠. 프로이트는 영국에 머물다가 1939년에 세상을 떠났습니다.

심리 성적 발달단계

프로이트의 심리 성적 발달 이론은 심리학에서 가장 유명하지만 논란이 많은 이론이기도 합니다. 프로이트는 인간의 성격이 대개 6세 즈음 거의 형성된다고 보았습니다. 그리고 이후 정해진 발달단계를 제대로 거치면 건강한 성격이 만들어지고, 그러지 못하면 건강하지 못한 성격이 만들어진다고 이야기했습니다.

프로이트는 성감대(몸에서 성적 쾌감, 욕망, 자극을 일으키는 민감한 부위)에 따라 심리 성적 발달단계가 나뉘고, 한 단계를 제대로 거치지 못하면 나중에 그 단계의 성감대에 고착된다고 믿었습니다. 그러면 성인이 된 후 과도하게 탐닉하거나 충분히 탐닉하지 못할 수 있다고 보았지요.

구강기(출생~18개월)

이 단계의 아이는 입으로 빠는 행동으로 안락함과 신뢰감을 얻기 때문에 구강기 쾌락에 몰두합니다. 이 단계에서 만족감을 제대로 얻지 못하거나 지나치게 많이 얻으면 아이는 구강기 성격 또는 구강 고착을 형성하고 구강기 행동에 집착합니다. 프로이트에 따르면, 이런 성격 유형인 사람은 손톱을 물어뜯거나 담배를 피우거나 술을 마시거나 음식에 집착할 가능성이 크고, 남에게 잘 속거나 의존하며 항상 누군가를 추종할 가능성이 크다고 합니다.

항문기(18개월~3세)

이 단계의 아이는 방광과 배변 조절에 주로 관심을 두고, 이런 활동을 통제하면서 쾌락을 얻습니다. 프로이트는 부모가 칭찬과 보상을 기반으로 하는 배변 훈련을 통해, 아이가 스스로 유능하고 생산적이라고 느끼며 이 단계를 잘 넘기도록 도와주면, 아이는 나중에 유능하고 창의적인 사람으로 자랄 수 있다고 보았습니다. 반면에 지나치게 관대한 배변 훈련을 하면 아이는 '항문 배출적 성격'을 갖고 파괴적이고 지저분하며 낭비적인 사람으로 성장할 수 있다고 보았습니다. 또, 부모가 과도할 정도로 엄격하게 대하거나 지나치게 일찍부터 배변 훈련을 강요하면 아이는 '항문 집착적 성격'을 갖고 나중에 완벽과 청결과 통제에 집착하게 될 수 있다고 보았습니다.

남근기(3세~6세)

프로이트는 이 단계에 이르면 쾌락을 느끼는 부위가 성기로 이동한다고 보았고, 여기서 그의 가장 유명한 개념인 오이디푸스콤플렉스가 나왔습니다. 이 단계에서 남자아이는 무의식중에 어머니를 향한 성적 욕망을 키우고, 아버지를 어머니의 애정을 놓고 싸우는 경쟁자로 여기며 아버지의 자리를 대신하고 싶어 합니다. 또 남자아이는 아버지를 이런 오이디푸스 감정을 처벌하려는 사람으로 인식하고 '거세 불안'을 느끼기 시작합니다. 그러나 아버지에게 맞서기보다는 오히려 아버지와 자신을 동일시하며 어머니를 간접적으로 차지하려 합니다. 프로이트는 이 단계에 고착되면 성적 일탈로 이어질 수 있고, 성 정체성이 혼란스러워지거나 약해질 수 있다고 보았습니다.

1913년에 카를 융Carl Jung은 엘렉트라콤플렉스Electra complex라는 개념으로 여자아이도 마찬가지로 아버지와 이런 식의 관계를 형성하는 상태를 설명했습니다. 그러나 프로이트는 융의 이 개념에 동의하지 않았습니다. 그리고 여자아이는 '성기 선망(여자아이가 성기를 갖고 싶어서 분노와 불만을 느끼는 상태)'을 경험한다고 주장했습니다.

잠복기(6세~12세)

이 단계에서는 아이의 성 충동이 억압되고 성 에너지가 사회적 상호작용이나 지적 활동과 같은 다른 사회적 교류로 향합니다. 이 단계에서는 주로 동성 친구들과 놀고 심리 성적 발달이나 고착이 진행되지 않습니다.

생식기(12세~성인기)

프로이트 모형의 마지막 단계에서는 성 충동이 다시 깨어나고 이성에게 성적 관심을 느낍니다. 앞의 발달단계를 성공적으로 거쳤다면 배려심 있고 균형 잡힌 사람으로 성장하고, 쾌락은 성기에 집중됩니다. 이 단계에 고착되면 성 도착증을 보일 수 있습니다.

물론 프로이트의 이론을 비판하는 사람들도 있습니다. 프로이트는 거의 전적으로 남성의 발달에만 초점을 맞췄습니다. 또, 아동의 행동을 관찰한 것이 아니라 성인 환자를 치료하면서 들은 내용을 바탕으로 연구했습니다. 프로이트의 이론은 가설적 아동기의 '원인'과 최종적 성인기의 '결과' 사이의 관계성이 약하므로 심리 성적 발달 개념이 잘 맞는지 측정하거나 평가하기가 매우 어렵습니다.

성격의 구조적 모형

프로이트는 심리 성적 발달 개념 외에도 인간의 성격 발달을 이해하는 데 중요한 요소가 많다고 보았습니다. 성격의 구조적 모형에서는 성격과 인간의 마음을 원초아id, 자아ego, 초자아superego 세 부분으로 나누어 마음이 어떻게 작용하는지 설명했습니다.

원초아

누구나 원초아를 가지고 태어납니다. 원초아는 갓난아기의 기본 욕구를 충족시키는 역할을 합니다. 프로이트는 원초아가 '쾌락의 원리'에 기반을 둔다고 주장했습니다. 원초아는 기분이 좋아지는 것이면 무엇이든 원하지만, 그것이 가져오는 결과는 무시합니다. 다른 상황이 어떻게 될지, 다른 사람들이 어떻게 될지는 조금도 신경 쓰지 않지요. 예를 들어 아기가 다치거나 먹을 것을 원하거나 기저귀를 갈아야 하거나 그냥 누군가의 관심을 원할 때, 원초아는 아기의 욕구가 채워질 때까지 아기를 울게 합니다.

자아

자아는 아이가 3년 동안 주변 세계와 소통하는 사이 자연스럽게 발달합니다. 그래서 프로이트는 자아가 '현실 원리'를 따른다고 말했죠. 자아는 주변에 욕망과 욕구를 가진 사람들이 존재하고, 충동적이거나 이기적으로 행동하면 현실적으로 해를 끼칠 수 있다는 사실을 서서히 깨닫습니다. 자아는 현실적인 상황을 고려하면서 원초아의 욕구도 충족시켜야 합니다. 예를 들어 아이가 잘못된 행동의 부정적인 결과를 고려해 잘못된 행동을 다시 생각한다면 자아가 작용했다는 뜻입니다.

초자아

초자아는 아이가 다섯 살 때부터 남근기가 거의 끝날 무렵까지 발달합니다. 초자아는 사회와 부모에게서 습득하고 강요받은 도덕과 이상으로 이루어진 성격의 일부입니다. 흔히 초자아를 양심과 동일시하는데, 두 용어 모두 옳고 그름을 구분하는 성격의 일부를 가리키기 때문입니다.

프로이트는 진실로 건강한 사람은 자아가 원초아나 초자아보다 강하다고 이야기했습니다. 이런 사람들은 원초아의 욕구를 충족시키면서도 초자아가 방해받지 않도록 조율해 주어진 상황을 현실적으로 판단할 수 있다고 보았죠. 초자아가 가장 강한 사람은 엄격한 도덕에 따라 행동하고, 원초아가 가장 강한 사람은 도덕보다는 쾌락을 추구해 결국 큰 해를 끼칠 수 있습니다. 가령, 강간은 도덕보다 쾌락을 추구한 경우이고, 원초아가 강하다는 신호입니다.

프로이트의 인간 정신에 대한 개념

프로이트는 우리의 감정과 신념, 충동, 기본 정서는 무의식에 파묻혀 있어 깨어 있는 정신으로는 알 수 없다고 보았습니다. 그러면서도 의식이나 무의식만이 아니라 그 이상의 의식 차원이 존재한다고 믿었습니다. 프로이트의 이론을 이해하기 위해 빙산을 떠올려봅시다.

빙산을 둘러싼 바다를 '무의식'이라고 합니다. 우리의 의식으로 올라오지 않은 모든 것으로, 우리가 경험하거나 인식하지 못해 성격의 일부가 되거나 성격에 영향을 주지 않는 부분이죠.

수면 위로 올라온 빙산의 꼭대기인 '의식'은 우리가 잘 아는 성격의 극히 일부일 뿐입니다. 사실 우리는 성격을 이루는 더 많은 요소는 거의 알지 못하지요. 의식에는 생각과 지각, 일상적인 인지가 포함됩니다.

○ 그림 1-1. 빙산의 은유

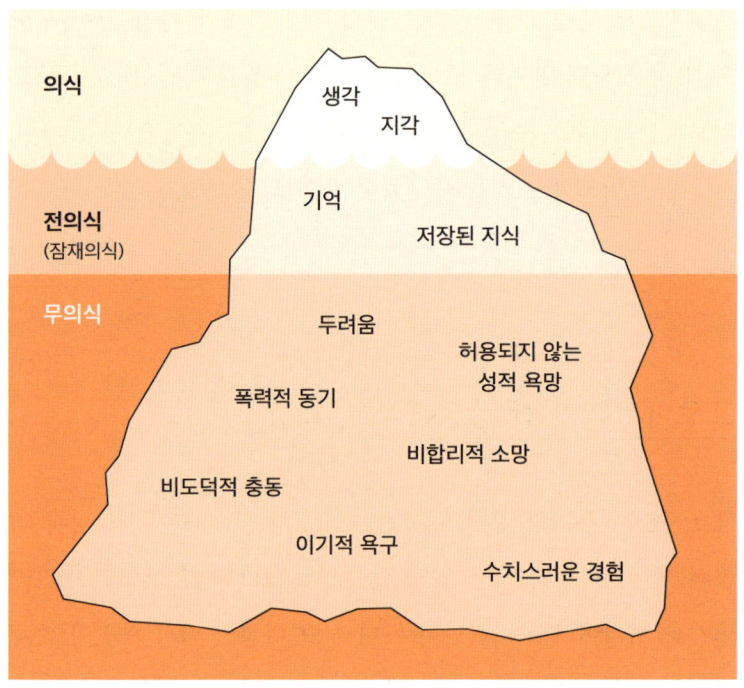

 빙산의 의식 바로 아래에는 '전의식' 또는 '잠재의식'이 있습니다. 전의식은 의식의 적극적인 부분이 아니라서 조금 깊이 파고 들어가야 합니다. 어린 시절의 기억, 예전 전화번호, 어렸을 때 친했던 친구의 이름, 그 밖에도 깊숙이 저장된 기억이 이 영역에서 발견됩니다. 초자아도 바로 이 전의식에서 찾을 수 있습니다.
 우리는 어느 한순간에 빙산의 꼭대기 부분만 인식할 수 있습니다. 무의식은 우리의 성격 아래 파묻혀 있고 거대해 접근할 수 없

는 층입니다. 무의식에서는 두려움과 부도덕한 충동, 수치스러운 경험, 이기적 욕구, 비합리적 소망, 용납할 수 없는 성적 욕구가 발견됩니다. 원초아를 발견할 수 있는 곳이기도 하지요. 그리고 자아는 빙산의 특정 부분에만 고착되지 않고 의식과 전의식, 무의식 모두에서 발견될 수 있습니다.

지그문트 프로이트가 심리학과 정신의학 분야에 미친 거대한 영향은 부정할 수 없습니다. 프로이트의 개념은 성격과 성, 기억, 치료에 대한 관점을 완전히 바꾸어놓았죠. 그가 등장한 지 한 세기가 지났지만, 여전히 대중에게 가장 잘 알려진 심리학자로 남아 있는 이유입니다.

카를 융

Carl Gustav Jung, 1875-1961

#분석심리학
#진정한자아
#페르소나

내향성, 외향성, 무의식

"당신의 꿈은 자신의 가슴을 들여다볼 수 있을 때 더 분명해질 것이다."

―카를 융

카를 융은 1875년 7월 26일에 스위스 케스빌에서 태어났습니다. 목사의 아들로 태어난 융은 4남매 중 유일하게 살아남았습니다. 우울증에 시달리던 융의 어머니는 자주 집을 비웠고, 융이 네 살 때 가족은 바젤로 이사했습니다.

융은 어렸을 때 혼자 노는 것을 좋아했습니다. 혼자일 때 가장 행복함을 느꼈다고 회상하기도 했지요. 1887년,

분석심리학자 카를 융

12살의 융은 같은 반 학생에게 떠밀리는 바람에 의식을 잃었는데, 이 사건으로 융은 신경성 실신 증상을 일으켰습니다. 기절하면 학교에 가지 않아도 된다는 사실을 알게 되긴 했지만, 꾀병이

아닌 실제 신경증에 의한 증상이었습니다. 이 일로 융은 6개월 동안 집에 머물렀습니다. 의사들은 간질 발작을 의심했지요. 어느 날 융은 아버지가 누군가에게 융이 스스로 살아갈 수 있을지 걱정이라고 말하는 것을 우연히 들었습니다. 그날부터 융은 학업에 전념하기로 결심했습니다. 학교 공부로 돌아가기 전에 다시 실신하기는 했지만, 결국에는 문제를 극복했습니다. 학교로 돌아간 뒤로는 실신하지 않았지요. 훗날 그는 그때 처음으로 신경증을 접했다고 회상했습니다.

1895년에 카를 융은 바젤대학교 의과대학에 입학했습니다. 어느 날 공부를 하던 중 영적 현상에 관한 책을 발견했습니다. 융은 영성과 정신의학에 큰 흥미를 느꼈고, 졸업 전 마지막 몇 달 사이 의학에서 정신의학으로 전공을 바꿨습니다. 융에게 정신의학은 의학과 영성의 완벽한 결합이었습니다. 1902년에는 박사 논문으로 「이른바 초자연적 현상의 심리와 병리에 관하여On the Psychology and Pathology of So-Called Occult Phenomena」를 발표하고 의학 박사 학위를 받았습니다.

1903년에 융은 엠마 라우센바흐와 결혼하고 부르크횔즐리 정신병원에서 일하기 시작했습니다. 1955년 아내가 세상을 떠날 때까지 결혼 생활을 유지했지만, 융은 부르크횔즐리 정신병원의 첫 환자와 수년간 관계를 맺는 등 다른 여자들과도 관계를 가졌습니다.

1906년에 융은 지그문트 프로이트와 서신을 주고받기 시작했습니다. 그는 프로이트에게 『단어 연상에 관한 연구Studies in Word

Association』라는 제목의 논문집을 보냈고, 두 사람은 곧 가까워졌습니다. 융이 프로이트와 나눈 우정은 그의 연구, 특히 무의식에 관한 연구에 큰 영향을 미쳤습니다. 그러나 1909년부터 융은 프로이트의 이론 중 일부 개념에는 동의하지 않았습니다. 프로이트는 행동 이면의 동기로서 성을 강조했지만, 융은 상징이나 꿈, 자기 분석에 더 주목했습니다. 이러한 차이 탓에 1912년에 융과 프로이트의 우정은 깨져버렸습니다.

프로이트의 성 이론을 버렸다는 이유로 정신분석학계는 융에게 등을 돌렸고, 여러 동료와 친구도 관계를 끊었습니다. 이 시기에 융은 그의 무의식을 탐구하는 데 집중해 분석심리학을 창안했습니다.

융은 모든 사람의 삶의 목적은 의식과 무의식이 온전히 통합해 '진정한 자아'가 되는 것이라고 믿었습니다. 그리고 이것을 개성화*라고 불렀지요.

심리학 용어 정리

* 개성화

우리는 깨어 있을 때의 상상이나 꿈에 담긴 메시지를 들으면서 고유한 정신의 여러 부분을 이해하고 표현하고 조화시켜 '진정한 자아'에 이를 수 있습니다. 융은 모든 사람의 무의식에는 보편적 주제와 양상을 반영하는 '원형'이라는 원초적 이미지가 들어 있다고 말했습니다. 원초적 이미지는 학습되지 않고, 본능과 비슷하게 작동하며, 우리의 경험을 조직화하는 데 도움을 줍니다.

융은 직접 '원초적 심리학'이라는 분야에 관심을 가지며 인도와 동아프리카, 뉴멕시코의 푸에블로 인디언 부족에서 다양한 문화를 연구했습니다. 카를 융은 1961년 6월 6일, 스위스 취리히에서 세상을 떠났습니다.

원형

프로이트와 마찬가지로 융은 인간 정신이 세 부분으로 이루어진다고 보았지만, 그의 개념은 프로이트와 조금 달랐습니다. 융은 정신을 자아와 집단 무의식과 개인 무의식으로 나눌 수 있다고 믿었습니다. 먼저, 자아는 의식의 표상이라고 주장했습니다. 그리고 집단 무의식에는 모든 사람이 하나의 종으로서 공유하는 경험과 정보(융은 이것을 심리적 유전의 한 형태라고 보았습니다)가 포함된다고 말했죠. 또, 개인 무의식에는 사용 가능한 기억과 억압된 기억이 모두 포함된다고 설명했습니다.

융은 원형, 곧 공통의 양상을 반영하는 원시적 이미지가 집단 무의식에 들어 있고, 이 원형은 우리가 어떤 대상을 경험하는 방식을 조직화하는 데 도움이 된다고 주장했습니다. 원형은 학습되는 것이 아니라 유전적이고 보편적이며 타고난 것이라고도 말했습니다. 원형은 서로 결합하고 중첩될 수 있고 가짓수에 제한은 없지만, 융은 그중 중요한 원형 네 가지를 찾아냈습니다.

1. **자아**: 이 원형은 의식과 무의식의 결합을 의미하고, 통합과 온전함을 얻으려는 노력을 상징합니다. 자아 원형은 개성화를 통해 성격의 모든 부분이 동등하게 표현되고, 개인이 더 균형 잡힌 정신을 가질 때 나타납니다. 자아는 꿈에서 주로 동그라미나 만다라, 사각형으로 표현됩니다.

2. **그림자**: 이 원형은 삶과 성에 대한 본능, 약점과 욕망, 결점, 억압된 생각으로 이루어집니다. 그림자 원형은 무의식의 일부이고, 미지의 세계, 혼돈, 야생성을 의미할 수 있습니다. 그림자는 꿈에서 뱀, 용, 악마, 그밖에도 어둡거나 이국적이거나 야생적인 형상으로 나타날 수 있습니다.

3. **아니마와 아니무스**: 남성의 정신에서 아니마는 여성의 이미지이고, 여성의 정신에서 아니무스는 남성의 이미지입니다. 아니마와 아니무스가 결합하면 '시지지Syzygy'라고 합니다. 시지지는 온전성을 창조하는데, 두 사람이 영혼의 동반자가 되어 아니마anima와 아니무스animus가 결합한 상태입니다. 시지지는 신성한 한 쌍이라고도 하고, 온전성, 통일성, 완전성을 상징합니다. 이런 이유로 아니마와 아니무스는 개인의 '진정한 자아'를 의미하며 집단 무의식과 소통하는 주요 원천입니다.

4. **페르소나**: 페르소나는 세상에 드러내는 나의 모습입니다. 페르소나는 자아를 부정적 이미지로부터 보호하고, 꿈에서 다양한 형태로 나타날 수 있습니다. 페르소나는 개인이 여러

상황과 다양한 집단에서 쓰는 가면을 표현합니다.

그밖에도 융이 찾아낸 원형으로는 아버지(권위와 힘 상징), 어머니(위로와 양육 상징), 아이(순수와 구원을 향한 열망 상징), 현명한 노인(지혜와 인도, 지식 상징) 등이 있습니다.

카를 융은 무의식과 온전해지고자 하는 개인의 욕구를 이해하는 방식으로 정신분석에 접근하는 분석심리학의 창시자로 여겨집니다. 외향성, 내향성, 꿈, 상징에 대한 융의 개념은 심리 치료와 성격심리학을 이해하는 데 중요한 영향을 미쳤습니다.

> **더 읽어보기**
>
> ### 카를 융과 익명의 알코올중독자 모임(AA)의 관계
>
> 1930년대 초, 심각한 알코올중독에 빠진 롤랜드라는 남자가 도움을 구하러 융을 찾아왔습니다. 몇 차례에 걸친 치료에도 진전이 없자 융은 그를 손쓸 수 없는 상태로 보았습니다. 그리고 그를 구제할 유일한 길은 영적 체험이라고 판단했지요. 융은 그에게 옥스퍼드 모임이라는 복음주의 기독교 단체에 가보라고 제안했습니다. 롤랜드는 융의 조언을 따랐고, 에비라는 다른 알코올중독자도 이 모임에 소개했습니다. 옥스퍼드 모임에서 큰 효과를 본 에비는 오랜 술친구였던 빌을 이 모임에 초대했습니다. 빌은 결국 영적 각성에 이르렀고, 익명의 알코올중독자 모임 Alcoholics Anonymous(AA)의 창립자 중 한 명이 되었습니다. 1961년에 빌은 이 일로 카를 융에게 감사 편지를 보냈지요.

헤르만 로르샤흐

Hermann Rorschach, 1884-1922

#성격특질
#잉크반점
#정신질환

잉크 반점으로 알아보는 성격

> "당신이 어떤 사람을 미워한다면,
> 당신은 그 사람 안에 있는 자신의 일부를 미워하는 것이다.
> 우리의 일부가 아닌 것은 우리를 방해하지 않는다."
>
> —헤르만 로르샤흐

정신의학자 헤르만 로르샤흐

헤르만 로르샤흐는 1884년 11월 8일에 스위스 취리히에서 미술 교사로 생계를 유지하던, 실패한 예술가의 장남으로 태어났습니다. 어렸을 때부터 (아버지의 예술 작업과 그 자신의 예술을 향한 열정의 결과물이었을) 잉크 반점에 매료되었고, 중고등학교 시절에는 '잉크 반점'이라는 문자 그대로 '클렉스Klex'라는 별명을 얻었습니다. 로르샤흐는 12살에 어머니를 잃었고, 이어서 18살에 아버지를 잃었습니다.

우등생으로 고등학교를 졸업한 로르샤흐는 대학에 진학해 의학을 공부했습니다. 1912년에는 취리히대학교에서 의학 박사 학위를 받았고, 이후 각종 정신과 관련 기관에서 일했습니다.

로르샤흐는 1911년에 취리히대학교에서 공부하며 학생들을 대상으로 잉크 반점을 이용한 실험을 진행했습니다. 이를 통해 예술적 재능이 뛰어난 학생이 잉크 반점을 해석할 때도 더 많은 상상력을 발휘하는지 알아보았죠. 이 실험은 로르샤흐 자신의 연구만이 아니라 심리학 분야 전체에도 중대한 영향을 미쳤습니다. 잉크 반점을 이용해 연구를 시도한 사람이 로르샤흐가 처음은 아니었지만, 잉크 반점이 정신분석학적 접근법에서 중요하게 활용된 것은 그의 실험이 처음이었습니다. 이 실험의 결과는 소실되었지만, 로르샤흐는 이후 10년에 걸쳐 잉크 반점만으로 성격 특질을 이해하기 위한 일관된 방법론을 개발했습니다.

로르샤흐는 정신병원에서 일했기 때문에 환자들에게 쉽게 접근할 수 있었습니다. 더불어 정신적으로나 정서적으로 안정적이고 건강한 사람들에게도 잉크 반점을 적용해 사람들을 분석하고 성격 특질을 파악하는 체계적인 검사를 개발할 수 있었지요.

1921년에는 저서 『정신 질환 진단Psychodiagnostik』을 통해 연구 결과를 발표했습니다. 이 책에는 로르샤흐의 성격 이론이 담겨 있습니다. 그의 주요 주장 중 하나는 모든 사람은 내향성과 외향성이 혼합된 성격을 갖는다는 것입니다(내부의 영향과 외부의 영향 양쪽 모두에서 동기를 얻는다는 뜻이에요). 로르샤흐는 잉크 반점 검사를 통해 내향성과 외향성의 정도를 측정할 수 있고, 이는 정신 건강을 파악하는 데 도움이 될 것이라고 보았습니다.

로르샤흐의 책이 처음 나왔을 때는 정신의학계에서 거의 인정받지 못했습니다. 성격을 측정하거나 검사할 수 없다는 믿음이 지배적이던 시절이었으니까요. 1922년에 이르러 정신과 의사들이 로르샤흐 검사의 장점을 알아보았고, 로르샤흐는 정신분석학회 회의에서 이 검사의 개선 방법을 논의했습니다. 1922년 4월 1일, 로르샤흐는 일주일간 복통에 시달리다가 맹장염으로 병원에 입원했고, 바로 다음 날에 세상을 떠났습니다. 겨우 31살이던 그는 안타깝게도 잉크 반점 검사의 성공을 지켜보지 못했습니다.

로르샤흐 잉크 반점 검사

로르샤흐 검사는 잉크 반점 카드 10장으로 구성됩니다. 5장은 검은색 잉크이고, 2장은 빨간색과 검은색 잉크이며, 3장은 여러 색 잉크로 되어 있습니다. 심리학자가 정해진 순서대로 카드를 제시하면서 수검자에게 "이것이 무엇일까요?"라고 묻습니다. 수검자가 모든 잉크 반점 카드를 보고 드는 생각을 말하면, 심리학자가 다시 수검자에게 잉크 반점 카드를 한 장씩 보여줍니다. 그리고 수검자에게 보이는 것을 모두 말하게 합니다. 어디에서 보이는지, 반점의 어느 부분을 보고 그렇게 답했는지 말해달라고 요청하죠. 카드를 돌려도 되고 기울여도 되고 뒤집어도 됩니다. 심리학자는 수검자의 말과 행동을 모두 기록하고 각 반응이 나오기까지의 시간도 기록해야 합니다. 그런 다음 반응을 분석하고 점수를 매깁니다. 수학적 계산으로 검사 데이터를 요약하고 경험적 데이터를 토대로 해석합니다.

   수검자가 카드를 보고도 반응을 보이지 않거나 카드에 대해 설명하지 못한다면, 마음속에서 그 카드가 표상하는 주제를 차단하거나, 그 시점에 마주하고 싶지 않은 어떤 주제가 그 카드에 담겨 있는 것일 수도 있습니다.

1번 카드

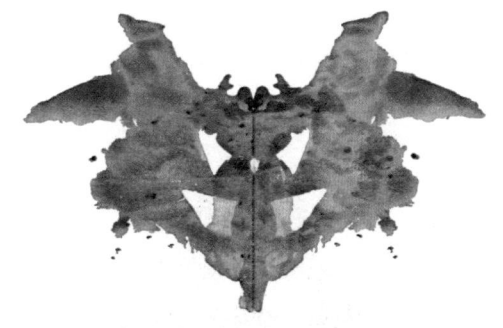

첫 번째 카드는 검은색 잉크로만 되어 있습니다. 이 카드는 수검자가 처음 보는 카드이므로, 그가 새롭고 스트레스가 심한 과제를 어떻게 받아들이는지에 대한 통찰을 제공할 수 있습니다. 사람들은 종종 이 카드가 박쥐나 나방으로 보이거나 코끼리나 토끼 같은 동물의 얼굴로 보인다고 답합니다. 이 카드는 대개 수검자 자신을 반영합니다.

1. 박쥐는 어떤 사람에게는 불결하거나 악마적인 것을 의미할 수 있지만, 또 다른 사람에게는 어둠을 헤치고 다시 태어나는 것을 의미하기도 합니다.
2. 나비는 전환과 변형만이 아니라 성장하고 변화하고 극복하는 능력을 상징할 수 있습니다.
3. 나방은 무시당하는 느낌, 추한 느낌뿐 아니라 약점과 성가심을 상징할 수 있습니다.
4. 동물의 얼굴, 특히 코끼리의 얼굴은 문제에 직면하는 방식과 내면의 문제를 들여다보는 것에 대한 두려움을 상징할 수 있습니다. 또한 회피하고 싶은 문제를 상징할 수도 있고, 현재 신경 쓰는 문제를 드러낼 수도 있습니다.

2번 카드

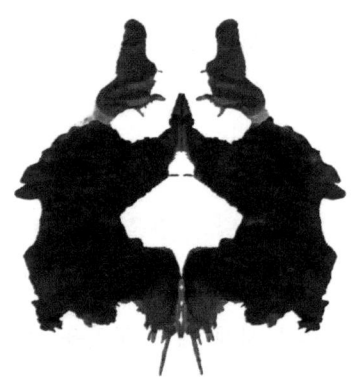

이 카드는 빨간색과 검은색 잉크로 이루어지는데, 종종 성적인 의미를 담습니다. 일반적으로 빨간색 부분은 피로 해석되고, 이

카드에 대한 수검자의 반응은 자신의 감정이나 신체적 상해, 또는 분노에 대처하는 방식을 반영할 수 있습니다. 대체로 이 카드는 기도하는 두 사람, 거울을 보는 사람, 또는 개나 곰이나 코끼리와 같은 네발 달린 동물과 닮았다고 말합니다.

1. 두 사람이 보인다면 상호 의존성이나 성에 대한 집착, 성에 대한 양가감정, 타인과의 관계에 몰두해 있다는 뜻일 수 있습니다.
2. 거울에 비친 사람이 보인다면 자기 몰두나 자기 성찰을 상징할 수 있습니다. 어느 쪽이든 그 사람의 기분에 따라 부정적인 특질일 수도 있고 긍정적인 특질일 수도 있습니다.
3. 개가 보인다면 다정하고 충성스러운 친구를 상징할 수 있습니다. 만약 수검자가 부정적인 요소를 보았다면 자신의 두려움에 직면하고 내면의 감정을 알아채야 한다는 의미일 수 있습니다.
4. 코끼리가 보인다면 사려 깊음과 기억력, 지능을 상징할 수 있지만, 다른 한편으로는 부정적인 신체 자아상을 상징할 수도 있습니다.
5. 곰bear이 보인다면 공격성과 경쟁, 독립성, 부활을 상징할 수 있지만, 다른 한편으로는 취약한 느낌, 보호받지 못하는 느낌을 상징할 수도 있습니다. 그리고 '벌거벗은'을 뜻하는 'bare'라는 말의 언어적 유희로, 진실하고 정직한 느낌을 의

미할 수도 있습니다.

6. 매우 성적인 카드이므로 기도하는 사람을 본다면 종교의 맥락에서 성에 대한 신념을 상징할 수 있습니다. 또, 피는 수검자가 신체적 고통을 종교와 연관시키거나 분노와 같은 버거운 감정을 느낄 때, 기도에 의지하거나 분노를 종교와 연관시킨다는 의미일 수 있습니다.

3번 카드

세 번째 카드는 빨간색과 검은색 잉크로 되어 있고, 수검자가 사람들과 어떻게 어울리고 소통하는지를 상징합니다. 이 카드에 대한 일반적인 반응으로는 두 사람이나 거울을 보는 사람, 나비나 나방이 있습니다.

1. 두 사람이 함께 식사하는 모습을 본다면 수검자의 사회생활이 풍성하다는 것을 상징합니다. 두 사람이 손을 씻는 모습

을 본다면 불안감이나 불결한 느낌, 또는 편집증적인 감정을 상징할 수 있습니다. 두 사람이 어떤 놀이를 같이 하는 모습을 본다면 사회적 관계를 경쟁으로 보는 관점을 상징할 수도 있지요.
2. 거울에 비친 자신을 본다면 자기 몰두나 타인에 대한 무심함, 타인의 시선을 의식하지 않는 태도를 상징할 수 있습니다.

4번 카드

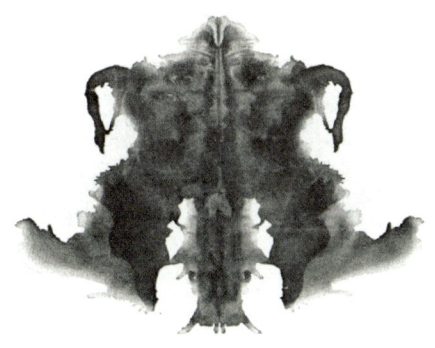

네 번째 카드는 흔히 '아버지 카드'로 불립니다. 검은색 잉크와 음영으로 되어 있고, 크고 무섭고 위협적입니다. 여성보다는 남성으로 분류되는 이 카드는 수검자가 느끼는 권위와 어린 시절 양육의 감정과 관련이 있습니다. 흔히 큰 짐승이나 괴물, 동물의 가죽이나 피부로 봅니다.

1. 큰 동물이나 괴물을 보는 것은 권위에 대한 반감이나 아버지

와 같은 권위자를 향한 증폭된 공포를 상징할 수 있습니다.
2. 동물 가죽이나 피부로 보는 것은 아버지라는 주제를 논의할 때 느끼는 큰 불편한 감정을 상징할 수 있습니다. 반대로 수검자가 권위와 열등감과 관련된 문제가 적은 상태를 상징할 수도 있습니다.

5번 카드

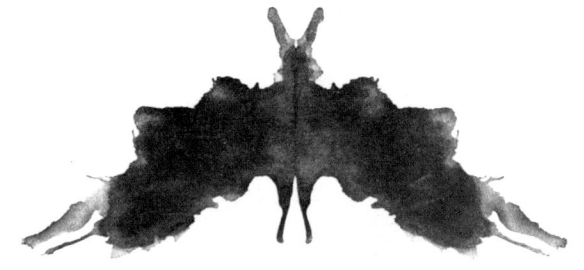

이 카드는 검은색 잉크로 되어 있고, 1번 카드처럼 수검자 자신을 반영합니다. 일반적으로 이 카드는 위협적인 카드로 여겨지지 않고, 앞의 카드들에 비해 쉬워서 양질의 답변을 이끌어낼 수 있습니다. 이 카드의 답변이 1번 카드의 답변과 비슷하지 않다면, 2번 카드부터 4번 카드까지 답하는 사이 수검자가 영향을 받았을 수 있습니다. 이 카드에 대한 일반적인 반응으로는 박쥐나 나비, 나방이 있습니다.

6번 카드

이 카드는 검은색 잉크로 되어 있고, 이 카드의 주된 특징은 잉크 얼룩의 질감입니다. 이 카드는 대인 관계의 친밀감을 연상시키고, 그래서 '성 카드'로도 불립니다. 이 카드에 대한 가장 흔한 반응은 동물의 가죽이나 피부인데, 이는 친밀함에 반하는 거부감을 상징합니다. 결과적으로 개인적 공허함과 단절감을 의미할 수 있지요.

7번 카드

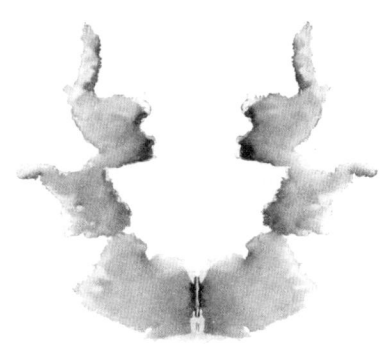

이 카드는 검은색 잉크로 되어 있고 일반적으로 여성성과 관련이 있습니다. 이 카드에 대한 일반적인 반응이 여성과 아이라는 점에서 이 카드를 '어머니 카드'라고 합니다. 수검자가 이 카드에 제대로 반응하지 못한다면 그의 삶에서 여성과 직면하는 데 문제를 안고 있을 수 있지요. 이 카드에 대한 일반적인 반응으로는 여성 또는 아이의 머리나 얼굴, 키스하는 모습 등이 있습니다.

1. 여성의 머리를 본다면 자신의 어머니에 대한 감정을 상징합니다. 이 감정은 전반적인 여성관에도 영향을 미칩니다.
2. 아이의 머리를 본다면 어린 시절과 관련된 감정과 내면의 아이를 보살펴야 할 필요성을 상징합니다. 또한 수검자가 어머니와 맺는 관계를 돌아보고 치유해야 하는 것을 의미할 수도 있습니다.
3. 두 얼굴이 키스하려는 모습을 본다면 어머니를 향한 애정을 다시 느끼고 싶은 욕구를 상징합니다. 한때 어머니와 친밀한 사이였고, 이제는 다른 인간관계에서 친밀함을 추구한다는 것을 나타낼 수 있습니다.

8번 카드

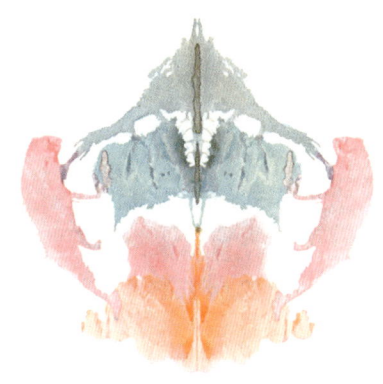

이 카드는 회색, 분홍색, 주황색, 파란색 잉크로 이루어져 매우 화려합니다. 여러 가지 색으로 된 카드 중 첫 번째로 등장할 뿐만 아니라 매우 복잡한 카드입니다. 이 카드 때문이든 속도감의 변화 때문이든 수검자가 불편해한다면, 복잡한 상황이나 정서 자극을 처리하는 데 어려움을 겪는다는 의미일 수 있습니다. 이 카드에 대한 일반적인 반응으로는 네 발 달린 동물이나 나비, 나방이 있습니다.

9번 카드

이 카드는 초록색, 분홍색, 주황색 잉크로 되어 있습니다. 이 카드는 모호하고 특정 사물로 시각화할 수 없다는 특징이 있습니다. 대다수는 이 카드에서 무엇이 보이는지 말하기를 어려워합니다. 이런 이유로, 이 카드는 수검자가 일정한 구조가 갖춰지지 않은 모호한 상황에 얼마나 잘 대처하는지 알아볼 수 있습니다. 이 카드에 대한 일반적인 반응은 보통의 인간 형상이나 모호하게 사악한 형상입니다.

1. 인간의 형상을 보고 수검자가 느끼는 감정은 체계적이지 않은 시간과 정보를 다루는 방식을 나타낼 수 있습니다. 가령, 비구조적인 상황에 잘 대처하지 못하는 사람은 인간의 형상을 보고 불편함을 느낄 수 있습니다.
2. 사악한 형상을 본다면 수검자가 삶의 구조가 갖춰져야 편안함을 느끼고, 모호함을 잘 견디지 못한다는 것을 상징할 수 있습니다.

10번 카드

로르샤흐 검사의 마지막 10번 카드는 주황색, 노란색, 분홍색, 초록색, 회색, 파란색 잉크로 이루어져 가장 화려합니다. 구조적으로 볼 때 이 카드는 8번 카드와 유사하지만, 복잡성 면에서는 9번 카드와 비슷합니다. 많은 사람이 이 카드를 유쾌하게 받아들이지만, 9번 카드의 복잡성을 좋아하지 않는 사람들은 이 카드에서도 비슷한 느낌을 받을 수 있습니다. 이는 유사하거나 동시적이거나 우연적인 자극을 처리하기 어려워한다는 의미일 수 있습니다. 이 카드에 대한 일반적인 반응으로는 게, 랍스터, 거미, 토끼 머리, 뱀, 애벌레 등이 있습니다.

1. 게를 본다면 물건이나 사람에 집착하는 경향, 또는 인내심을 상징할 수 있습니다.
2. 랍스터를 본다면 힘과 인내심, 작은 문제를 극복하는 능력을 상징할 수 있습니다. 랍스터는 자신을 해치거나 해를 입는 것을 두려워하는 마음을 상징할 수도 있습니다.
3. 거미를 본다면 두려움이나 얽매인 감정, 또는 거짓말을 해서 불편한 상황에 사로잡힌 느낌을 상징할 수 있습니다. 거미는 강압적인 어머니와 여성의 힘을 상징할 수도 있습니다.
4. 토끼 머리를 본다면 다산과 긍정적인 전망을 상징할 수 있습니다.
5. 뱀은 위험에 처하거나 거짓말에 속는 느낌, 미지의 것에 대한 두려움을 상징할 수 있습니다. 뱀은 남근을 상징할 수도 있

고, 허용되지 않거나 금지된 성관계와 관련될 수도 있습니다.

6. 이 카드는 가장 마지막에 나오기 때문에, 이 카드에서 애벌레를 본다면 끊임없이 자신을 재창조하고 진화시킨다는 의미가 있을 수 있습니다.

카렌 호나이

Karen Horney, 1885-1952

#여성심리학
#신경증
#대인관계

여성, 신경증, 프로이트에서 벗어나기

"자신에 대한 진실을 찾는 것은
삶의 다른 영역에서 진실을 찾는 것만큼의 가치가 있다."
―카렌 호나이

카렌 호나이(본명 카렌 다니엘슨)는 1885년 9월 16일에 독일의 블랑케네제라는 어촌에서 태어났습니다. 선장이던 아버지는 엄격하고 종교적으로 독실한 사람이었습니다. 그는 호나이를 무시할 때가 많았고 오빠인 베른트를 편애하는 것처럼 보였습니다.

정신분석학자 카렌 호나이

카렌은 아홉 살 때 친오빠인 베른트에게 반했습니다. 오빠가 그 마음을 거절하자 카렌은 우울증에 빠졌고, 평생을 우울증과 싸워야 했습니다. 스스로 매력적이지 않은 여자라고 생각한 카렌은 학교에서 공부를 잘하는 것이 인생에서 성공할 수 있는 최선의 길이라고 믿었습니다.

1906년, 스물한 살의 카렌은 프라이부르크대학교 의과대학에 입학했습니다. 3년 후, 오스카 호나이라는 법대생과 결혼했고, 1910년부터 1916년까지 세 자녀를 낳았습니다. 카렌 호나이는 괴팅겐대학교로 편입했다가 베를린대학교로 다시 옮겨 1913년에 졸업했습니다. 한 해 동안 부모를 모두 떠나보내고 첫 아이까지 낳았죠. 호나이는 자신의 감정에 대처하기 위해 프로이트의 제자인 정신분석학자 카를 아브라함Karl Abraham을 찾아갔습니다. 아브라함은 나중에 베를린정신분석학회에서 호나이의 스승이 됩니다.

1920년, 호나이는 베를린정신분석학회의 강사로 활동하기 시작했습니다. 1923년에 오빠 베른트가 사망했고, 호나이는 큰 충격을 받아 다시 깊은 우울증에 빠졌습니다. 1926년에는 남편과 별거했으며, 1930년에는 세 딸과 함께 미국으로 건너가 뉴욕 브루클린의 유대계 독일인 거주 지역에 살았습니다. 호나이는 이곳에 살면서 에리히 프롬Erich Fromm, 해리 스택 설리번Harry Stack Sullivan과 같은 유명한 심리학자들과 어울렸습니다.

호나이는 곧 시카고정신분석연구소의 부소장이 되어 그녀의 가장 강력한 연구 분야인 신경증과 성격 이론을 연구하기 시작했습니다. 2년 뒤에는 뉴욕으로 돌아와 뉴욕정신분석연구소와 사회연구를 위한 뉴스쿨New School for Social Research에서 일했지요. 호나이는 독일에서 살 때부터 지그문트 프로이트의 연구에 이의를 제기했고, 미국으로 건너와서는 프로이트의 연구에 대한 반감이 더 커졌습니다. 결국 그녀는 1941년에 뉴욕정신분석연구소에서 사임해야 했습니다. 그리고 같은 해에 미국정신분석학연구소를 설립했습니다. 호나이는 1937년에 『우리 시대의 신경증적 성격The Neurotic Personality of Our Time』과 1942년에 『자기 분석Self-Analysis』을 출간했습니다.

카렌 호나이는 신경증을 연구하면서, 여성에 대한 프로이트의 생각으로부터 독립하려고 한 것으로 잘 알려져 있습니다. 개인이 스스로의 치료자가 될 수 있다고 확신했고, 자조와 자기 분석의 중요성을 강조했습니다. 호나이는 1952년 12월 4일, 67세의 나이에 암으로 세상을 떠났습니다.

여성의 심리

카렌 호나이가 지그문트 프로이트 밑에서 연구한 적은 없지만, 프로이트의 연구에 친숙했고 베를린정신분석연구소와 뉴욕정신분석연구소에서 정신분석학을 가르치기도 했습니다. 하지만 프로이트의 연구와는 다른 견해를 가지고 있었기 때문에 결국 프로이트 학파를 떠나게 되었습니다.

프로이트의 심리 성적 발달단계의 남근기(3~6세)에서 어린 여자아이와 아버지의 관계가 남근 선망의 결과라고 주장한 것을 기억하나요? 호나이는 프로이트의 남근 선망 개념에 동의하지 않았으며, 이는 모욕적이고 잘못된 개념이라고 주장했습니다. 오히려

이 시기에는 여성이 아이를 낳을 수 있다는 사실에 대한 남성의 부러움, 곧 '자궁 선망'이 나타난다고 말했지요. 남자들은 이 열등 감을 보상받기 위해 다른 방식으로 성공하려 시도한다고 주장했 습니다. 남성은 출산으로 번식할 수 없으니 다른 형태로 세상에 흔적을 남기려 한다는 것이죠.

호나이는 남자와 여자 사이에 근본적인 성격 차이가 존재한다고 보는 프로이트의 시각도 틀렸다고 주장했습니다. 프로이트가 생물학적으로 접근한 데 반해, 호나이는 여성에게 자주 가해지는 문화적·사회적 제약이 없었다면 남성과 여성은 평등할 것이라고 주장했습니다. 이 주장이 당시에는 받아들여지지 않았지만, 호나이의 사후에 성평등을 개선하자는 움직임에 큰 반향을 불러일으켰습니다.

카렌 호나이의 신경증 이론

호나이의 신경증 이론은 신경증에 관해 잘 알려진 이론 중 하나입니다. 호나이는 대인 관계가 기본적인 불안을 야기하고, 이에 대처하기 위한 방법으로 신경증이 발생한다고 보았습니다. 신경증적 욕구를 세 범주로 분류했고, 이 범주 안에서 10가지 신경증적 욕구를 찾아냈습니다. 개인이 잘 적응하면 세 가지 범주의 전략을 모두 사용할 수 있는데, 그중에 하나 이상의 전략을 과도하게 사용할 때만 신경증이 발병합니다. 세 가지 범주와 그 안의 10가지 욕구는 다음과 같습니다.

다른 사람에게 향하게 만드는 욕구

신경증적 욕구에 의해 다른 사람의 인정이나 도움, 긍정을 구하는 식으로 자기 가치감을 얻으려 합니다. 이 유형의 사람들은 주변 사람들에게 인정받고 호감을 사야만 하고, 집착하거나 자신감이 없어 보일 수 있습니다.

1. **애정과 인정의 욕구**: 다른 사람의 기대에 부응하고, 다른 사람을 행복하게 해주고, 다른 사람에게 호감을 사려는 욕구입니다. 이 욕구를 경험하는 사람들은 다른 사람의 적대감이나 분노를 두려워하고, 거절이나 비판에 극도로 민감합니다.
2. **내 삶을 통제해줄 사람을 만나고 싶은 욕구**: 이 욕구에는 버림받는 것에 대한 강한 두려움과 파트너와 함께라면 어떤 문제나 어려움도 해결할 수 있다는 믿음이 포함됩니다.

다른 사람에게 맞서게 하는 욕구

스스로 기분이 좋아지기 위해 다른 사람들에게 힘을 행사하고 주변 사람들을 통제하는 식으로 불안을 해소하려 합니다. 이런 욕구를 드러내는 사람들은 불친절하고, 이기적이고, 강압적이고, 통제적인 사람으로 여겨집니다. 호나이는 흔히 '외재화'라는 과정을 통해 자신의 적대감을 다른 사람에게 투사한다고 지적했습니다. 그리고 외재화를 통해 자신의 잔인한 행동을 정당화할 수 있다고 보았습니다.

3. **힘을 가지려는 욕구**: 이 욕구를 가진 사람은 약함을 싫어합니다. 강함을 동경하고 간절히 원하기 때문에 다른 사람을 통제하고 지배합니다.
4. **다른 사람을 착취하려는 욕구**: 이 욕구를 가진 사람은 다른 사람을 조종합니다. 다른 사람은 이용 가치가 있어 존재한다고 생각하죠. 통제력, 성관계, 돈과 같은 것을 얻기 위해서만 다른 사람과의 관계를 이용합니다.
5. **명성에 대한 욕구**: 이 욕구를 가진 사람은 찬사와 공적인 인정을 필요로 합니다. 사회적 지위, 물질적 소유, 직업적 성취, 성격 특질, 심지어 사랑하는 연인까지도 명성으로 평가하고, 공개적으로 망신을 당할까 봐 두려워합니다.
6. **개인적 성취에 대한 욕구**: 성취하기 위해 자신을 밀어붙이는 것은 지극히 정상입니다. 하지만 신경증적인 사람은 자신의 불안감 때문에 필사적으로 성취에 매달리고 자기를 몰아붙일 수 있습니다. 실패를 두려워하고 항상 남들보다 더 많은 것을 성취해야 한다는 욕구가 있습니다.
7. **개인적인 존경을 얻으려는 욕구**: 자기애 성향이 강한 유형입니다. 남들이 자신을 볼 때 실제 자신이 아니라 이상적인 자신

의 모습으로 봐주기를 바랍니다.

다른 사람들로부터 멀어지게 하는 욕구

이 신경증적 욕구는 반사회적 행동의 원인이 되고, 남들에게 무관심한 사람으로 보이게 할 수 있습니다. 그 바탕에는 내가 남에게 관여하지 않으면 남도 나를 해칠 수 없다는 믿음이 깔려 있습니다. 이는 공허함과 외로움으로 이어질 수 있습니다.

8. **완벽에 대한 욕구**: 이 욕구를 가진 사람은 일반적으로 개인적인 결함에 대한 두려움을 가지고 있고, 이런 결함을 찾아내 빨리 숨기거나 고치려 합니다.
9. **독립에 대한 욕구**: 다른 사람에게 의존하거나 얽매이지 않으려는 노력의 일환으로, 이런 욕구를 가진 사람은 다른 사람들과 거리를 둘 수 있습니다. 이런 욕구에서 '외톨이' 사고방식이 나옵니다.
10. **자신의 삶을 좁은 테두리 안에 머물게 하려는 욕구**: 이 욕구를 가진 사람은 눈에 띄지 않고 남들의 이목을 끌지 않으려 합니다. 이런 사람은 자신의 기술과 재능을 과소평가하고, 많은 것을 요구하지 않고, 아주 적은 것에 만족하며, 자신의 필요를 부차적인 것으로 간주합니다.

카렌 호나이는 정신의학계에 지대한 영향을 미쳤습니다. 신경증을 대인 관계에 대처하는 방법으로 바라보고, 신경증적 욕구를 식별한 연구는 획기적이었죠. 지그문트 프로이트의 남성 중심적인 이론에서 벗어나 여성을 위한 심리학이 자리 잡는 데 크게 공헌했습니다.

헨리 머레이
Henry Alexander Murray, 1893-1988

#심인성욕구
#히틀러
#주제통각검사

성격 특질

> "과학은 도착할 때와 떠날 때 우리를 자유롭게 해주는 지나가는 우화다."
> —헨리 머레이

헨리 머레이는 1893년 5월 13일에 미국 뉴욕의 어느 부유한 가정에서 태어났습니다. 1915년에 하버드대학교에서 역사학으로 학사 학위를 받았고, 이후 컬럼비아대학교 의과대학에 진학해 생물학으로 박사 학위를 받았습니다. 그는 컬럼비아대학교를 다닐 때 심리학에 처음 관심을 가지기 시작했습니다.

TAT 개발자 헨리 머레이

머레이는 카를 융의 연구에 매료되었고, 1925년 취리히에서 융을 만났습니다. 두 사람은 오랜 시간 대화를 나누며 함께 배를 타고 담배를 피웠는데, 머레이는 이 만남을 계기로 심리학 분야에 정식으로 뛰어들었다고 합니다.

헨리 머레이는 얼마 후 하버드 심리 치료소의 설립자인 모튼 프린스Morton Prince의 요청으로 이 치료소에서 강의를 시작했습니다. 1937년에는 심리 치료소의 소장을 맡았지요. 머레이는 폭넓은 의학적 배경과 분석 훈련을 바탕으로, 연구 방식을 독특하게 변형해 성격과 무의식에 초점을 맞추었습니다.

1938년에 머레이는 제2차세계대전에 참전하기 위해 하버드를 떠났고, 아돌프 히틀러의 심리 프로필을 작성하라는 요청에 응했습니다. 같은 해에 무의식적 동기와 성격 주제를 파악하기 위한 검사인 주제통각검사Thematic Apperception Test(TAT)를 개발했는데, 이는 아직까지도 유명한 검사 중 하나입니다. 제2차세계대전 중 머레이는 전략 사무국을 설립해 지휘하며 미국 정보기관 요원들의 심리적 적합성을 평가했습니다.

머레이는 1947년 하버드대학교로 돌아왔고, 1949년에 심리 치료소의 별관을 세우는 데 일조했습니다. 1962년에는 하버드대학교의 명예교수가 되었습니다. 1988년 6월 23일, 헨리 머레이는 95살의 나이에 폐렴으로 생을 마감했습니다.

머레이의 심인성 욕구 이론

1938년, 머레이는 심인성 욕구 이론을 내놓았습니다. 이 이론은 성격을 주로 무의식 차원에서 발견되는 기본적인 욕구의 결과라고 설명합니다. 그중에 가장 기본적인 욕구로 두 유형이 있습니다.

1. **일차적 욕구**: 음식, 물, 산소와 같은 생물학적 욕구
2. **이차적 욕구**: 성취, 양육, 독립과 같은 심리적 욕구

나아가 머레이와 동료들은 모든 사람이 가진 27가지 욕구(사람마다 각 욕구의 수준은 다릅니다)를 확인했습니다.

1. **굴종**: 처벌을 받아들이고 복종하려는 욕구
2. **성취**: 성공하고 장애물을 뛰어넘으려는 욕구
3. **취득 또는 보존**: 소유물을 획득하려는 욕구
4. **소속감**: 친구 관계나 연애 관계를 맺으려는 욕구
5. **공격성**: 남을 해치려는 욕구
6. **자율성**: 강인하게 살아가고 남들에게 저항하려는 욕구
7. **비난 회피**: 규칙을 준수하고 비난을 피하려는 욕구
8. **건설**: 창조하고 건설하려는 욕구
9. **불일치**: 남다르고 싶은 욕구
10. **반작용**: 자신의 명예를 지키려는 욕구
11. **방어**: 자신의 행동을 정당화하려는 욕구
12. **존경**: 윗사람을 섬기거나 따르려는 욕구
13. **지배 또는 권력**: 사람들을 이끌고 통제하려는 욕구
14. **전시**: 관심을 끌려는 욕구

15. **설명**: 교육하고 정보를 제공하려는 욕구
16. **위험 회피**: 고통을 회피하려는 욕구
17. **굴욕 회피**: 약점을 숨기고 수치심이나 실패를 피하려는 욕구
18. **양육**: 힘없는 사람들을 보호하려는 욕구
19. **질서**: 정리하고 정돈하고 까다롭게 굴려는 욕구
20. **놀이**: 재미있게 놀고, 마음을 놓고, 긴장이나 스트레스를 풀려는 욕구
21. **인정**: 자신의 성취를 과시해 사회적 지위와 승인을 얻으려는 욕구
22. **거부**: 사람들을 거부하려는 욕구
23. **감각성**: 감각적 경험을 즐기려는 욕구
24. **성이나 관능**: 성적인 관계를 즐기려는 욕구
25. **유사성**: 사람들과 공감하려는 욕구
26. **구원**: 동정이나 보호를 받으려는 욕구
27. **이해 또는 인식**: 질문하고 지식을 찾고 분석하고 경험하려는 욕구

머레이는 각자의 욕구도 중요하지만 욕구가 서로 연관되거나, 다른 욕구를 지원하거나, 다양한 욕구가 충돌할 수 있다고 보았습니다. 이런 욕구가 저마다의 행동으로 나타나는 방식은 어느 정도는 환경적·정신적 요인을 따른다고 주장했고, 머레이는 이 요인들을 '압박'이라고 불렀습니다.

주제통각검사

머레이의 주제통각검사는 수검자에게 모호하지만 자극적인 여러 그림을 보여주고, 그림에서 본 정보로 이야기를 만들게 합니다. 이를 통해 수검자의 무의식을 들여다보고 사고 양상을 평가하며 성격과 정서적 반응을 드러내려 하지요. 검사의 기본 구조는 다음과 같습니다.

1. 수검자에게 잠시 다음의 그림을 보여주세요.
2. 수검자에게 그림을 바탕으로 이야기를 만들게 하고 다음의 질문을 던지세요.
    - 어떤 이유로 이 그림에서 그 사건을 보게 되었나요?
    - 지금 이 순간 무슨 일이 일어나나요?
    - 그림 속 인물들은 무슨 생각을 하고 있고, 어떻게 느끼나요?
    - 이 이야기의 결과는 무엇인가요?

실제 검사에는 남자와 여자, 아동, 성별을 알 수 없는 인물, 인간이 아닌 형상, 아무것도 없는 이미지를 비롯한 31장의 사진이 포함됩니다.

검사자는 수검자의 이야기를 기록하고 기저의 태도, 욕구, 반응 양상을 분석합니다. 일반적으로 사용되는 공식적인 채점 방식에는 두 가지가 있습니다. 첫 번째는 부정, 투사, 관념화를 평가하는 방어기제 안내서(DMM)이고, 두 번째는 환경에서 정신의 다양한 차원을 분석하는 사회 인지 및 대상관계 척도(SCORS)입니다.

아돌프 히틀러에 대한 머레이의 분석

1943년, 머레이는 연합군의 요청으로 아돌프 히틀러의 심리 구조를 이해하는 데 도움을 주었습니다. 머레이는 히틀러가 원한을 품는 성격이고, 남을 비하하고 비난하며 괴롭히는 성향이라고 결론지었습니다. 히틀러는 비판을 참지 못하고, 농담을 잘 받아주지 못하고, 감사를 표현하지 못하고, 보복하려고 하며, 관심을 받으려는 욕구가 강하다고 말했죠. 머레이는 또한 히틀러가 성격의 균형이 부족하고 자기 신뢰와 자기 의지가 매우 강하다고 보았습니다. 마지막으로 독일이 전쟁에서 패한다면 히틀러가 극단적인 방법으로 자살할 것이라고 정확히 예측했고, 히틀러가 순교자로 비춰질 가능성도 우려했습니다.

헨리 머레이의 심인성 욕구와 성격 이해에 관한 연구는 무의식뿐 아니라 생물학적 요인도 강조했습니다. 그의 주제통각검사는 오늘날에도 사용되고 있습니다.

안나 프로이트
Anna Freud, 1895-1982

#아동심리
#불안
#방어기제

아이들을 생각하다

> "무엇인가가 당신을 만족시키지 않더라도 놀라지 마라. 그것은 우리가 삶이라고 부르는 것이기 때문이다."
> —안나 프로이트

안나 프로이트는 1895년 12월 3일, 오스트리아 빈에서 지그문트 프로이트의 여섯 자녀 중 막내로 태어났습니다. 안나는 형제자매나 어머니에게는 거리감을 느꼈지만, 아버지와는 상당히 가까웠습니다. 사립학교에 다니며 배운 것보다 아버지의 친구나 동료가 모인 자리에서 배운 것이 더 많을 정도였죠.

아동 정신분석학자
안나 프로이트

안나 프로이트는 고등학교를 졸업한 후 아버지의 저서를 독일어로 번역하고 초등학교 교사로 일하면서 아동 치료에 관심을 갖기 시작했습니다. 하지만 1918년, 안나는 결핵으로 교직을 그만두어야 했습니다. 이 힘든 시기에 아버지에게 정신분석 치료를 받으며 꿈 이야기를 털어놓았습니다. 이 과정에서 아버지의 직업에 대한 관심이 더 커졌고, 직접 정신분석학 연구에 뛰어들기로 했습니다. 안나 프로이트는 아버지가 내놓은 여러 기본 개념을 받아들이면서도 무의식의 구조보다는 자아와 정신의 역동이나 동기에 더 많은 관심을 보였습니다. 1936년, 이런 관심을 바탕으로 한 그녀의 대표 저서 『자아와 방어기제The Ego and Mechanisms of Defense』가 출간되었습니다.

안나 프로이트는 아동 정신분석학 분야를 개척한 업적과 아동 심리에 대한 통찰로 잘 알려져 있습니다. 아동을 치료하기 위한 다양한 기법을 개발한 것으로도 인정받았지요. 1923년에는 대학에서 학위도 받지 않은 채로 빈에서 아동 정신분석 치료를 시작했고, 빈정신분석학회의 회장이 되었습니다.

1938년, 나치의 침공으로 안나 프로이트와 그녀의 가족은 오스트리아를 떠나 영국으로 건너갔습니다. 1941년에는 런던에서 도로시 벌링햄, 헬렌 로스와 함께 '햄스테드 전쟁 보육원'을 세워 집 없는 고아들을 위한 위탁 가정과 정신분석 프로그램을 운영했습니다. 안나는 보육원을 운영한 경험을 바탕으로 책 세 권을 냈습니다. 1942년에 나온 『전시의 아이들Young Children in Wartime』, 1943년에 나온 『가족 없는 유아Infants without Families』와 『전쟁과 아이들War and Children』입니다. 1945년에 보육원이 문을 닫았고, 안나 프로이트는 햄스테드 아동 치료 과정 및 클리닉을 설립해 소장을 맡았습니다. 그렇게 평생 그 자리를 지키다가 1982년에 세상을 떠났습니다. 그녀는 아동 치료 분야에 탁월한 유산을 남겼지만, 그 업적이 아버지 프로이트나 다른 뛰어난 심리학자들의 영향력에 가려진 듯합니다.

방어기제

안나 프로이트의 방어기제Defense mechanism 개념을 알아보려면 먼저 아버지 프로이트의 연구를 살펴봐야 합니다. 지그문트 프로이트는 자아가 원초아나 초자아와 갈등할 때 사용하는 방어기제에 관해 설명했습니다. 내면의 긴장을 줄이는 것은 인간의 중요한 욕구이고, 긴장은 주로 불안 때문에 일어난다고 주장했죠. 나아가 불안을 세 가지 유형으로 나누었습니다.

1. **현실 불안**: 현실 사건에 대한 두려움입니다. 예를 들어 어떤 사람이 개에게 물릴까 봐 두려워한다면 근처에 개가 있기 때문입니다. 현실 불안의 긴장을 줄이는 가장 간단한 방법은 그 상황에서 벗어나는 것입니다.
2. **신경증적 불안**: 원초아의 충동에 휘말려 제멋대로 행동하다가 처벌받을 것이라는 무의식적 두려움입니다.
3. **도덕적 불안**: 도덕적 원칙과 가치관이 훼손돼 수치심이나 죄책감을 느낄 것이라는 두려움입니다. 초자아에서 비롯된 불안

입니다.

지그문트 프로이트는 방어기제가 불안에 대처하며 현실과 원초아, 그리고 초자아로부터 자아를 보호하려 한다고 주장했습니다. 또, 무의식적으로 현실을 왜곡하고 문제를 회피하기 위해 방어기제를 남용할 수도 있다고 말했지요. 다시 말해, 방어기제를 온전히 이해한다면 불안을 더 건강하게 다스리는 데 도움이 될 수 있습니다.

그렇다면 안나 프로이트는 어디서 등장할까요? 안나는 특히 자아가 긴장을 줄이기 위해 사용하는 방어기제를 밝혀내는 데 기여했습니다. 다음과 같은 방어기제가 있지요.

1. **부정**: 과거에 일어난 사실이나 현재 일어나고 있는 일을 인식하거나 인정하지 않으려는 상태입니다.
2. **전치**: 덜 위협적인 대상에게 감정이나 위협을 표출하는 상태입니다.
3. **지식화**: 어떤 상황이 유발하는 심한 스트레스와 감정적인 부분에 주목하지 않기 위해, 냉정하고 객관적인 관점으로 그 상황을 바라보는 상태입니다.
4. **투사**: 나의 불편한 감정을 다른 사람에게 투사해 내가 아닌 그 사람이 감정을 느끼는 것이라고 생각하는 상태입니다.
5. **합리화**: 감정이나 행동의 실제 원인을 회피하면서 그럴듯한

거짓으로 정당화하는 상태입니다.
6. **반동 형성**: 나의 진짜 감정을 숨기기 위해 정반대로 행동하는 상태입니다.
7. **퇴행**: 어린아이처럼 행동하는 상태입니다. 안나 프로이트는 고착된 심리 성적 발달단계에 따라 특정 행동을 한다고 주장했습니다. 예를 들어 구강기에 고착된 사람은 과도하게 많이 먹거나 담배를 피우거나 언어적으로 더 과격할 수 있습니다.
8. **억압**: 불편한 생각을 무의식으로 밀어 넣는 상태입니다.
9. **승화**: 용납할 수 없는 행동을 용납할 수 있는 행동으로 바꾸는 상태입니다. 예를 들어 화를 표출할 방법으로 복싱을 시작합니다. 프로이트는 승화가 성숙의 신호라고 보았습니다.

아동 정신분석

안나 프로이트는 아동을 위한 치료법을 개발하기 위해 아버지의 연구를 바탕으로 타임라인을 짜고 아동의 정상적 성장과 발달 속도를 파악할 계획이었습니다. 그러면 발달단계 중 위생과 같은 특정 부분이 누락되거나 지연될 때 치료자가 외상의 원인을 찾아 해결할 수 있었지요.

하지만 안나는 곧 아이들은 아버지가 진료한 성인 환자들과 크게 다르다는 점을 깨닫고 계속해서 치료법을 수정해야 했습니다.

아이들은 삶의 중요한 부분이 부모와 연결되어 있다는 점에서 자립적인 성인과 달랐죠. 안나 프로이트는 일찍부터 부모의 중요성을 알았고, 아동 치료에서는 부모의 적극적인 개입이 필요하다는 것을 깨달았습니다. 이를테면 부모는 아이가 치료받는 동안 생기는 일을 정확히 전달받아야 합니다. 그래야 일상에서도 동일한 치료법을 적용할 수 있으니까요.

안나 프로이트는 놀이도 치료에 도움이 될 수 있다고 보았습니다. 놀이를 통해 아이들은 현실에 적응하거나 문제에 직면해볼 수 있고, 치료 시간에 놀이를 하며 자유로이 이야기할 수 있기 때문이죠. 놀이는 아동의 외상을 찾아 치료하는 데 도움이 될 수 있습니다. 하지만 아이는 어른과 달리 사건을 숨기고 감정을 억압하는 데 미숙해 놀이로 많은 무의식을 끌어내기는 어렵습니다.

안나 프로이트는 아버지의 그늘 밑에서 연구를 시작했지만, 그녀 역시 심리학계의 귀중한 자산이었습니다. 아버지 프로이트의 방어기제 연구에 들인 노력과 아동 정신분석학을 창시한 업적은 지금까지도 중요한 의미를 지닙니다. 게다가 우리가 현재 알고 있는 아동심리학의 상당 부분은 안나 프로이트의 연구에서 비롯된 것입니다.

에리히 프롬
Erich Fromm, 1900-1980

#자유
#사랑
#신프로이트

인간의 근본적인 욕구

"역설적이게도 혼자 있을 수 있다는 것은
사랑할 수 있는 상태를 뜻한다."
―에리히 프롬

에리히 프롬은 1900년 3월 23일 독일 프랑크푸르트에서 정통 유대교 집안의 외아들로 태어났습니다. 프롬은 자신의 어린 시절을 유대교적이면서도 매우 신경증적이었다고 표현했는데, 이런 종교적 배경은 그의 심리학 연구에 큰 영향을 미쳤습니다.

사회심리학자 에리히 프롬

제1차세계대전 중 프롬은 집단행동을 이해하는 데 관심을 가졌고, 14살에 지그문트 프로이트와 카를 마르크스의 이론을 공부하기 시작했습니다. 1922년에 하이델베르크대학교에서 사회학 박사 학위를 취득했고, 정신분석학자로 일하기 시작했습니다. 이후 나치 정당이 집권하자 독일을 떠나 뉴욕의 컬럼비아대학교에서 강의를 시작했는데, 여기서 카렌 호나이와 에이브러햄 매슬로를 만나 함께 연구했습니다.

프롬은 20세기 정신분석학에서 중요한 인물로 손꼽히며 인본주의 심리학에 큰 영향을 미쳤습니다. 카를 융, 알프레드 아들러, 카렌 호나이, 에릭 에릭슨과 마찬가지로, 프롬은 신프로이트학파로 분류되었습니다. 이 학파는 프로이트 이론의 상당 부분에 동의하지만 어떤 부분에서는 매우 비판적이었고, 그들의 생각을 프로이트의 이론에 통합했습니다.

> **더 읽어보기**
>
> ### 신프로이트학파의 문제점
>
> 신프로이트학파는 그들만의 이론을 내놓으면서도, 프로이트의 연구와 비슷한 문제점을 가지고 있었습니다.
>
> - 인간을 부정적으로 바라보는 프로이트의 관점
> - 개인의 성격이 전부는 아니더라도, 어린 시절의 경험에 따라 상당 부분 형성된다고 믿는 프로이트의 신념
> - 사회적·문화적 영향이 성격과 행동에 미치는 현상을 고려하지 못한 프로이트의 한계

프롬의 연구는 지그문트 프로이트와 카를 마르크스의 사상을 결합했습니다. 프로이트는 무의식과 생물학을 강조한 반면, 마르크스는 사회와 경제 체계의 역할에 주목했습니다. 프롬은 한 개

인의 성과를 결정하는 데는 생물학적 요인이 중요한 역할을 할 때도 있고, 사회적 요인이 중요한 역할을 할 때도 있다고 보았습니다. 다만 프롬은 그가 생각하는 인간의 진정한 본성, 곧 '자유'를 끌어왔습니다. 프롬은 정치심리학과 인간상과 사랑에 관한 연구로 잘 알려져 있습니다. 1944년에 멕시코로 이주한 프롬은 멕시코정신분석연구소를 설립하고 1976년까지 소장으로 일했습니다. 1980년 3월 18일, 에리히 프롬은 스위스 무랄토에서 심장마비로 생을 마감했습니다.

자유

프롬은 자유(해방이나 정치적 자유와 혼동하지 말 것)란 사람들이 적극적으로 벗어나려고 하는 무언가라고 말했습니다. 그렇다면 왜 누군가는 자유로운 상태를 피하려고 할까요? 프롬은 개인이 자유로우려면 외부의 권위로부터 자유로워야 한다는 보편적인 믿음에는 동의하면서도, 인간의 내면에는 자유를 제한하고 억제하는 심리적 과정이 존재한다고 주장했습니다. 따라서 개인이 진정한 자유를 누리려면 먼저 이런 과정을 극복해야 한다고 했지요. 프롬에 따르면, 자유란 독립적인 상태이자 어떤 목적이나 의미를 느끼기 위해 자기 외에는 누구에게도 의존하지 않는 상태를 가리킵니다. 따라서 자유로우면 고립감과 두려움, 소외감, 공허함에 빠질 수 있고, 심한 경우에는 진정한 자유의 형태가 정신 질환이 될 수도 있습니다. 프롬은 결국, 자유를 가지는 것은 심리적으로 어려운 일이기 때문에 사람들은 자유를 피하려고 할 것이라고 결론지었습니다. 그는 이런 상황이 일어날 수 있는 세 가지 주요 방식을 가정했습니다.

1. **권위주의**: 사람들은 권력을 내주거나 스스로 권위자가 되는 식으로 권위주의 사회에 편입됩니다. 프롬은 이런 권위주의의 극단적 형태가 사디즘sadism과 마조히즘masochism이라고 지적했지만, 이보다 덜 극단적인 형태의 권위주의는 교사와 학생의 관계를 비롯한 모든 영역에서 발견됩니다.

2. **파괴성**: 사람들이 자신의 고통에 대한 반응으로 주위의 모든 것을 파괴할 수 있습니다. 이런 파괴성에서 굴욕감, 잔인성, 범죄가 나옵니다. 파괴성은 자기 안으로 향하기도 하는데, 이것을 자기 파괴성이라고 합니다. 자기 파괴성의 가장 명백한 경우가 자살입니다. 프로이트는 파괴성이 다른 사람들에게 향하는 자기 파괴성의 결과라고 보았지만, 프롬은 반대로 파괴성에 따른 좌절감의 결과가 자기 파괴성이라고 보았습니다.

3. **자동 순응**: 위계질서가 강하지 않은 사회에서는 사람들이 대중문화에 숨을 수 있습니다. 개인이 (말투나 옷차림이나 사고방식 등으로) 군중 속에 숨으면 더는 책임질 필요가 없으므로

자신의 자유를 인정하지 않아도 됩니다.

사람들이 자유를 피하는 과정에서 내리는 선택은 어린 시절에 경험한 가족의 유형에 따라 달라질 수 있습니다. 건강하고 생산적인 가족 안에서는 부모가 자녀를 합리적으로 양육하면서 사랑의 분위기를 조성합니다. 그러면 아이들은 스스로 책임을 지고 자유를 인정하는 법을 배우면서 성장할 수 있습니다. 그러나 비생산적인 가족은 다음과 같은 회피 행동을 조장합니다.

1. **공생 가족**: 가족 구성원들이 '가족을 삼켜버리기' 때문에 각자의 성격이 온전히 발달하지 못합니다. 예를 들어 자녀의 성격이 단순히 부모의 소망을 반영하거나, 반대로 자녀가 부모를 과도하게 지배해 부모가 자녀에게 봉사하기 위해 존재할 수 있습니다.
2. **철수하는 가족**: 부모가 자녀에게 매우 높은 기준을 설정하고, 그 기준에 맞추기를 기대하면서 자녀에게 많은 것을 요구합니다. 이런 양육에는 의례적인 처벌도 포함되고 자녀에게 주로 '너를 위해' 그러는 것이라고 말합니다. 이 유형의 가족에서는 신체적 처벌이 아니라 죄책감을 심어주거나 애정을 박탈하는 식의 정서적 처벌이 발견되기도 합니다.

하지만 프롬은 양육은 일부일 뿐이라고 보았습니다. 그는 사람들이 명령을 따르는 데 익숙해져서 스스로 명령을 따른다는 사실조차 인식하지 못한 채 행동하고, 무의식에 내재된 사회의 규칙이 진정한 자유를 얻지 못하도록 사람들을 방해한다고 주장했습니다. 프롬은 이것을 '사회적 무의식'이라고 불렀습니다.

프롬의 인간적 욕구

프롬은 '인간적 욕구'와 '동물적 욕구'를 구분했습니다. 동물적 욕구는 기본적인 생리적 욕구이고, 인간적 욕구는 사람들이 자신의 존재에 대한 답을 찾고 자연 세계와 다시 결합하려는 욕구를 의미합니다.

프롬의 이론에서 인간적 욕구는 여덟 가지가 있습니다.

1. **관계성**: 다른 사람과 관계를 맺으려는 욕구입니다.
2. **초월성**: 인간은 아무런 동의도 없이 이 세상에 태어났기 때문에, 창조하거나 파괴하는 식으로 인간 본성을 초월하려는 욕구가 있습니다.
3. **뿌리내림**: 이 세상에 뿌리를 내리고 집처럼 편안하게 느끼려는 욕구입니다. 단단히 뿌리를 내리면 어머니와 자식의 유대를 넘어 성장할 수 있지만, 제대로 뿌리내리지 못하면 어머니의 보호 밖으로 나가기를 두려워할 수도 있습니다.

4. **정체성**: 프롬은 사람이 온전한 정신으로 살아가려면 자기만의 개성을 가져야 한다고 믿었습니다. 정체성을 얻으려는 욕구가 너무 강하면 순응하게 될 수도 있는데, 자신의 정체성을 만들어가기보다 다른 사람의 정체성을 끌어와서 개발하는 것입니다.
5. **지향의 구조**: 우리는 세상을 이해해야 하고 세상에 어떻게 적응할지 알아야 합니다. 종교, 과학, 철학 등 세상을 바라보는 기준을 제공하는 모든 것에서 구조를 발견할 수 있습니다.
6. **흥분과 자극**: 그저 반응만 하는 것이 아니라 목표를 달성하려고 적극적으로 노력합니다.
7. **융합**: 자연 세계와 인간 세계가 융합되었다고 느끼려는 욕구입니다.
8. **효과성**: 성취감을 느끼고 싶은 욕구입니다.

에리히 프롬은 20세기에 중요하고 영향력 있는 심리학자 중 한 명으로 손꼽힙니다. 그는 인본주의 심리학에서 핵심적인 역할을 했고, 인간을 모순된 존재로 보았습니다. 프롬은 삶이란 자연의 일부인 동시에 자연으로부터 분리되려는 욕망이고, 자유는 사실 우리가 적극적으로 피하려는 상태라고 말했습니다.

에이브러햄 매슬로

Abraham Harold Maslow, 1908-1970

#욕구위계설
#피라미드
#인본주의

인간의 잠재력에 주목하다

"안전함으로 후퇴할 것이냐, 발전을 향해 전진할 것이냐는 당신의 선택이다. 끊임없이 발전을 선택하고 끊임없이 두려움을 이겨내라."
―에이브러햄 매슬로

에이브러햄 매슬로는 1908년 4월 1일에 미국 뉴욕 브루클린에서 태어났습니다. 러시아계 유대인 이민자 가정의 7남매 중 장남이었죠. 수줍음이 많은 매슬로는 외롭고 불행한 아이였고, 어린 시절에는 주로 도서관에서 공부만 했다고 회상했습니다.

인본주의 심리학자 매슬로

매슬로는 뉴욕시립대학교에서 법학을 전공하다가 이내 위스콘신대학교로 편입해 심리학 수업을 접했습니다. 붉은털원숭이 실험으로 유명한 해리 할로우가 매슬로의 박사 과정의 지도 교수가 되어주었습니다. 매슬로는 위스콘신대학교에서 1930년에 학사 학위를, 1931년에 석사 학위를, 1934년에 박사 학위를 받았습니다. 이후 컬럼비아대학교에서 심리학 연구를 이어가며, '열등감의 아버지'라 불리는 알프레드 아들러를 스승으로 만났습니다.

1937년부터 1951년까지, 매슬로는 브루클린대학교에서 교수직을 맡았습니다. 이 대학에서 매슬로는 게슈탈트심리학자 막스 베르트하이머Max Wertheimer와 인류학자 루스 베네딕트Ruth Benedict를 스승으로 만났습니다. 매슬로는 두 사람을 학자로도, 인간적으로도 존경했습니다. 그래서 매슬로는 두 사람에 대한, 그리고 두 사람의 행동에 대한 연구를 시작했습니다. 이 연구를 계기로 인간의 잠재력과 정신 건강에 관심을 키우기 시작했고, 그가 심리학에 기여한 가장 중요한 연구의 토대를 마련했습니다.

1950년대에 매슬로는 인본주의 심리학의 창시자이자 지도자가 되었습니다. 질병이나 비정상성에 주목하기보다 긍정적 정신 건강에 중점을 두었죠. 인본주의 심리학이 출현하자, 인간은 치료를 통해 스스로 치유할 수 있는 잠재력을 타고나고, 치료자는 환자가 잠재력을 발휘할 수 있도록 안내자 역할을 맡아 장애물을 없애는 데 도움을 준다는 개념을 토대로 다양한 유형의 치료법이 나왔습니다.

매슬로는 현대 심리학 사상의 초석인 '욕구 위계 이론'으로 가장 유명한데, 이 이론에 따르면 사람들은 기본적인 욕구에서 시작해 높은 단계로 올라가면서 일련의 욕구를 충족하고 싶어 합니다.

매슬로는 1951년부터 1969년까지 브랜다이스대학교에서 강의했고, 1969년에는 캘리포니아로 넘어가 라플린연구소에서 일했습니다. 매슬로는 1970년 6월 8일, 62세의 나이에 심장마비로 숨을 거두었습니다.

욕구의 위계

1943년, 매슬로는 피라미드 형태로 표현한 욕구의 위계를 세상에 처음 내놓았습니다. 매슬로는 욕구는 사람이 특정 방식으로 행동하도록 동기를 부여하는 데 중요한 역할을 한다고 보았습니다. 기본적인 욕구일수록 피라미드 아래쪽에 위치하고, 복잡한 욕구일수록 피라미드 위쪽에 위치합니다. 피라미드 아래쪽의 욕구는 신체적 욕구에 가깝고, 위쪽의 욕구는 심리적·사회적 욕구에 가깝습니다. 피라미드에서 위로 올라가려면 아래층의 욕구부터 충족해야 합니다. 욕구는 다음과 같습니다.

생리적 욕구

생리적 욕구는 가장 기본적인 것으로 생존에 필요합니다. 이 단계의 욕구가 충족되지 않으면 다른 모든 욕구는 부수적인 것이 됩니다. 이 단계에는 음식과 물, 공기, 수면, 항상성, 성적 생식의 욕구가 포함됩니다.

안전

안전과 보안의 욕구는 생존에 중요하지만, 생리적 욕구만큼 필수적인 것은 아닙니다. 이 단계의 욕구에는 개인적 안전(집과 안전한 이웃), 재정적 안전, 건강, 보험처럼 사고로부터 보호할 수 있는 안전망과 같은 것이 있습니다.

사랑과 소속감

사랑과 소속감의 욕구는 사회적 욕구라고도 합니다. 이는 소속감을 느끼고, 사랑받고, 인정받고, 외롭지 않으려는 욕구입니다. 이 욕구는 앞의 두 단계보다 덜 기본적이고, 친구, 연인, 가족은 물론이고, 종교, 사회, 지역사회의 집단과 조직에 참여해 충족될 수 있습니다.

존중

누구에게나 사람들에게 존중받고, 가치를 인정받고, 세상에 보탬이 된다고 느끼고 싶은 욕구가 있습니다. 높은 자존감과 사람들의 존중은 자신감으로 이어지는 반면에, 낮은 자존감과 부족한 존중은 열등감으로 이어질 수 있습니다. 사람들이 가치감을 느끼고 높은 자존감을 얻을 수 있는 방법은 직업 활동, 운동 동호회, 취미 활동 등에 참여하거나 학문적 성취를 이루는 것입니다.

자아실현

자아실현의 욕구는 매슬로의 모형에서 가장 중요한 단계입니다. 이는 자신의 잠재력을 온전히 실현하려는, 한마디로 내가 될 수 있는 모든 것이 되려는 욕구지요. 매슬로의 모형에서 다른 모든 단계를 완수해야 이 단계에 오를 수 있습니다. 자아실현의 욕구는 광범위하지만 상당히 구체적으로 적용됩니다. 예를 들어 최고의 화가가 되고 싶어 할 수도 있고, 이상적인 아버지가 되고 싶어 할 수도 있습니다.

○ 그림 1-2. 매슬로의 욕구 위계 구조

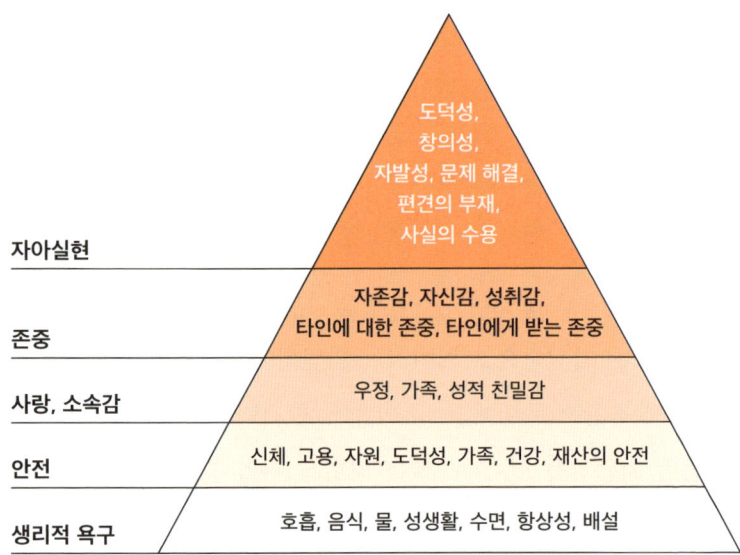

> **더 읽어보기**
>
> ## 다양한 유형의 욕구
>
> 매슬로는 다양한 유형만이 아니라 다양한 수준의 욕구를 찾아냈습니다. 결핍 욕구는 결핍에서 나오는 욕구입니다(예: 안전 욕구, 사회적 욕구, 존중의 욕구, 생리적 욕구). 이런 욕구는 낮은 차원의 욕구이고, 이런 욕구가 충족되어야 불쾌한 감정이나 결과를 피할 수 있습니다. 존재 욕구는 성장 욕구로, 한 인간으로서 성장하려는 욕구입니다. 성장 욕구는 결핍의 결과가 아닙니다.

매슬로의 욕구 위계 이론에 대한 비판

매슬로의 욕구 위계 이론은 많은 비판을 받았습니다. 무엇보다도 매슬로가 자아실현의 특성을 파악하기 위해 사용한 방법에 의문이 제기되었습니다. 매슬로는 자아실현을 이루었다고 판단되는 21명의 전기와 저술을 질적으로 분석했고, 이런 특정 집단에서 자질을 추려내 목록을 만들었습니다.

따라서 자아실현에 대한 매슬로의 정의는 전적으로 주관적 관점에 따른 것이고, 그가 제시한 정의를 과학적으로 입증된 사실로 받아들일 필요는 없다는 뜻입니다.

욕구 위계 이론에 대한 또 하나의 비판은 아래 단계의 욕구를 충족시켜야 자아실현 단계에 도달할 수 있다는 매슬로의 주장에 관한 것입니다. 예컨대, 가난하게 사는 사람들도 사랑하거나 소속감을 느낄 수 있는데 (매슬로에 따르면) 그렇지 않다는 것입니다. 이런 비판에도 불구하고 매슬로가 현대 심리학에 미친 중대한 영향은 부정할 수 없습니다. 매슬로는 심리학계가 비정상적인 행동에서 벗어나 인간 본성과 정신 건강, 인간 잠재력이라는 긍정적인 측면에 집중하도록 이끌었습니다.

인지심리학
Cognitive Psychology

#기억
#인지혁명
#고릴라실험

머릿속에서 실제로 무슨 일이 벌어지는지 이해하기

"인지 과정은 확실히 존재하기 때문에,
이를 연구하는 것이 비과학적일 수는 없다."
―울릭 나이서

인지심리학은 인간이 정보를 습득하고 처리하고 저장하는 방식에 초점을 맞춘 심리학의 한 분야입니다. 1950년대 이전에는 행동주의가 지배적인 학파였지만, 이후 20년 동안 심리학은 관찰 가능한 행동을 연구하는 방식에서 내면의 정신 과정을 연구하는 방식으로 변화했습니다. 주

인지심리학자 울릭 나이서

의력과 기억, 문제 해결, 지각, 지능, 의사 결정 및 언어 처리와 같은 주제에 초점을 맞추기 시작했죠. 인지심리학은 정신분석가의 주관적 인식에 의존하는 것이 아니라, 과학적 연구 방법을 통해 정신의 과정을 알아본다는 점에서 정신분석학과 다릅니다.

1950년대부터 1970년대까지를 흔히 '인지 혁명'이라고 합니

다. 인지과학의 처리 모형processing model과 연구 방법이 정립된 시기이기 때문이죠. 인지심리학은 미국의 심리학자 울릭 나이서Ulric Neisser가 1967년에 출간한 저서 『인지심리학Cognitive Psychology』에서 처음 사용한 용어입니다.

> **더 읽어보기**
> ### 인지심리학의 두 가지 가정
> 인지심리학에서 내세우는 가정 하나는 정신 과정의 개별 요소를 과학적 방법으로 인식하고 이해할 수 있다는 것이고, 다른 하나는 정보 처리 모형에서 알고리즘이나 규칙으로 내면의 정신 과정을 설명할 수 있다는 것입니다.

주의

인지심리학에서 '주의'는 개인이 자신의 환경에 존재하는 정보를 적극적으로 처리하는 방식을 말합니다. 이 책을 읽는 동안에도 여러분은 주변에서 온갖 장면과 소리와 감각을 경험합니다. 손에 든 책의 무게, 옆에서 누가 통화하는 소리, 의자에 앉는 감각, 창밖에 서 있는 나무, 이전에 나눈 대화의 기억 등을 경험하죠. 인지심리학자들은 인간이 어떻게 이렇게 수많은 감각을 경험하면서도 한 가지 요소나 작업에 집중할 수 있는지 이해하려고 합니다.

네 가지 주의 유형

1. **집중적 주의:** 구체적인 청각이나 촉각, 시각의 자극에 대해 8초 정도 짧게 나타날 수 있는 단기적 반응입니다. 전화벨이 울리거나 갑작스러운 상황이 벌어지면 몇 초 동안 집중했다가 다시 원래 하던 일로 돌아가거나 전화벨과 무관한 다른 일을 생각합니다.

2. **지속적 주의:** 지속적이고 반복적으로 수행하는 작업에서 일관된 결과를 내놓는 주의입니다. 예를 들어 설거지에 지속적 주의를 기울이면 마무리할 때까지 계속 설거지를 합니다. 집중력이 흐트러지면 도중에 설거지를 멈추고 다른 일로 넘어갈 수 있습니다. 대다수 성인과 청소년은 한 가지 작업에 20분 이상 꾸준히 주의를 기울이지 못합니다. 대신 그 작업에 다시 집중하기로 거듭 선택하죠. 그래서 영화 감상처럼 긴 시간의 작업에 집중할 수 있는 것입니다.

3. **주의 분산:** 한 번에 여러 가지 일에 주의를 기울이는 것입니다. 이것은 제한적인 능력이고, 처리되는 정보의 양에 영향을 미칩니다.

4. **선택적 주의:** 특정 대상에 주의를 기울이면서 다른 대상은 배제하는 것입니다. 시끄러운 파티장에서 누군가와 대화를 할 때, 주위에서 다른 감각이 들어오더라도 계속 대화를 이어갈 수 있습니다.

무주의 맹시와 보이지 않는 고릴라 실험

무주의 맹시Inattentional blindness는 명백한 자극이 바로 앞에 있어도 알아채지 못하는 현상으로, 감각에 과부하가 걸리면 어떻게 되는지 보여줍니다. 이는 누구든 정신적으로나 육체적으로 모든 자극을 알아채는 것이 불가능해 나타나는 현상입니다. 무주의 맹시를 보여주는 유명한 실험으로 대니얼 사이먼Daniel Simon의 '보이지 않는 고릴라 실험'이 있습니다.

참가자들에게 두 집단(흰색 티셔츠를 입은 사람들과 검은색 티셔츠를 입은 사람들)이 섞여서 각자의 농구공을 가지고 자기네 집단 사람들에게만 패스하는 짧은 영상을 보여주었습니다. 그리고 참가자들에게 한 집단 안에서 농구공이 몇 번이나 돌아갔는지 세어 보게 했습니다.

이 영상에서 두 집단이 농구공을 돌리는 사이, 고릴라 복장을 한 사람이 중앙으로 걸어와 가슴을 두드리고는 화면 밖으로 나갔습니다.

영상이 끝나고 참가자들에게 이상한 점을 보았냐고 물어보니, 참가자의 50%가 고릴라를 보지 못했다고 답했습니다. 사람의 지각과 시야의 관계에서 주의가 얼마나 중요한 역할을 하는지 보여주는 실험입니다.

문제 해결

인지심리학에서 '문제'란 난관이나 불확실성, 또는 의심과 관련된 질문이나 상황으로 정의됩니다. 문제 해결의 정신적 과정은 문제를 발견하고 분석하고 해결하는 과정으로 이루어집니다. 궁극적인 목표는 장애물을 극복하고 최선의 대안을 찾아 문제를 해결하는 것이죠.

문제 해결 주기

연구자들은 문제를 해결하는 가장 좋은 방법은 '문제 해결 주기'라는 일련의 단계를 거치는 것이라고 말합니다. 다만 단계가 순차적이어도 사람들이 일련의 단계를 철저히 따르는 경우는 거의 없고, 원하는 결과에 도달할 때까지 여러 단계를 건너뛰기도 하며 필요에 따라 앞으로 되돌아가기도 합니다.

1. **문제 파악하기**: 첫 단계에서는 문제가 존재한다는 사실을 알아챕니다. 간단해 보여도 문제의 원인을 올바르게 파악하지 못하면 해결을 위한 모든 시도가 비효율적이고 쓸모없어질 수 있습니다.
2. **문제를 정의하고 한계 파악하기**: 문제가 있다는 점을 확인했으면, 이제 문제가 무엇인지 제대로 정의해야 합니다. 문제가 있다는 것을 알았으니 이에 대한 정의가 더 명확해집니다.

3. **해결책을 찾기 위한 전략 세우기**: 전략을 세우는 방법은 상황이나 개인의 선호에 따라 달라집니다.
4. **문제에 관한 정보 정리하기**: 이제 가능한 한 모든 정보를 정리해서 적절한 해결책을 마련할 수 있도록 준비해야 합니다.
5. **필요한 정신적·육체적 자원을 할당하고 활용하기**: 문제의 중요도에 따라 돈이나 시간 등 자원을 할당할 수 있습니다. 그다지 중요한 문제가 아니라면 해결책을 마련하기 위한 자원을 과도하게 할당하지 않아도 됩니다.
6. **진행 상황 추적하기**: 아무런 진전도 없다면 전략을 다시 평가하고 다른 전략을 찾아봐야 합니다.
7. **결과의 정확성 평가하기**: 주어진 해결책이 절대적으로 최선의 결과인지 알아보려면 결과를 평가해야 합니다. 운동 요법의 결과를 평가할 때처럼 시간을 두고 수행할 수도 있고, 수학 문제의 답을 확인할 때처럼 즉시 수행할 수도 있습니다.

문제 해결을 위한 인지 전략

문제에는 잘 정의된 문제와 잘못 정의된 문제가 있습니다. 잘 정의된 문제는 목표가 명확하고, 해결책으로 가는 과정이 구체적이며, 주어진 정보를 토대로 쉽게 식별되는 장애물이 있습니다. 잘못 정의된 문제는 해결책으로 가는 경로나 공식이 구체적이지 않고, 조사 과정을 거쳐야 문제를 정의하고 이해하고 해결할 수 있습니다.

공식에 따라 문제를 해결하려 할 때, 문제가 잘못 정의되어 있으면 해결할 수 없으므로 정보를 수집하고 분석해 해결책을 찾아야 합니다. 잘못 정의된 문제 안에는 잘 정의된 하위 문제가 있을 수도 있습니다. 해결책을 찾으려면 여러 가지 문제 해결 전략을 조합해야 합니다. 연구자들은 50가지 이상의 문제 해결 전략을 발견했는데, 가장 일반적인 전략은 다음과 같습니다.

1. **브레인스토밍**: 모든 선택지를 평가하지 않은 채 쭉 열거한 후, 선택지를 살펴보면서 그중 한 가지를 선택합니다.
2. **유추**: 이전의 비슷한 문제에서 학습한 선택지를 채택합니다.
3. **세분화**: 크고 복잡한 문제를 작고 단순한 문제로 세분합니다.
4. **가설 검증**: 문제의 원인에 맞게 가설을 세우고 정보를 수집해 검증합니다.
5. **시행착오**: 적합한 해결책을 찾을 때까지 무작위로 여러 해결책을 검토합니다.
6. **조사**: 유사한 문제에 기존 아이디어를 적용하고 활용합니다.
7. **수단/결과 분석**: 문제 해결 주기의 각 단계에서 목표에 더 다가가기 위한 조치를 취합니다.

기억

인지심리학에서 기억은 정보를 습득하고 저장하고 유지하고 검색하는 데 사용됩니다. 기억에는 부호화, 저장, 검색이라는 세 가지 주요 과정이 있습니다.

새로운 기억을 생성하려면 먼저 정보를 부호화해 사용 가능한 형태로 바꿔야 합니다. 부호화가 끝나면 정보는 나중에 꺼내 쓸 수 있도록 기억에 저장됩니다. 저장된 기억은 실제로 필요해질 때까지 의식의 바깥에 머무릅니다. 필요할 때가 오면, 기억 속에 저장된 정보가 검색 과정을 거쳐 의식 차원으로 올라옵니다.

기억의 기본적인 기능과 구조를 이해하기 위해 세 가지 단계를 제안하는 기억 단계 모형을 살펴볼 수 있습니다.

○ 그림 1-3. 기억 형성의 진행 과정

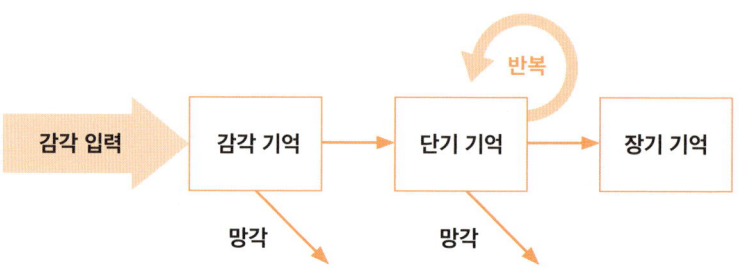

1. **감각 기억**: 감각 기억은 가장 초기 단계입니다. 주변 환경에서 수집된 감각 정보가 보거나 들은 그대로 복제되어 짧은

시간에 저장됩니다. 청각 정보는 3~4초 정도 저장되는 반면, 시각 정보는 대개 0.5초 이상 저장되지 않습니다. 감각 기억의 특정 측면에만 주목하면 일부 정보가 다음 단계로 넘어갈 수 있습니다.

2. **단기 기억**: 활성 기억이라고도 부르는 단기 기억은 현재 우리가 생각하거나 인식하는 정보입니다. 이 정보는 20~30초 동안 유지되고 감각 기억에 주의를 기울이는 방식으로 생성됩니다. 단기 기억은 금방 잊을 때가 많습니다. 하지만 반복해 주의를 기울이면 단기 기억의 정보가 다음 단계로 넘어갈 수 있습니다.

3. **장기 기억**: 정보가 지속적으로 저장되는 단계입니다. 프로이트라면 장기 기억을 무의식과 전의식이라고 불렀겠죠. 장기 기억에 저장된 정보는 우리의 의식 바깥에 있지만 필요할 때마다 꺼내 쓸 수 있습니다. 어떤 정보는 꺼내 오기 쉽지만, 어떤 정보는 접근하는 것이 훨씬 더 어려울 수 있습니다.

> 더 읽어보기
> ## 단기 기억과 장기 기억의 차이
> 단기 기억과 장기 기억의 차이는 기억을 검색하는 측면을 살펴볼 때 명확히 드러납니다. 단기 기억은 순차적으로 저장되고 회상되며 주로 감각 기억으로 이루어져 있습니다. 가령, 단어 목록을 듣고 여섯 번째 단어를 기억하라는 요청을 받는다면, 들은 순서대로 단어를 열거해야 정답

> 을 찾을 수 있습니다. 반면에, 장기 기억은 의미와 연관성을 기반으로 저장되고 기억됩니다.

기억이 조직화되는 방식

우리는 장기 기억에 들어 있는 정보에 접근하고 그 정보를 불러낼 수 있으므로 이런 기억을 활용해 다른 사람과 소통하고 의사 결정을 내리고 문제를 해결할 수 있습니다. 하지만 정보가 조직화되는 방법은 여전히 수수께끼입니다. 다만 우리가 아는 것이 있다면, 기억이 군집화를 통해 집단으로 묶여서 배열된다는 점입니다.

군집화는 정보를 더 쉽게 꺼낼 수 있도록 분류하는 과정입니다. 다음의 단어들을 보세요.

초록색

탁자

라즈베리

파란색

책상

바나나

복숭아

자홍색

서랍장

  이 단어들을 읽다가 잠시 눈길을 돌린 후, 단어를 써보면 당신의 기억은 단어를 색상이나 과일이나 가구와 같은 여러 가지 범주로 분류할 것입니다.

  기억은 삶을 살아가는 데 매우 중요한 역할을 합니다. 단기적 경험부터 장기적 경험까지, 기억은 우리의 경험과 세상을 바라보는 관점을 형성합니다. 하지만 지금까지 기억에 관한 수많은 연구가 이루어졌음에도 기억이 무엇인지는 여전히 수수께끼입니다. 아주 기초적인 수준에서도 말이죠.

정서
Emotion

#생리적반응
#각성
#안면피드백

우리는 왜 이렇게 느낄까?

> "우리 시대의 가장 위대한 발견은
> 인간이 자신의 태도를 변화시킴으로써
> 삶을 변화시킬 수 있다는 것이다."
> ─윌리엄 제임스

정서란 정확히 무엇일까요? 심리학에서 정서는 생리적·심리적 변화를 수반하는 감정 상태로 정의되는데, 이는 우리가 생각하고 행동하는 방식에 영향을 미칩니다. 정서 이론은 크게 세 가지로 분류할 수 있습니다.

1. **신경학적 접근 방식**: 뇌 활동이 정서 반응으로 이어진다는 개념에서 나왔습니다.
2. **생리학적 접근 방식**: 신체의 반응이 정서를 만든다는 개념에서 나왔습니다.
3. **인지적 접근 방식**: 사고와 정신 활동이 정서의 원인이라는 개념에서 나왔습니다.

심리학자들이 발전시킨 정서에 관한 주요 이론은 다음과 같습니다.

제임스-랑게 이론

미국의 심리학자
윌리엄 제임스(좌)

덴마크의 심리학자
카를 랑게(우)

제임스-랑게 이론James-Lange Theory은 1920년대에 심리학자 윌리엄 제임스William James와 생리학자 카를 랑게Carl Lange가 내놓은 이론으로, 유명한 정서 관련 이론 중 하나입니다. 이 이론에서는 모든 정서가 사건에 대한 생리적 반응의 결과라고 이야기합니다.

제임스-랑게 이론은 다음과 같이 나눌 수 있습니다.

○ 그림 1-4. 생리적 반응으로서의 정서의 진행

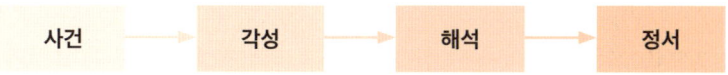

정서 | 97

우리가 외부 자극을 목격하면 그 결과로 생리적 반응이 일어납니다. 이 생리적 반응을 어떻게 해석하는지에 따라 정서 반응이 달라집니다.

길을 가다가 갑자기 호랑이가 나타나면 심장이 쿵쾅거리고 몸이 떨리기 시작할 수 있습니다. 제임스-랑게 이론에 따르면 우리는 이런 신체 반응을 해석해 두렵다는 결론에 이르는 것입니다.

하지만 제임스-랑게 이론에 반박하는 확실한 논거가 많고 현대 과학에서는 이 이론이 거의 폐기되었습니다. 그럼에도 제임스-랑게 이론은 여전히 심리학에 영향을 미치고 있습니다. 공포증이나 공황 장애를 경험하는 사람에게 일어나는 현상은 이 이론이 잘 들어맞는 사례지요. 가령 공공장소에서 갑자기 아픈 것과 같이 생리적 반응을 경험하면 불안과 같은 정서 반응으로 이어질 수 있고, 두 가지 상태 사이에 연관성이 형성될 것입니다. 그러면 우리는 이런 정서를 유발할 만한 상황을 모두 피하려 할 수 있지요.

캐넌-바드 이론

1930년대에 월터 캐넌Walter Cannon과 필립 바드Philip Bard가 제임스-랑게 이론에 반박하면서 내놓은 캐넌-바드 이론Cannon-Bard Theory은 생리적 반응과 정서 반응이 동시에 체험된다고 말합니다.

이 이론에 따르면, 정서는 시상(운동 제어, 각성 상태와 수면 상태, 감각기관의 신호를 관장하는 뇌 영역)에서 특정 자극에 대한 반응으로 뇌에 메시지를 보낼 때 발생합니다. 이 메시지가 전달된 결과가 바로 생리적 반응입니다.

미국의 생리학자 월터 캐넌

이 이론을 더 자세히 이해하기 위해 아래 도표를 살펴보겠습니다.

○ 그림 1-5. 각성과 정서를 유발하는 사건

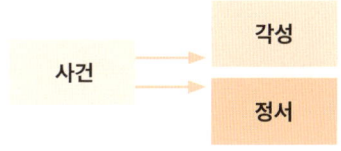

감각기관에서 수용하는 일반적인 정서 자극이 있습니다. 자극은 뇌피질로 전달되어 반응의 방향을 결정하고, 다시 시상을 자극합니다. 정리하자면, 자극이 지각되고 해석된다는 뜻입니다. 그리고 정서 반응과 신체 반응, 두 가지가 동시에 나타납니다.

앞의 예를 다시 보겠습니다. 길을 걷다가 갑자기 호랑이가 나타나면, 두려움이라는 감정과 몸이 떨리고 심장이 쿵쾅거리는 느낌을 동시에 경험하게 되는 것입니다.

샤흐터-싱어 이론

1962년에 스탠리 샤흐터Stanley Schachter와 제롬 싱어Jerome E. Singer가 만든 샤흐터-싱어 이론Schachter-Singer Theory은 인지 이론의 한 예시입니다. 2요인 이론Two-factor Theory으로도 불리는 샤흐터-싱어 이론에서는 어떤 사건이 발생하면 생리적 각성이 가장 먼저 일어난다고 주장합니다. 생리적 각성이 일어난 후, 개인은 왜 이런 각성이 일어났는지 이유를 찾아야 합니다. 그런 다음에야 경험의 성격을 규정하고 정서로 분류할 수 있죠.

○ 그림 1-6. 정서 반응에 대한 대안적 관점

어떤 여자가 밤늦게 아무도 없는 거리를 걷다가 갑자기 뒤에서 발소리가 들리면 몸이 떨리고 심박수가 증가할 수 있습니다. 이 여자는 몸에서 일어나는 반응을 알아채고 자신이 길거리에 혼자 있다는 사실을 자각합니다. 그러고는 자신이 위험에 처했다고 믿으며 공포의 정서를 느끼기 시작하는 것입니다.

라자루스 이론

1990년대에 리처드 라자루스Richard Lazarus가 개발한 라자루스의 정서 이론에서는 정서나 생리적 각성이 일어나기 전에 생각이 먼저 일어나야 한다고 주장합니다. 기본적으로 우리는 주어진 상황을 먼저 생각한 다음에 어떤 유형의 정서든 느낄 수 있다는 뜻이지요.

미국의 심리학자 라자루스

○ 그림 1-7. 동시적 정서와 각성

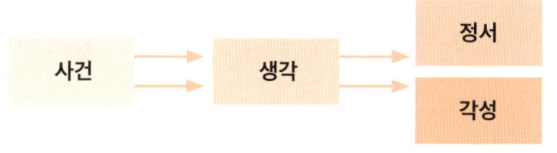

밤늦게 텅 빈 거리를 걷는 여자를 예시로 들어보겠습니다. 어떤 여자가 혼자 걷다가 발소리를 들으면 자신이 위험에 처했다고 생각합니다(강도가 뒤에 있다고 생각하는 등). 이 생각 때문에 여자는 심박수가 빨라지고 몸이 떨리기 시작하면서 동시에 공포라는 정서를 경험하게 됩니다.

캐넌-바드 이론과 마찬가지로, 라자루스 이론에서도 정서와 생리적 각성이 동시에 일어난다고 여깁니다.

안면 피드백 이론

안면 피드백 이론의 시작은 윌리엄 제임스의 연구와 관련이 있고, 1962년 실반 톰킨스Silvan Tomkins가 이 이론을 더 발전시켰습니다. 이 이론에서 정서는 사실 안면 근육 변화의 경험이라고 주장합니다. 그 외에 우리는 단지 지적으로만 생각한다는 것이죠. 이는 우리가 미소를 지으면 행복을 느끼고, 얼굴을 찡그리면 슬픔을 느낀다는 의미입니다. 안면 근육의 변화 때문에 뇌가 정서의 이유를 찾는 것이지 그 반대가 아니라는 말이죠.

○ 그림 1-8. 정서를 일으키는 얼굴 변화

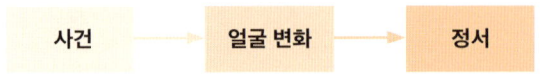

다시 밤에 혼자 거리를 걷는 여자의 예로 돌아가봅시다. 뒤에서 발소리가 들리면 여자는 눈을 크게 뜨고 이를 악물게 됩니다. 그러면 뇌는 이러한 안면 근육의 변화를 공포를 표현하는 것으로 해석합니다. 이 해석에 따라 뇌는 여자에게 두려움을 느끼고 있다고 알려줍니다.

카니 랜디스의 표정 연구

1924년, 미네소타대학교 심리학과의 카니 랜디스Carney Landis라는 대학원생이 표정과 정서의 관계를 이해하기 위한 실험을 고안했습니다. 랜디스는 사람들이 특정 정서가 일어날 때 보편적인 표정을 짓는지 알아보려 했습니다. 예를 들어, 우리가 혐오감을 느낄 때 남들과 같은 표정을 짓는지 알아보려 한 것이죠.

랜디스는 주로 동료 대학원생들을 대상으로 실험을 진행했습니다. 랜디스는 참가자의 얼굴에 검은색 선을 그려 안면 근육의 움직임을 쉽게 추적할 수 있게 했습니다. 그다음, 참가자는 랜디스가 강렬한 반응을 유도하기 위해 선택한 다양한 자극에 노출되었습니다. 참가자가 반응하면 랜디스는 그의 얼굴 사진을 찍었습니다. 랜디스가 선택한 자극에는 암모니아 냄새를 맡게 하거나 포르노를 보게 하거나 개구리가 잔뜩 든 양동이에 손을 넣게 하는 것이 포함되었습니다. 가장 충격적인 것은 이 실험의 마지막 부분이었지요.

실험의 마지막 단계에서 랜디스는 참가자들에게 살아 있는 쥐를 보여주고 머리를 자르라고 말했습니다. 모든 참가자가 혐오감을 느꼈지만 3분의 2는 실제로 쥐의 머리를 잘랐습니다. 나머지 3분의 1을 위해 랜디스는 대신 머리를 잘라주었습니다.

랜디스의 표정 실험은 결국 표정과 정서의 보편적인 관계를 입증하지는 못했습니다. 하지만 이 실험은 40년 후 스탠리 밀그램이 복종 연구에서 얻을 결과를 예상했습니다. 다만 랜디스는 표정 연구에 주목한 나머지, 이 연구에서는 참가자의 순응도가 가장 흥미로운 부분이라는 사실을 미처 알아채지는 못했습니다.

추동 감소 이론
Drive Reduction Theory

#항상성
#신행동주의
#강화요인

균형을 맞추기 위한 노력

"건전한 과학 이론은 대개 예측뿐만 아니라 통제로 이어졌다."
— 클라크 헐

1940년대와 1950년대에 행동주의자 클라크 헐Clark Hull은 '추동 감소 이론'으로 행동을 설명하기 시작했습니다. 기본적으로 헐은 모든 사람에게 '추동drive'이 있다고 보았습니다. 여기서 추동은 행동하게 만들고 불쾌한 상태를 일으키는 생물학적 욕구를 뜻하죠. 헐은 이런 추동을 본질적인 생물학적 긴장 또는 각성 상태

신행동주의자 클라크 헐

로 보았습니다. 그리고 동기는 주로 이런 추동을 줄이려는 욕구에서 나오고, 이런 동기가 내면의 평온을 지키는 데 중요하다고 믿었습니다. 헐의 이론에서 일반적인 추동의 예로는 갈증과 배고픔, 따뜻해지고 싶은 마음이 있습니다. 우리는 이런 추동을 줄이

기 위해 물을 마시고, 음식을 먹고, 여분의 옷을 챙겨 입고, 온도 조절기의 온도를 올립니다.

헐은 이반 파블로프, 찰스 다윈, 존 왓슨 등이 진행한 연구에서 영감을 얻어, 항상성* 개념을 기반으로 추동 감소 이론을 내놓았습니다. 행동은 균형을 유지하기 위한 한 가지 방법이라고 보았습니다.

심리학 용어 정리

*** 항상성**
우리 몸은 평형이나 균형 상태에 도달해 그 상태를 유지해야 한다는 개념입니다. 가령, 몸이 체온을 조절하는 방식이 여기에 해당합니다.

신행동주의자로 분류되는 헐은 행동을 조건형성과 강화로 설명할 수 있다고 믿었습니다. 어떤 행동은 추동을 감소시키는 방향으로 강화되는데, 이렇게 강화되고 나면 나중에 그 행동이 필요한 상황에서 다시 나올 가능성이 커집니다.

수학-연역적 행동 이론

헐은 추동 감소 이론과 함께 학습과 행동에 관한 공식을 만드는 데 주력했습니다. 공식을 통해 그의 이론을 경험적으로 뒷받침하고자 했고, 추동이 행동과 사고에 미치는 영향을 더 깊이 있고 기술적으로 이해할 수 있도록 했죠.

$$sEr = V \times D \times K \times J \times sHr - sIr - Ir - sOr - sLr$$

sEr: 흥분성 잠재력을 의미하고, 유기체가 자극(s)에 대해 반응(r)을 일으킬 가능성을 뜻한다.

V: 자극

D: 생물학적 박탈의 양으로 결정되는 추동의 강도

K: 유인 동기라고 하는 목표의 크기

J: 강화를 찾기 전 지연 시간

sHr: 전에 발생한 조건형성의 양에 따라 결정되는 습관의 강도

sIr: 조건부 억제, 이전에 강화가 결핍되거나 부재한 결과

Ir: 반응 억제, 무기력이나 피로라고도 함

sOr: 무작위적 오류의 허용치

sLr: 반응 임계치, 곧 학습이 일어나는 데 필요한 강화의 최소량

추동 감소 이론에 대한 비판

과학적 방법과 실험 기법에 대한 헐의 연구는 심리학계에 중요한 영향을 미쳤지만, 오늘날 그의 추동 감소 이론은 거의 언급되지

않습니다. 그의 이론에서는 변수를 좁게 정의한 탓에, 반복적인 경험을 바탕으로 예측하기가 어렵기 때문입니다.

이 이론의 가장 큰 문제는 2차 강화 요인이 추동 감소에서 어떤 역할을 하는지 고려하지 않았다는 점입니다. 1차 강화 요인이 본질적으로 생물학적 또는 생리적 추동을 다루는 데 비해, 2차 강화 요인은 이런 생물학적 또는 생리적 추동을 직접적으로 감소시키지 않습니다. 가령, 돈은 2차 강화 요인입니다. 돈이 추동을 감소시킬 수는 없지만 강화의 원천으로서 추동을 감소시키는 1차 강화 요인을 얻게 해줍니다.

헐의 추동 감소 이론에 대한 또 하나의 비판은 추동을 줄이지 않는 행동의 이유를 설명하지 못한다는 점입니다. 목이 마르지 않은데 왜 술을 마실까요? 배가 고프지 않은데 왜 음식을 먹을까요? 어떤 사람들은 번지점프나 스카이다이빙과 같은 활동으로 긴장을 끌어올리기도 합니다. 이런 활동은 어떤 종류의 생물학적 욕구도 충족시키지 못하고 참가자를 위험에 빠뜨릴 수도 있지요. 이처럼 추동 감소 이론은 결함이 있지만, 이에 대한 헐의 연구는 한 세대의 심리학자들을 자극해 인간이 각자의 환경에서 행동하고 반응하게 만드는 정확한 요인을 더 깊이 탐색하게 했습니다.

인지 부조화 이론
Cognitive Dissonance Theory

#불편함
#거짓말
#정당화

나 자신과의 싸움

"인간은 이성적인 존재가 아니라 합리화하는 존재다."
—레온 페스팅거

1957년, 미국의 사회심리학자 레온 페스팅거Leon Festinger는 인지 부조화 이론을 내놓으며 모든 사람은 자신의 태도와 신념(인지) 간의 부조화(불협화음)를 피하려는 내적 동기나 욕구를 지닌다고 주장했습니다. 궁극적으로 인지*의 조화(화음)를 이루고 싶어 한다는 것이죠.

사회심리학자 레온 페스팅거

'인지 부조화Cognitive dissonance'는 서로 상충하면서도 동시에 일어나는 인지 때문에 불편함을 느끼는 현상입니다. 불편한 느낌을 줄이고 균형을 되찾으려면 어떻게든 인지를 바꾸어야 하지요.

이 이론을 연구하기 위해, 페스팅거는 어느 사이비 종교의 신

> **심리학 용어 정리**
>
> **＊인지**
>
> 정서나 행동, 생각, 신념, 가치관, 태도의 형태로 된 지식의 한 부분입니다. 예를 들어, 내가 야구공을 잡았다는 지식, 노래를 들으면 행복하다는 지식, 초록색을 좋아한다는 지식은 모두 인지입니다. 많은 인지를 동시에 갖는 것이 가능하고, 인지는 다른 인지와 불협화음을 일으키고 부조화 관계를 형성할 수 있습니다.

도들을 관찰하기 시작했습니다. 그가 관찰한 신도들은 지구가 대홍수로 멸망할 것이라 믿었고, 일부 신도들은 다가올 재앙에 대비해 집을 팔고 직장을 그만두는 등 자신의 신념에 따라 극단적으로 행동했습니다. 페스팅거는 신도들이 믿던 대홍수가 결국 일어나지 않았을 때 그들의 반응을 관찰하고 싶었습니다.

일부는 자신이 어리석었다는 사실을 깨닫고 사이비 종교 집단을 떠났지만, 상대적으로 더 헌신적인 신념을 가졌던 신도들은 증거를 재해석해 그들의 믿음을 뒷받침했습니다. 게다가 독실한 신앙심 덕분에 지구가 구원받았다고 주장했지요.

그들은 인지에 일관성이 없어지자, 일관성과 조화를 되찾기 위해 신념을 바꿀 방법을 찾아냈습니다.

인지 부조화 실험

부조화는 개인적으로 하고 싶지 않은 일을 공적으로 강요당할 때 나타날 수 있습니다. '나는 그렇게 하고 싶지 않았다'라는 인지와 실제 행동 사이에 불협화음이 일어나기 때문이죠. 이것을 '강요된 순종'이라고 하는데, 우리의 믿음과 일치하지 않는 행동을 할 때 발생합니다.

과거의 행동은 바꿀 수 없으므로 부조화를 줄일 유일한 방법은 그 행동에 대한 태도를 재평가하고 바꾸는 것입니다. 페스팅거와 제임스 칼스미스James Carlsmith는 강요된 순종을 증명하기 위해 다음과 같은 실험을 진행했습니다.

인지 부조화 지루함 실험

1. 먼저 참가자를 A 집단과 B 집단으로 나눕니다.
2. A 집단 참가자들에게 지루하고 반복적인 과제를 내줍니다.
3. 과제를 마친 A 집단 참가자들을 면담하며 과제가 얼마나 재미있었는지 물어봅니다.
4. 이 시점에서 참가자의 3분의 1을 내보내는데, 이들은 실험의 통제 집단이 됩니다.
5. 나머지 참가자들은 실험자가 됩니다. 그들은 아직 과제를 수행하지 않은 B 집단에게 이 과제가 매우 재미있었다는, 일종의 거짓말을 하면 됩니다. 실험에 참여한 대가로 실험자의 절반에게는 1달러를, 나머지 절반에게는 20달러를 줍니다.
6. A 집단의 참가자들과 다시 면담하면서 실험의 네 가지 측면을 평가하게 합니다. 참가자들은 그들이 받은 과제가 즐거웠

거나 흥미로웠는지(-5점부터 +5점까지), 이 실험을 통해 자신의 기술에 대해 배울 수 있는지(0점부터 10점까지), 이 실험이 중요한 것을 측정한다고 생각하는지(0점부터 10점까지), 앞으로 이런 연구에 또 참여하고 싶은지(-5점부터 +5점까지)를 평가합니다.

실험 결과

여러 이유로 페스팅거와 칼스미스의 실험에서는 71개의 응답 중 11개가 유효하지 않은 자료로 간주되었습니다. 11개를 제외한 나머지 응답의 점수는 아래와 같습니다.

면담 질문 실험 조건	통제 집단 (N=20) 실험 조건	1달러 집단 (N=20) 실험 조건	20달러 집단 (N=20) 실험 조건
과제가 얼마나 재미있었는지 (-5에서 +5까지)	-0.45	+1.35	-0.05
과제에서 얼마나 배웠는지 (0에서 10까지)	3.08	2.80	3.15
과학적 중요성 (0에서 10까지)	5.60	6.45	5.18
유사한 실험에 참여하고 싶은지 (-5에서 +5까지)	-0.62	+1.20	-0.25

페스팅거와 칼스미스는 첫 번째 질문에 대한 응답이 가장 중요하다고 보았습니다. 이 응답이 인지 부조화를 보여준다고 믿었기 때문이죠. 통제 집단은 돈을 받지 않았기 때문에 참가자들이 이 실험에 대해 실제로 어떻게 느꼈는지 알 수 있습니다(-0.45점). 그리고 1달러 집단과 20달러 집단 사이의 극명한 차이는 인지 부조화로 설명할 수 있습니다.

참가자들은 '나는 남들에게 실험이 재미있다고 말했다'라는 인지와 '솔직히 실험이 너무 지루했다'라는 인지 사이에서 갈등했습니다. 하지만 1달러를 받은 참가자들은 자신의 거짓말을 정당화할 다른 이유를 찾지 못했습니다. 그래서 실제로 실험이 재미있었다는 생각을 내면화하고 합리화하기 시작했죠. 반면 20달러를 제시받은 집단에 대해, 페스팅거와 칼스미스는 그 돈이 그들의 거짓말을 실제로 정당화할 수 있다고 보았습니다.

정리하면, 1달러를 제시받은 집단에게 인지 부조화가 일어난 이유는 그들의 거짓말을 정당화할 근거로 1달러가 충분하지 못했기 때문입니다.

자기 불일치 이론
Self-Discrepancy Theory

#이상적자아
#보상
#처벌

성취 또는 미달의 영향

"사람은 말하는 것을 믿고, 말하는 것을 기억한다."
—토리 히긴스

1987년부터 1999년까지 심리학자 에드워드 토리 히긴스Edward Tory Higgins는 모든 낙담과 불안의 근원을 설명하기 위해 자기 불일치 이론을 내놓았습니다. 히긴스의 이론에 따르면, 우리는 희망과 야망을 성취하지 못했다고 느낄 때 낙담하고, 자신의 의무나 책임을 완수하지 못했다고 느낄 때 불안해합니다.

미국의 심리학자 에드워드 토리 히긴스

자기 불일치 이론에서, 우리는 평생에 걸쳐 열망하는 목표를 달성하면 인정이나 사랑 같은 확실한 보상을 받을 수 있다는 것을 깨닫는다고 말합니다. 열망과 성취가 결합해 일련의 원칙을 만들고, 이런 원칙은 이상적 자아상을 이룹니다. 하지만 이런 목표 중 하나를 이루지 못할 것 같으면 보상이 돌아오지 않을 것을 예감하고, 결국에는 낙담과 우울, 실망에 빠집니다.

자기 불일치 이론에서는 우리가 일생에 걸쳐 처벌이나 자기에게 불리한 결과를 막기 위해 책임과 의무를 다하는 법을 터득한다고 주장합니다. 시간이 흐르는 사이 이런 경험은 추상적인 원칙을 이뤄 개인에게 가이드가 되고, 이 원칙에 따라 책임과 의무를 수행하지 못했다고 느끼면 처벌의 감정이나 감각을 경험합니다. 처벌의 느낌은 대개 불안과 초조로 나타납니다.

자기 불일치 이론의 증거

1997년, 히긴스와 동료 연구자들은 자기 불일치 이론을 입증하기 위해 실험을 진행했습니다.

이 실험에서는 먼저 참가자들에게 자신이 갖고 싶은 '이상적인' 특성을 열거하게 했습니다. 그다음 자신이 가져야 한다고 생각하는 '당위적인' 특성을 열거하게 했고, 이 특성을 얼마나 많이 지니고 있는지 설명하게 했습니다. 마지막으로, 참가자들이 경험하는 정서를 4점 척도로 평가하게 했습니다.

이 실험 결과는 자기 불일치 이론에서 제안하는 개념과 일치했습니다. 이상을 성취하지 못했다고 생각하는 사람들(현실-이상 불일치)은 낙담하는 비율이 더 높았고, 자신의 당위에 만족하지 못하는 사람들(이상-당위 불일치)은 초조해하는 비율이 더 높았습니다.

복잡성

자기 불일치 이론에는 몇 가지 복잡한 요소가 있습니다. 자기 불일치 때문에 느끼는 감정은 그 사람이 어떤 열망을 선택했는지에 따라 달라집니다. 히긴스는 다른 사람이 설정해준 목표를 달성하지 못하면 실망과 낙담이 아니라 당혹감과 수치심을 느낀다고 보았습니다. 그리고 다른 사람이 정해준 의무를 다하지 못하면 분노를 느낀다고 보았습니다.

1998년, 한 연구에서는 어떤 유형의 불일치든 수치심을 유발하고, 현실-이상 불일치와 현실-당위 불일치가 불안보다는 우울을 유발한다는 가설을 증명하면서 자기 불일치 이론에 반박했습니다. 이 연구는 히긴스가 고안한 자기 불일치 모형의 대안을 내놓기 위해 시도된 여러 연구 중 하나였습니다. 몇 가지 대안은 다음과 같습니다.

> **더 읽어보기**
> **마음속의 돈**
>
> 이미 가진 부, 지위, 소유물과 원하는 부, 지위, 소유물 사이의 불일치는 끊임없이 낙담과 불안을 유발합니다. 더 많은 것을 얻고자 노력하는 것

> 은 당연할 수 있지만, 이런 노력은 우리의 안녕감을 크게 끌어올리지 못하고 오히려 역효과를 낼 수 있습니다. 여러 연구에 따르면, 사람들은 현재 가진 돈보다 더 많이 갖기를 원하지만 이것은 삶에 대한 만족감과는 상관이 없습니다. 오히려 현재 돈을 얼마나 가졌는지와 얼마나 갖고 싶은지 사이의 격차는 안녕감과 반비례하는 것으로 밝혀졌습니다.

다양한 불일치

1985년에 알렉스 미칼로스Alex Michalos는 다중 불일치 이론을 내놓으며, 사람들은 세 가지 이유에서 불만족이나 불행을 느낄 수 있다고 주장했습니다. 세 가지 이유로는 평생 쌓은 자원이 인생의 다른 주요 사람이 쌓은 자원보다 적을 경우(사회적 비교 불일치), 과거에는 더 많은 자원에 접근할 수 있었지만 이제는 그럴 수 없는 경우(과거 비교 불일치), 원하는 자원을 끝내 얻지 못하는 경우(욕구 불일치, 자기 불일치 이론의 개념과 유사)가 있습니다.

원치 않는 자아

일부 연구자는 이상적 자아상보다는 원하지 않는 자아에서 비롯한 불만족이 기분과 만족도에 더 중요한 역할을 한다고 생각합니다. 1987년 럿거스대학교의 대니얼 오길비Daniel M. Ogilvie 교수가 수행한 연구에서는 실제 자아와 이상적 자아, 그리고 원하지 않는 자아를 평가했습니다. 원하지 않는 자아를 측정하기 위해 참가자들은 최악의 상황에 처한 자신의 모습을 기술해야 했습니다. 연구 결과, 실제 자아와 원하지 않는 자아 사이의 불일치는 우리의 만족도와 매우 밀접한 관련이 있는 반면, 실제 자아와 이상적 자아 사이의 불일치는 만족도와 그다지 밀접한 관련이 없는 것으로 나타났습니다.

연구자들은 이 결과에서 원하지 않는 자아는 현실에 더 근거를 두는 반면, 이상적 자아는 실제 경험에 그다지 뿌리를 두지 않기 때문에 그에 관한 개념이 모호하다고 설명합니다.

도피 이론

도피 이론에서는 중요한 기준을 달성할 수 없을 것 같을 때 자기 불일치가 커지고, 그 결과 현실에서 벗어나고 싶은 강렬한 충동이 생긴다고 합니다. 도피하려는 욕구는 과도한 수면과 약물 남용, 자살 경향과 같은 행동으로 나타날 수 있습니다.

도피 이론에서는 자살을 시도하기 전에 다음과 같은 단계를 거친다고 말합니다.

1. 자신이 도달하고 싶은 기준과 실제 자기 모습의 차이를 깨닫고 실망감이나 실패감을 느낍니다.
2. 그래서 실패를 일시적인 상황이 아니라 자신의 탓으로 돌립니다.
3. 이는 자신을 극도로 민감하게 자각하고, 자신의 행동을 끊임없이 평가하는 모습으로 이어집니다. 이런 자각 상태는 자신에 대한 부정적 감정을 고조시킵니다.
4. 인지적 해체 상태가 되어 이전의 관점을 거부하고, 목표를 회피하고, 구체적인 조건으로 사고하며, 모든 것의 의미를 거부합니다. 게다가 무모한 행동과 비합리적 행동, 부정적 정서가 허용될 뿐 아니라 증폭됩니다.

결국 이 사람에게는 자살이 궁극의 도피처가 됩니다. 이와 같은 하락의 나선형은 실제 자아와 이상적 자아든, 아니면 실제 자아와 원치 않는 자아든, 둘 사이의 불일치가 내포한 본질적인 힘을 드러냅니다.

휴리스틱
Heuristics

#경험
#지름길
#도박사의오류

의사 결정

> "우리는 명백한 사실을 못 보고 지나칠 뿐만 아니라, 못 보고 지나친다는 사실마저 못 보고 지나친다."
> —대니얼 카너먼

휴리스틱이란 문제를 해결하기 위해 사용하는 마음의 지름길입니다. 휴리스틱은 흔히 '경험 법칙' 전략이라고도 불립니다. 이 전략은 이어지는 행동 방침을 고민할 필요도 없이 신속하고 효율적인 결정을 내리게 해줍니다. 휴리스틱은 유용할 때가 많지만, 편향이라는 오류를 초래할 수도 있습니다. 1974년, 대니얼 카너먼Daniel Kahneman과 아모스 트버스키Amos Tversky는 주요 휴리스틱 세 가지를 찾아냈고, 이 분류는 지금까지도 활용되고 있습니다.

가용성 휴리스틱

가용성 휴리스틱은 사람들이 기억하는 정보를 바탕으로 사례를 찾아서 어떤 사건이 발생할 확률이나 가능성을 판단하도록 도와줍니다. 완전한 데이터를 근거로 확률을 판단하는 것이 아니라 자신의 기억에만 의존하기 때문에 편향되기 쉽습니다. 과학자들은 쉽고 빠르게 기억하는 사건이 가장 최근 사건일 가능성이 높다고 말합니다.

심리학자 대니얼 카너먼

예를 들어 뉴스에서 주택 압류에 관한 기사를 여러 번 접했다면, 주택 압류가 발생할 확률이 높다고 생각할 수 있습니다. 또 주위에 이혼한 친구가 많다면, 실제 이혼 통계와 상관없이 전반적인 이혼율이 높다고 주장할 수도 있죠.

가용성 휴리스틱은 사람들이 실제로 잘 일어나지 않는 사건의 발생 가능성을 과대평가하도록 유도할 수 있습니다. 비행기 추락 사고는 자주 발생하지 않지만, 관련 기사를 많이 접한 사람은 비행기 타는 것을 걱정할 수 있습니다.

반대로 비교적 발생할 확률이 높은 사건의 가능성을 과소평가할 수도 있습니다. 가령, 피임 없이도 성병에 걸리지 않았다는 주변 친구들의 말을 듣고 성병에 걸릴 확률이 낮다고 생각할 수 있습니다. 실제로는 성병에 걸릴 위험이 높은 편인데도 말이죠. 이는 가용성 휴리스틱이 가져오는 편향 중 과소평가의 예시에 해당합니다.

기준점과 조정 휴리스틱

기준점과 조정 휴리스틱은 사람들이 종종 '닻anchors' 혹은 기준점에 따라 의사 결정을 내리거나 추정치를 잡는다는 개념입니다. 이런 기준점은 우리의 기억에서 검색되는 정보의 조각들이고, 우리는 어떤 사안을 판단할 때 이 정보를 기준점으로 잡고 조정합니다. 예를 들어 다음과 같은 질문을 받는다고 가정해봅시다.

1. 미시시피강은 3,200킬로미터보다 길까요, 짧을까요?
2. 미시시피강은 8,000킬로미터보다 길까요, 짧을까요?

첫 질문에 답하면서 다음 질문에 답할 수 있는 근거를 얻었고, 결과적으로 두 번째 질문에는 이 기준점을 근거로 답하게 됩니다.

대표성 휴리스틱

대표성 휴리스틱이란, 어떤 사건이나 결과를 비교하기 위해 이미 알려진 사건을 찾아본 다음, 그 사건과 확률이 같을 것이라는 가정하에 사건이나 결과의 확률을 결정하는 현상을 말합니다. 대표성 휴리스틱으로 범하는 가장 큰 실수는 한 가지 유사성이 다른 유사성까지 초래하리라고 가정하는 것입니다.

팔에 문신이 있는 남자가 가죽 재킷을 입은 걸 보면 그가 오토바이를 운전할 것이라고 생각할 수 있습니다. 이 남자의 모습이 오토바이 운전자를 대표한다고 보고, 그를 해당 범주에 넣는 것이죠.

대표성 휴리스틱은 '도박사의 오류'를 설명하는 데도 유용합니다. 말하자면, 사람들이 어떤 무작위 사건을 예측할 수 있다고 믿거나, 이전 정보를 기준으로 연승 또는 연패를 예측할 수 있다고 믿는 것입니다. 사건의 발생 확률은 항상 같은데도 말이죠. 동전을 여러 번 던진 결과, 항상 앞면이 나왔다고 가정해봅시다. 어떤 사람은 앞면이 과도하게 많이 나왔기 때문에 다음에는 반드시 뒷면이 나올 것이라고 주장할 수 있습니다. 하지만 이는 동전이 앞면 또는 뒷면으로 나올 확률이 각각 50%라는 사실을 완전히 무시한 주장입니다. 대표성 휴리스틱은 사건의 발생 빈도, 곧 기준 비율을 무시하도록 만들기도 합니다.

합의성 착각 효과와 고유성 착각 효과
False Consensus and Uniqueness Effects

#편견
#왜곡
#극단적

나랑 같은 생각인 거… 맞죠?

> "사회심리학은 우리의 눈과 눈앞에 있는 세계 사이의 교차점에 서 있으며, 우리가 본다고 생각하는 것과 실제 대상의 차이를 이해하는 데 도움을 준다."
> —리 로스

합의성 착각 효과는 나의 의견이나 신념이 모든 사람의 공통된 의견과 신념이라고 믿는 현상입니다. 마찬가지로 고유성 착각 효과는 자신의 능력과 좋은 특성이 알고 보면 얼마나 흔한지를 과소평가하는 현상입니다. 합의성 착각 효과와 고유성 착각 효과는 인지적 편향의 예로, 뇌에서 더 빠른 속도로 정보를 처리하기 위해 우리의 마음에서 일어나는 일종의 판단 결함입니다.

사회심리학자 리 로스

리 로스의 합의성 착각 효과 실험

고유성 착각 효과에 관한 연구는 거의 없지만, 합의성 착각 효과에 관한 연구는 상당히 진행되었습니다. 1977년, 스탠퍼드대학교의 리 로스 교수는 합의성 착각 효과가 어떻게 작동하는지 알아보기 위해 일련의 실험을 고안했습니다.

로스의 첫 번째 연구

첫 번째 실험에서는 우선 참가자들에게 어떤 갈등이 벌어지는 상황을 읽게 했습니다. 그런 다음 상황에 대응하기 위한 두 가지 방법을 선택지로 제시하고, 다음 세 가지 과제를 내주었습니다.

1. 집단의 다른 사람들이 선택할 것 같은 방법을 맞춰보세요.
2. 당신이 직접 선택할 방법을 말해보세요.
3. 첫 번째 방법을 선택하는 사람과 두 번째 방법을 선택하는 사람의 자질과 특성을 설명하세요.

이 실험에서 대다수 참가자들은 어떤 선택지를 고르든 남들도 자신과 같은 선택을 할 것이라고 믿으며 합의성 착각 효과를 보여주었습니다. 흥미롭게도 세 번째 질문에 답할 때는 자신과 다른 선택지를 고른 사람들의 자질과 성격을 매우 극단적으로 보았습니다. 한마디로 참가자들은 '내 말에 동의하지 않는다면 당신이 틀린 거야'라는 사고방식을 보였던 것이죠.

로스의 두 번째 연구

두 번째 실험에서는 새로운 참가자들에게 '조 식당에서 식사하세요'라는 팻말을 앞뒤로 뒤집어쓰고 30분간 대학 캠퍼스에서 돌아다닐 의향이 있는지 물어보았습니다. 로스는 동기를 부여하기 위해 실험이 끝나면 도움이 될 만한 무언가를 배울 것이라고 말했습니다. 게다가 원하지 않으면 거절할 수도 있다고 알렸습니다. 그런 다음 로스는 첫 번째 실험과 같은 질문을 던졌습니다.

팻말을 쓰고 돌아다니기로 한 사람의 62%는 남들도 자기처럼 할 것이라고 믿었고, 팻말을 쓰지 않은 사람 중 33%만 남들이 팻말을 쓸 것이라고 예상했습니다. 두 번째 연구는 첫 번째 연구의 결과를 확인해주었고, 첫 번째 연구와 마찬가지로 참가자들은 자신이 선택하지 않은 답을 선택한 사람들의 유형이 극단적일 것이라고 예상했습니다.

로스의 실험이 미친 영향

리 로스는 사람들은 자신의 결정에 따라 다른 사람들의 결정을 판단하는 경향이 있다는 가설을 입증했습니다. 게다가 남들이 자신에게 동의하지 않거나 자신과 같은 선택을 하지 않으면 그들을 부정적으로 보고, 심지어는 용납할 수 없는 사람이나 어딘가 결함이 있는 사람으로 보는 경향이 있다는 것도 입증했습니다.

고유성 착각 효과 입증하기

고유성 착각 효과에 관한 연구는 거의 없지만, 1988년에 제리 설즈Jerry Suls, 최완Choi K. Wan, 글렌 샌더스Glenn S. Sanders가 개인이 자신의 건강과 관련된 행동을 어떻게 인식하는지 고유성 착각 효과를 연구한 논문을 발표했습니다.

연구를 위해 우선 대학생 나이의 남성 집단을 선택했습니다. 그리고 세 가지의 가설을 세웠습니다. 먼저, 사람들은 자신의 건강한 행동(예: 운동)이 건강한 습관을 지닌 다른 사람들 사이에서도 일반적으로 나타난다고 생각할 것이라는 가설을 세웠습니다. 합의성 착각 효과가 발생할 것으로 본 것이죠. 그다음, 바람직하지 않은 행동(예: 운동하지 않는 것)을 하는 사람들은 그들과 같은 행동을 하는 사람의 수를 과대평가할 것이라고 보았습니다. 마지막으로, 바람직한 행동(예: 운동하는 것)을 하는 사람들은 그들처럼 행동하는 사람의 수를 과소평가할 것이라는 가설을 세웠습니다.

실험 결과에서 처음 두 가설을 입증하는 강력한 증거가 나왔고, 세 번째 가설을 입증하는 증거도 일부 발견되었습니다. 바람직하지 않은 행동을 하는 사람들은 어떤 개입에도 저항했고, 건강한 행동을 하지 않았습니다. 또, 자신의 행동에 대한 합의를 과대평가하고, 심지어 일부는 건강에 대한 위험이 거의 없다고 생각하는 듯했습니다. 이 실험으로 고유성 착각 효과가 어느 정도 입증된 듯 보이지만, 앞으로도 더 많은 연구가 진행되어야 합니다.

합의성 착각 효과에서 비롯된 편견은 사회에 중대한 영향을 미칠 수 있습니다. 합의성 착각 효과의 놀라운 예시 중 하나는 근본주의자나 정치적 급진주의자가 갖는 부정적 관점에서 찾아볼 수 있습니다. 이들은 대다수의 사람이 자신들처럼 급진적인 관점과 신념을 갖는다고 생각하지는 않지만, 그 수를 실제보다 과대평가하면서 주변 세계에 대한 인식을 더 왜곡합니다.

좌뇌와 우뇌
Left and Right Brain

#분리뇌
#편재화
#공부방법

내 쪽에서 생각하기

> "뇌는 현실을 있는 그대로 알아보는 기계가 아니라,
> 나의 선택을 정당화하는 기계다."
> —로저 스페리

인간의 좌뇌와 우뇌는 각각의 기능을 담당하고, 서로 다른 유형의 사고를 관장합니다. 흥미롭게도 양쪽 뇌는 거의 독립적으로 작동할 수 있는데, 심리학에서는 이것을 뇌 기능의 편재화라고 부릅니다.

1960년대 초에 정신생물학자 로저 스페리Roger Sperry는 간질 환자를 대상으로 실험을 시작했습니다. 스페리는 좌반구와

신경생물학자 로저 스페리

우반구의 연결과 소통을 담당하는 뇌량을 절단하면 발작이 줄어들거나 완전히 사라질 수도 있다는 사실을 발견했죠.

그런데 뇌량을 절제하자 원래 정상으로 보이던 환자들이 다른 이상 증상을 보이기 시작했습니다. 환자들은 좌반구에서 처리된

사물의 이름은 말할 수 있지만, 우반구에서 처리된 사물의 이름은 말하지 못했습니다. 스페리는 이를 보고 좌반구가 언어를 담당하는 것으로 추론했습니다. 또 어떤 환자들은 블록을 정해진 방식으로 맞추는 데 어려움을 겪기도 했습니다.

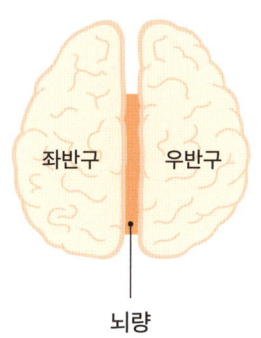

○ 그림 1-9. 좌뇌와 우뇌의 구분

스페리는 뇌의 좌반구와 우반구가 서로 다른 기능을 담당하고, 반구마다 학습하는 능력이 다르다는 사실도 보여주었습니다. 1981년에 스페리는 뇌의 편재화에 대한 연구로 노벨상을 수상했습니다.

1. **우뇌 우세**: 몸의 왼쪽을 관장하는 우반구는 표현적이고 창의적인 작업(시각적 구성 작업)을 더 잘 수행할 수 있습니다. 감정 표현하기, 읽기, 은유 이해하기, 모양 구별하기(위장한 대상 골라내기 등), 디자인 모방하기, 작곡하기 등이 포함됩니다.
2. **좌뇌 우세**: 몸의 오른쪽을 관장하는 좌반구는 언어 사용, 비판적 사고, 논리, 추론, 숫자 사용과 같은 작업에 더 능숙합니다.

○ 그림 1-10. 좌뇌와 우뇌 분리의 자세한 예

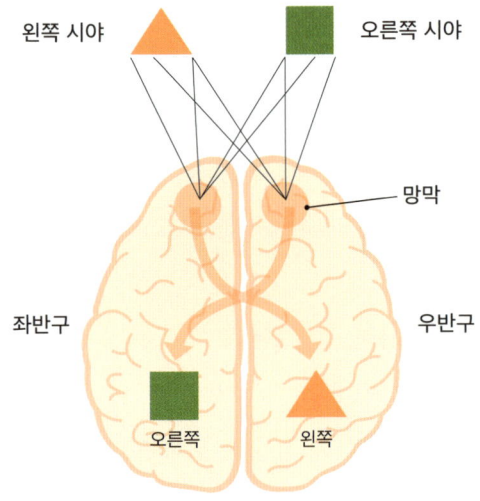

분리 뇌 실험

스페리는 분리 뇌 실험에서 분리 뇌 환자(뇌량을 절단한 환자)를 본인의 손이 보이지 않게 하고 화면 앞에 앉혔습니다. 그리고 환자에게는 보이지 않게 화면 너머에 물건을 놓았습니다.

환자가 화면 가운데에 시선을 집중하면 환자의 왼쪽 시야 쪽 화면에 단어가 떴습니다. 이 정보가 뇌의 우반구(비언어적 부분)로 들어갔습니다. 결과적으로 환자는 스페리에게 무슨 단어를 보았는지 말하지 못했습니다.

다음으로 스페리는 환자에게 왼손을 화면 너머로 뻗어 그가 본

단어에 해당하는 물건을 고르게 했습니다. 환자는 단어를 본 줄도 몰랐지만 그 물건을 정확히 고를 수 있었습니다. 이는 우반구가 몸 왼쪽의 움직임을 제어했기 때문입니다. 이 실험을 통해 스페리는 뇌의 좌반구는 읽기와 말하기 같은 언어 기능을 통제하는 반면, 우반구에는 언어 자극을 처리하는 능력이 없다는 사실을 입증할 수 있었습니다.

○ 그림 1-11. 분리 뇌 실험을 표현한 그림

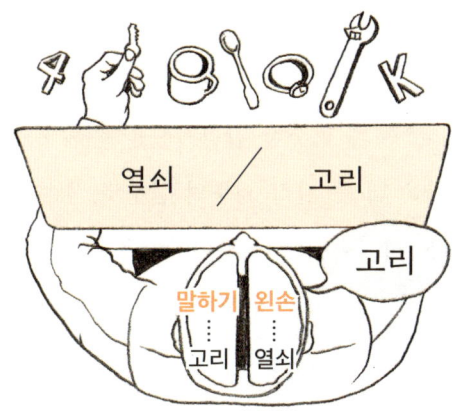

> **더 읽어보기**
>
> ### 우세한 뇌 반구를 어떻게 활용할까요?
>
> 자신의 뇌에서 어느 반구가 더 우세한지 알면 실제로 어떤 방식으로 업무에 활용할지 파악하는 데 도움이 될 수 있습니다. 예를 들어, 우뇌 우세형이라면 말로 지시를 받고 따르는 데 어려움을 겪을 수 있으므로 조직화 능력을 키우거나 지시 사항을 글로 적는 것이 도움이 될 수 있습니다.

시지각
Visual Perception

#깊이지각
#불변성
#행동유도성

보이는 것을 어떻게 보는가

> "우리는 우리가 보는 것을 믿을 뿐만 아니라,
> 우리가 믿는 것을 본다. 우리의 믿음이 주는 영향은 무섭다."
> ─리처드 그레고리

인간은 귀와 코, 눈을 비롯한 감각기관을 통해 정보를 받아들입니다. 감각기관은 더 큰 감각 계통의 일부로, 정보를 받아들여 뇌로 보내줍니다. 시지각에서 심리학자들은 감각기관이 전달하는 정보가 어떻게 지각의 기반을 이루는지 알아내려 합니다. 다시 말해서 빛이 눈에 닿는 순간 의자를 지각하는 이유나 음파가 다가올 때 그 소리를 특정 방식으로 지각하는 이유를 찾아내려 합니다. 심리학자들은 지각이 자극에서 들어오는 정보에 얼마나 의존하는지에 관해서는 여전히 합의점을 찾지 못했습니다. 인간이 정보를 처리하는 방식을 설명해주는 두 가지 주요 이론으로는 하향식 처리와 상향식 처리가 있는데, 두 이론 모두 심리학계에서 열렬한 지지를 받았습니다.

하향식 처리

1970년에 심리학자 리처드 그레고리Richard Gregory는 지각은 건설적이라고 주장했습니다. 우리가 무언가를 볼 때는 사전의 지식을 토대로 지각적 가설을 세우기 시작하고 이 가설은 대체로 옳다고 여겨집니다. 하향식 처리는 패턴에 대한 인식을 기반으로 삼고 맥락상의 정보를 참조합니다. 예를 들어 누군가가 악필로 써놓은 글씨를 읽으려고 할 때, 단어 하나하나는 알아보지 못해도 문장 전체를 이해할 수 있는 이유는 다른 단어들의 의미가 문맥을 형성해 이해를 돕기 때문입니다.

그레고리는 눈에 도달하는 정보의 약 90%가 뇌에 도달하는 사이에 사라진다고 보았습니다. 대신 뇌는 과거의 경험을 토대로 현실에 대한 지각을 구성합니다. 지각의 과정에서는 상당 수준의 가설 검증을 실시하며 감각기관이 보내주는 정보를 논리적으로 구성하려 합니다. 감각 수용기가 환경에서 정보를 얻는 사이, 이 정보는 과거의 경험에서 비롯된 정보와 결합합니다.

네커의 정육면체

네커의 정육면체는 잘못된 가설이 착시와 같은 지각 오류를 일으키는 현상을 보여줍니다. 이는 하향식 처리 가설을 입증하는 데 사용됩니다.

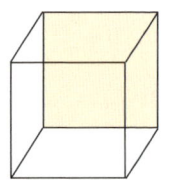

O 그림 1-12. 넥커의 정육면체

오른쪽 정육면체를 가만히 바라보면 색칠한 면이 뒤에 있는 것처럼 보이기도 하고 앞에 있는 것처럼 보이기도 합니다. 이 물리적 패턴은 불안정할 뿐만 아니라 실제로 두 가지 지각을 생성합니다.

하향식 처리 지지자들은 두 개의 지각이 발생하는 이유를 다음과 같이 주장합니다. 뇌가 감각 입력과 이전 경험을 동등하게 기반으로 삼는 두 가지의 가설을 고안하는데, 이 둘 중 어느 한 가지로 정하지 못한 것이라고 말이죠.

상향식 처리

모든 심리학자가 하향식 처리만이 시각 자극에 대한 올바른 해석이라고 보는 것은 아닙니다. 심리학자 제임스 깁슨James Gibson은 가설 검증에 관한 주장에 동의하지 않았고, 대신 지각은 더 직접적이라고 주장했습니다. 깁슨은 주변 환경에서 정보가 충분히 주어지므로 감각은 세

미국의 심리학자 제임스 깁슨

계로부터 직접적인 방식으로 형성될 수 있다고 말했습니다. 깁슨

의 상향식 처리에서는 이미 충분히 구체적인 정보가 들어오므로 정보가 해석되거나 처리되지 않습니다.

이 주장을 뒷받침하는 예로 다음의 상황을 생각할 수 있습니다. 달리는 기차를 타고 이동할 때는 멀리 있는 사물보다 가까이에 있는 사물이 더 빠르게 지나갑니다. 그래서 멀리 있는 사물의 거리는 상대적인 속도로 짐작할 수 있지요. 상향식 처리(또는 데이터 기반 처리)에서 지각은 자극으로 시작해 한쪽 방향으로 분석됩니다. 다시 말해, 생생한 감각 정보를 단순하게 분석하면서 점점 더 복잡한 분석에 이르는 것이지요.

○ 그림 1-13. 열차 뒤에서 보이는 모습

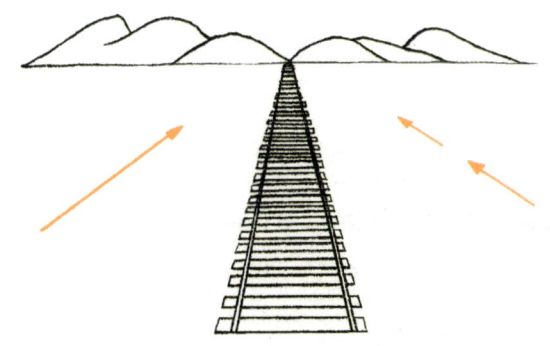

깁슨은 제2차세계대전 중, 조종사들을 대상으로 '깊이 지각'에 관한 연구를 진행했습니다. 그 결과, 사물의 표면에는 서로 구별할 수 있는 특징이 있으므로 깊이나 공간보다는 사물의 표면을

지각하는 것이 더 중요하다는 결론에 이르렀지요. 또한 지각은 사물의 기능을, 이를테면 그 위에 앉을 수 있는지, 던질 수 있는지, 들고 다닐 수 있는지를 이해하는 과정이라고 보았습니다.

깁슨은 항공에 관해 연구하면서 '광학적 흐름 패턴'이라는 현상을 발견했습니다. 조종사가 착륙장으로 다가갈 때 그가 향하는 목표 지점은 정지한 것처럼 보여도 주변의 시각 환경은 실제로 그 지점에서 멀어지는 것처럼 보입니다. 깁슨은 이런 광학적 흐름 패턴 때문에 조종사가 속도, 방향, 고도에 관한 정확한 정보를 제공할 수 있다고 주장했습니다. 깁슨은 광학적 흐름 패턴이라는 개념을 사용해 그의 상향식 처리 이론을 보다 완벽하게 세 부분으로 나누어 설명할 수 있었지요.

○ 그림 1-14. 광학적 배열 착륙 지침

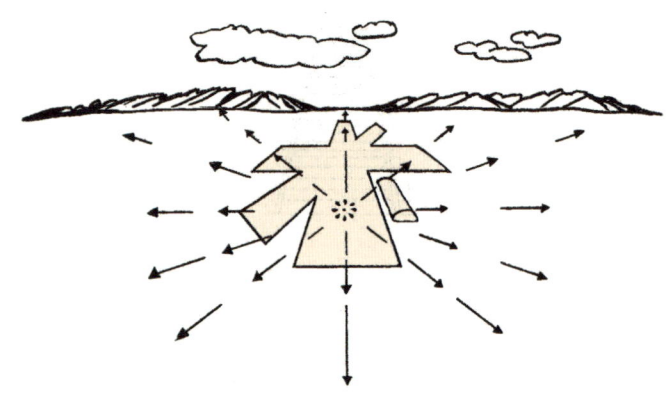

광학적 흐름 패턴

1. 광학적 배열에 변화나 흐름이 없다면 관찰자가 머물러 있는 상태라는 뜻입니다. 반대로 변화나 흐름이 있다면 관찰자가 움직인다는 뜻입니다.
2. 이 흐름은 특정 지점에서 나오거나 특정 지점으로 향합니다. 관찰자는 운동의 중심을 기준으로 자기가 어느 방향으로 움직이는지 말할 수 있습니다. 흐름이 특정 지점으로 향한다면 관찰자는 그 지점에서 더 멀어진다는 뜻이고, 흐름이 특정 지점에서 나온다면 관찰자가 그 지점으로 다가간다는 뜻입니다.

불변성

우리가 눈이나 고개를 돌리거나 걸을 때마다 사물은 우리 시야의 안팎에서 움직입니다. 이런 이유에서 사물이나 장면이 정지된 것처럼 보이는 경우는 드뭅니다.

1. 우리가 어떤 대상으로 다가가면 질감이 확장되고, 그 대상에서 멀어지면 질감이 축소됩니다.
2. 우리가 움직일 때 질감의 흐름이 같은 방식으로 일어나기 때문에 이것을 '불변성'이라고 합니다. 이것은 우리에게 환경에 대한 정보를 제공하고 깊이를 가늠하는 데 필수적인 단서가 되어줍니다.

3. 질감과 선형적 원근감은 불변성을 설명하기 좋은 두 가지 예시입니다.

○ 그림 1-15. 깊이를 보여주는 수단으로서의 질감

깊이를 보여주는 질감 변화도

○ 그림 1-16. 선형적 원근감의 예시

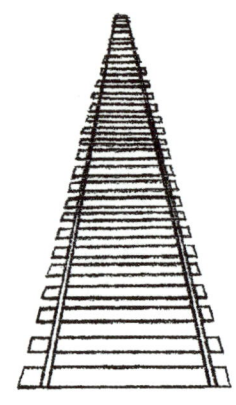

철로처럼 나란히 놓인 두 개의 선이 점차 수렴하면서 멀리 사라져가는 모습

행동 유도성

행동 유도성은 지각을 갖게 하고 의미를 제공하는 환경적 단서를 말합니다. 깁슨은 장기 기억이 의미를 제공하는 것이 아니라, 우리가 직접적으로 사물의 잠재적 용도를 지각할 수 있다고 생각했습니다. 예를 들어 우리는 의자를 앉을 자리를 제공하는 사물로, 사다리를 오르내리게 도와주는 도구로 인식합니다. 주요 행동 유도성은 다음과 같습니다.

1. **광학적 배열**: 주어진 환경에서 빛이 우리 눈에 도달하는 패턴입니다.
2. **상대적 선명성**: 더 선명하고 밝은 이미지의 사물이 더 가까이 있는 것으로 지각됩니다.
3. **상대적 크기**: 사물이 멀어질수록 눈에 보이는 이미지의 크기가 줄어들고, 더 작은 이미지의 사물은 더 멀리 있는 것처럼 보입니다.
4. **시야에서의 높이**: 사물이 멀리 떨어져 있다면 대체로 시야에서 더 높이 있다는 의미입니다.
5. **질감의 변화도**: 사물이 멀어지면 질감의 입자가 작아집니다.
6. **중첩**: 한 사물의 이미지가 다른 사물의 이미지를 가린다면 첫 번째 사물이 두 번째 사물보다 더 가까이 있는 것으로 간주됩니다.

그레고리의 이론과 깁슨의 이론이 지각의 모든 것을 정확히 설명해주지는 못합니다. 그래서 하향식 과정과 상향식 과정이 상호작용해 최상의 해석을 내놓는다는 이론이 추가로 등장했습니다. 최종 해법이 무엇이든, 지각에 대한 두 가지 해석은 심리학자들이 이 어려운 주제를 생각해볼 길을 열어주었습니다.

2

관계를 이해하는 심리학

이반 파블로프

Ivan Petrovich Pavlov, 1849-1936

#파블로프의개
#조건반사
#중립자극

인간의 가장 친한 친구를 연구한 사람

> "당신이 이미 모든 것을 다 알고 있다고 생각하지 말라.
> 당신이 아무리 높이 평가받는다 하더라도,
> 스스로 항상 무지하다고 말할 용기가 필요하다."
>
> —이반 파블로프

러시아의 생리학자 파블로프

이반 파블로프는 1849년 9월 26일에 러시아 랴잔에서 태어났습니다. 마을 사제의 아들로 태어난 그는 신학 공부를 하다가 1870년에 그만두고 상트페테르부르크대학교에 들어가 생리학과 화학을 전공했습니다.

1884년부터 1886년까지 파블로프는 저명한 심혈관 생리학자인 카를 루드비히Carl Ludwig와 소화기 생리학자인 루돌프 하이덴하인Rudolf Heidenhain에게 학문을 배웠습니다. 1890년에는 유능한 외과 의사가 되어 혈압 조절에 관심을 두기 시작했지요. 마취제를 사용하지 않고도 거의 통증 없이 대퇴동맥 카테터를 삽입할 수 있었고,

정서적 자극과 약리학적 자극이 혈압에 미치는 영향을 연구할 수 있었습니다. 한편, 파블로프가 개를 데리고 한 가장 중요한 연구인 고전적조건형성 연구는 아직 시작되지 않았습니다.

1890년부터 1924년까지 파블로프는 제국 의학원에서 생리학 교수로 일했습니다. 첫 10년 동안은 침 분비와 소화의 상관관계에 주목했습니다. 외과 수술을 통해 비교적 정상 상태에 있는 동물의 위액 분비를 연구할 수 있었고, 자율 기능과 신경계의 관계를 보여주는 실험을 진행했습니다. 이 연구에서 파블로프의 가장 중요한 개념인 '조건반사Conditioned relfex'가 발전했지요. 1930년에는 조건반사 연구를 기반으로 인간의 정신 질환을 설명하기 시작했습니다.

심리학 용어 정리

＊조건반사
어떤 자극이 원래 유발하는 반응과 새로운 자극을 짝지어서, 새로운 자극으로 원래 자극의 반응을 유도하는 과정입니다.

파블로프는 소련에서 찬사를 들으며 연구비를 지원받으면서도 소련의 공산주의 정권을 거침없이 비판하는 학자였습니다. 특히 1923년에 미국에 다녀온 뒤로는 소련 정부를 노골적으로 비난했지요. 1924년에 소련이 제국 의학원(당시 레닌그라드 군의관 학교)에서 사제의 아들이라는 이유로 학생들을 내쫓자, 역시 사제의 아들이던 파블로프도 교수직을 내놓았습니다. 이반 파블로프는 1936년 2월 27일에 레닌그라드에서 세상을 떠났습니다.

> **더 읽어보기**
>
> ### 이반 파블로프가 받은 찬사
>
> 파블로프는 평생 훌륭한 연구로 대단한 찬사를 받았습니다. 다음은 그가 이룬 성취의 일부입니다.
>
> - 러시아 과학원 발언권 회원(1901)
> - 노벨 생리 의학상(1904)
> - 러시아 과학원 학술 위원(1907)
> - 케임브리지대학교 명예박사 학위(1912)
> - 파리 의학원의 명예 레지옹 도뇌르 훈장(1915)

고전적조건형성 — 연상을 통한 학습

고전적조건형성Classical conditioning은 이반 파블로프의 가장 유명한 연구로, 이후 행동심리학의 토대가 되었습니다. 고전적조건형성은 기본적으로 연상을 통해 학습한다는 개념입니다. 파블로프는 네 가지 기본 원칙을 명시했습니다.

1. **무조건자극**: 자극은 반응을 일으키는 모든 행위나 영향, 동인

動因을 뜻합니다. 무조건자극은 자동으로 어떤 반응을 일으키는 자극입니다. 꽃가루가 재채기를 일으킨다면 꽃가루는 무조건자극입니다.

2. **무조건반응**: 무조건자극이 자동으로 일으키는 반응입니다. 기본적으로 어떤 자극이 주어지면 자연스럽고 무의식적으로 나오는 반응입니다. 꽃가루가 재채기를 일으킨다면 재채기는 무조건반응입니다.

3. **조건자극**: 중립자극(반응과 관련 없는 자극)이 무조건자극과 연결되어 조건반응을 유발하는 과정입니다.

4. **조건반응**: 원래 중립이던 자극에 의해 학습되어 나타나는 반응입니다.

복잡한가요? 어렵게 생각하지 마세요. 알고 보면 아주 단순합니다. 큰 소리가 나서 움찔했다고 생각해보세요. 그 소리는 자연스러운 반응을 일으키니 '무조건자극'이 되고, 움찔하는 행동은 무조건자극에 의해 무의식적으로 나온 반응이니 '무조건반응'이 됩니다.

이번에는 큰 소리가 나는 동시에, 또는 소리가 나기 직전에 어떤 움직임을 반복해서 본다고 가정합시다. 예를 들어 어떤 사람이 주먹을 휘두르며 탁자를 친다면, 우리는 그 움직임을 큰 소리와 연결합니다. 그리고 점차 주먹을 휘두르는 모습만 봐도 움찔합니다. 큰 소리가 나지 않았는데도 말이죠. 주먹의 움직임(조건자극)이 소리(무조건자극)와 연결되어 움찔하는 반응(조건반응)이 나오는 것입니다.

파블로프의 개

파블로프는 마취하지 않은 개가 위액을 불규칙하게 분비하는 과정을 관찰하면서 고전적조건형성 개념을 정립할 수 있었습니다.

처음에는 개에게 먹을 수 있는 것과 먹을 수 없는 것을 주며 개가 흘리는 침의 양을 측정하는 방식으로 개의 소화를 연구했습니다. 그러다가 조교가 방에 들어가기만 해도 개가 침을 흘리는 것을 발견했지요. 파블로프는 개가 조교의 흰색 실험복에 반응한다고 짐작했고, 침 분비가 특정 자극에 대한 반응이고 개가 흰색 실험복을 먹이와 연결시킨다는 가설을 세웠습니다. 또 개가 먹이를 받고 침을 흘리는 반응은 무조건반사이지만, 흰색 실험복을 보고 침을 흘리는 반응은 학습된 반사, 곧 '조건반사'라고 정의했습니다. 파블로프는 이 실험의 결과를 더 깊이 파고들기 위해 역사상 가장 유명한 과학 실험을 설계했습니다. 바로 파블로프의 개 실험입니다.

○ 그림 2-1. 파블로프의 개 실험

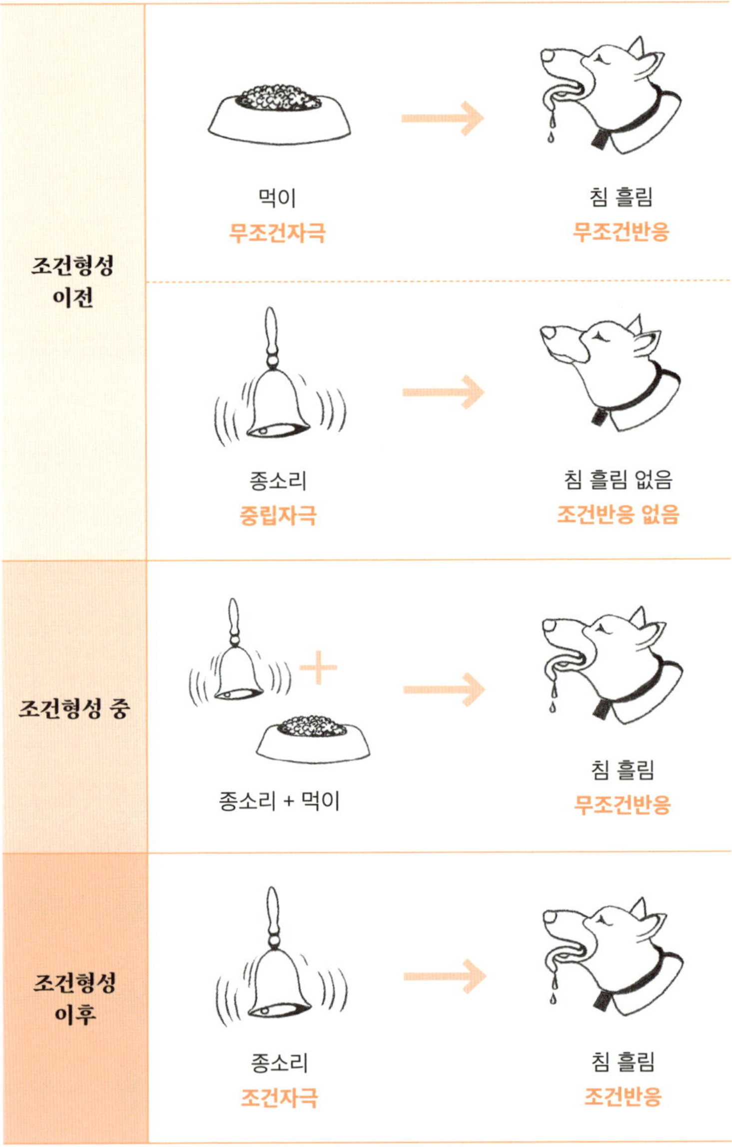

조건형성 이전	먹이 **무조건자극** → 침 흘림 **무조건반응**
	종소리 **중립자극** → 침 흘림 없음 **조건반응 없음**
조건형성 중	종소리 + 먹이 → 침 흘림 **무조건반응**
조건형성 이후	종소리 **조건자극** → 침 흘림 **조건반응**

❶ 이 조건반응 실험의 대상은 실험용 개입니다.
❷ 먼저 무조건자극을 선택해야 합니다. 이 실험에서 무조건자극은 먹이입니다. 개가 자연스럽고 자동적인 반응으로 침을 흘리게 만드는 자극이지요. 중립자극으로는 종소리를 사용합니다.
❸ 조건형성 이전의 개를 관찰해보면 먹이를 보면 침을 흘리고 종소리를 들으면 침을 흘리지 않습니다.
❹ 조건형성을 시작하기 위해 개에게 중립자극(종소리)을 반복해 제시하고 곧이어 무조건자극(먹이)을 줍니다.
❺ 일정 시간이 지나면 개는 종소리와 먹이를 연결하기 시작합니다. 실험이 길게 이어질수록 조건형성이 더 깊게 자리 잡습니다.
❻ 조건형성이 완성되면 개는 중립자극(종소리)을 듣고 침을 흘리기 시작합니다. 먹이가 나올 것을 기대하기 때문이죠. 이제 침 흘림이 조건반응이 된 것입니다.

파블로프는 이 개 실험으로 대중에게 널리 알려졌지만, 사실 그의 연구는 훨씬 더 높은 역사적 가치를 가집니다. 조건형성과 학습된 반응에 대해 파블로프가 밝혀낸 사실은 인간의 행동 변화를 이해하고, 더 나아가 공황 장애와 불안 장애, 공포증과 같은 정신 질환 치료 발전에도 크게 기여했으니까요.

알프레드 아들러

Alfred Adler, 1870-1937

#개인심리학
#열등감
#우월감

개인이 중요하다

> "일반적으로 주어진 인생의 의미라는 건 없다.
> 인생의 의미는 자기 자신이 부여하는 것이다."
> —알프레드 아들러

알프레드 아들러는 1870년 2월 7일에 오스트리아 빈의 유대인 곡물상 집안에서 태어났습니다. 아들러는 어렸을 때 구루병을 앓는 바람에 네 살이 되도록 걸음마를 배우지 못했습니다. 다섯 살 때는 폐렴으로 거의 죽을 뻔했습니다. 그는 여러 차례 병치레를 겪으면서 의학에 관심이 생겼고, 의사를 꿈꾸게 되었습니다.

개인심리학자 알프레드 아들러

학교를 졸업하고 안과 의사로 일하다가 나중에는 일반 진료로 전환했습니다. 아들러는 빈의 하층민 동네에 병원을 차렸는데, 맞은편에는 놀이공원과 서커스 공연장이 있었습니다. 그래서 환자의 대부분이 서커스 단원이었죠. 아들러는 서커스 단원들의 남다른 강점과 약점을 연구하면서 '기관 열등감 이론Organ Inferiority Theory'이라는 개념을 만들었습니다. 이 이론에서는 신체적 결함이 있는 사람은 결핍감이나 열등감을 느끼고 그 결함을 보완하려 한다고 전제했습니다. 이 이론은 나중에 아들러의 중요한 심리학 연구에 큰 영향을 미칩니다.

아들러는 점차 안과 의사에서 심리학자로 넘어갔습니다. 1907년, 아들러는 지그문트 프로이트가 이끄는 토론 모임에도 초대받았습니다. 이 모임은 빈정신분석학회로 발전했고, 프로이트는 아들러를 학회장이자 학회지의 공동 편집자로 임명했습니다.

아들러는 정신분석학회 학회장이면서도 프로이트의 일부 이론에 강한 반대 입장을 보였습니다. 결국에는 프로이트 지지자와 아들러의 지지자 사이에 논쟁이 벌어졌고, 아들러는 다른 회원 아홉 명과 함께 빈정신분석학회를 떠났습니다. 이들은 1911년 자유정신분석학회Society for Free Psychoanalysis를 만들었고, 이 학회는 1년 후 개인심리학회Society for Individual Psychology로 발전합니다.

아들러는 프로이트와 함께 정신분석학의 발전에 중요한 역할을 했지만, 프로이트 학파에서 나와 독립적인 학파를 만든 최초의 인물이 되었습니다. 그는 이 학파를 '개인심리학Individual Psychology'이라 불렀고, 주요 개념으로 열등감Inferiority complex을 내놓았습니다. 우리가 내면의 열등감을 극복하기 위해 애써온 결과가 바로 성격과 행동이라고 이야기했죠.

제1차세계대전이 발발하자 아들러는 러시아 전선에서 의사로 활동했고, 이후 아동 병원에서 일했습니다. 제2차세계대전 중에는 이미 기독교로 개종한 뒤였는데도, 나치는 그가 유대인 혈통이라는 이유로 병원을 폐쇄했습니다. 아들러는 미국으로 건너가 롱아일랜드 의과대학의 교수직을 받았습니다. 1937년 5월 28일, 아들러는 순회강연 도중 급성 심장마비를 일으켜 사망했습니다. 갑작스러운 죽음 이후에도 그의 학문적 영향력은 오랫동안 지속되었고, 특히 정신분석학의 논의에 중요한 영향을 미쳤습니다.

개인심리학

프로이트는 사람들을 어떤 식으로 행동하게 만드는 보편적인 생물학적 요인이 있다고 보았다면, 아들러는 인간의 행동이 개인의 경험과 환경적·사회적 요인에 따라 결정된다고 믿었습니다. 성격은 사랑과 관련된 힘, 직업적 힘, 사회적 힘이 결합해 결정된다는 것이었죠.

사실 아들러는 모든 사람이 고유한 존재이기 때문에 이전의 어떤 이론도 모든 개인에게 적용할 수는 없다고 보았습니다. 그래서 그의 이론을 '개인심리학'이라고 부른 것이죠. 아들러의 이론은 폭넓은 심리학적 주제를 다루므로 상당히 복잡하지만, 개인심리학 자체는 꽤 단순합니다. 개인이 성공이나 우월성을 향해 노력한다는 하나의 개념을 핵심 원리로 삼기 때문이죠.

성공과 우월성을 향한 노력

아들러는 개인의 이득을 향한 욕구인 '우월성'과 공동체의 이득을 향한 욕구인 '성공'이 우리를 행동하게 만드는 원동력이라고 확신했습니다. 모든 사람은 작고 연약한 육체를 갖고 태어나기 때문에 누구나 처음부터 열등감*을 느낍니다. 그리고 이 감정을 극복하기 위해 노력하죠. 우월성을 얻으려고 애쓰는 사람은 남들에게 관심이 많지 않고 자신의 이익에만 집중하기 때문에 심리적으로 건강하지 못합니다. 반면에 성공을 위해 노력하는 사람은 모든 인류를 위해 노력하면서도 자신의 정체성을 잃지 않으므로 심리적으로 건강합니다.

심리학 용어 정리

* **열등감**
전체적으로나 부분적으로 느끼는 무의식적 무가치감입니다. 이런 감정을 과도하게 보상하려고 하면 신경증적 증상이 나타날 수 있습니다. 반대로 우월감은 열등감을 극복하려고 애쓰면서 억압하는 감정입니다.

아들러는 개인의 성격 특질이 다음의 외적 요인에서 비롯된다

고 말합니다.

1. **보상**: 개인이 불이익을 당하면 남들보다 열등하다고 생각하고 그런 불이익을 없애려고 노력합니다. 이런 노력을 할 수 있는 사람은 개인적으로나 사회적으로 잘 살아갈 수 있습니다.
2. **체념**: 불이익에 굴복하고 그 상태에 머물 때 나타나는 현상입니다. 대다수가 경험하는 상태지요.
3. **과잉 보상**: 개인이 자신의 약점이나 단점을 보상해야 한다는 생각에 사로잡혀, 성공을 위한 과도한 노력을 보일 때 나타나는 현상입니다. 아들러는 이런 사람들을 신경증적이라고 표현했습니다.

아들러는 보편적인 생물학적 요인에 주목하기보다는 개인의 고유한 자질에 초점을 맞춰 프로이트와는 명확히 다른 개념을 내놓았습니다. 특히 아동의 심리 발달에 관한 경쟁력 있는 비전을 제시했다는 점에서 프로이트나 동시대의 다른 학자들과 차별화되었고, 심리학에 대한 현대적 해석에 바탕이 되는 원칙을 세우기도 했습니다.

존 브로더스 왓슨
John Broadus Watson, 1878-1958

#행동주의
#꼬마앨버트
#비윤리

행동주의의 창시자

> "우리에게는 본능이 없다.
> 심리학에서는 더 이상 본능이라는 용어가 필요하지 않다.
> 오늘날 우리가 '본능'이라고 부르는 모든 것은 주로 훈련의 결과,
> 즉 인간의 학습된 행동에 속한다."
> —존 브로더스 왓슨

존 왓슨은 1878년 1월 9일에 미국 사우스 캐롤라이나에서 태어났습니다. 왓슨의 아버지는 그가 13살일 때 가족을 떠났고, 왓슨은 가난하고 소외된 농장에서 자랐습니다. 왓슨은 어린 시절 자신이 가난하고 막 나가는 학생이었다고 고백했습니다. 무모하고 폭력적으로 살던 아버지의 뒤를 이을 팔자로 느껴졌다고 했죠. 하지만 그는

행동주의 심리학자 존 왓슨

공부를 열심히 해 16살 이른 나이에 퍼먼대학교에 들어갔습니다.

5년 후 퍼먼대학교를 졸업하고 심리학과 철학으로 박사 학위를 받기 위해 시카고대학교로 진학했습니다. 1903년에는 철학 공부를 그만두었고, 심리학 전공으로 박사 학위를 받았습니다.

1908년에는 존스홉킨스대학교에서 교수가 되어 실험심리학과 비교심리학을 강의하기 시작했습니다.

그 무렵 왓슨은 훗날 새로운 심리학 분야로 자리 잡을 학파의 개념을 구상하기 시작했습니다. 바로 '행동주의 심리학'입니다. 왓슨은 이반 파블로프의 연구에서 영감을 받아 생리학과 생물학, 동물 행동, 아동 행동을 연구하기 시작했습니다. 아이들은 기본적으로 동물과 같은 원리로 행동하며 그저 좀 더 복잡한 존재일 뿐이라고 보았습니다. 그리고 모든 동물은 저마다의 '연결', 곧 경험에 의해 형성되는 신경 경로에 따라 상황에 반응하는 매우 복잡한 기계라는 결론에 이르렀지요.

1913년에 왓슨은 컬럼비아대학교에서 '행동주의자가 바라보는 심리학'을 강연했습니다. 이 강연에서는 심리학의 연구 방법을 대대적으로 손봐야 한다면서, 행동 연구를 위한 내성법(심리 상태나 의식 과정을 내면적으로 관찰하는 방법—편집자)을 중단하고 행동을 의식과 분리해 평가하자고 촉구했습니다. 그는 심리학이 동물과 인간의 행동을 구분하지 않은 채로 행동을 예측하고, 나아가 통제할 수도 있는 원리를 찾아내는 객관적 자연과학이 되기를 바랐습니다. 또 인간의 행동에서 유전이 중요하다는 개념을 단호하게 부인하고 지그문트 프로이트의 구조적 이론에도 동의하지 않았습니다. 이 강연은 '행동주의 선언'으로 불리며, 같은 해 『심리학 리뷰Psychological Review』에 논문으로 게재되었습니다.

왓슨은 1920년까지 존스홉킨스대학교에서 연구하다가 동료 연구자와의 불륜이 문제가 되어 사직서를 냈습니다. 1924년에는 인간 행동과 심리학에 대한 풍부한 지식을 바탕으로 광고업계로 진출했습니다. 미국 최대의 광고 에이전시 중 하나인 J. 월터 톰슨의 부사장 자리를 맡게 되었죠.

왓슨은 말년에 5년간 코네티컷의 한 농장에서 은둔 생활을 했고, 이미 문제가 많았던 자녀들과의 관계는 더 나빠졌습니다. 그는 죽기 직전에 수많은 편지와 미발표 논문을 불태웠다고 합니다. 그러고는 1958년 9월 25일에 세상을 떠났습니다.

> **더 읽어보기**
> ### 행동주의
>
> 행동주의에서는 인간을 수동적인 존재로 봅니다. 인간은 조건형성(고전적조건형성과 조작적조건형성)을 통해 환경의 자극에 반응만 한다고 생각하지요. 본질적으로 개인은 백지상태이고 개인의 행동은 긍정적 강화나 부정적 강화의 결과물이라는 말입니다. 행동은 관찰할 수 있으므로 데이터를 수집하고 정량화하는 것이 훨씬 수월합니다. 행동주의는 20세기 중반에 얻은 인기를 계속 이어가지 못했지만, 자녀 양육, 교수법, 동물 훈련, 개인의 부정적 습관 바꾸기와 같은 분야에 여전히 영향을 미치고 있습니다.

꼬마 앨버트 실험

왓슨은 이반 파블로프의 개와 조건형성 실험에 큰 관심을 가졌습니다. 행동의 조건형성 방식에서 한 단계 더 나아가, 고전적인 조건형성을 통해 사람의 정서 반응을 유도할 수 있는지 알아보고자 했습니다.

왓슨이 '앨버트 B'라고 불렀던 이 참가자는 생후 9개월 된 아기였습니다. 오늘날에는 꼬마 앨버트로 불리고 있죠. 왓슨과 연구조교 로잘리 레이너(나중에 왓슨의 불륜 상대)는 아기에게 다양한 자극을 주고 그에 대한 반응을 기록했습니다. 자극에는 토끼, 원숭이, 흰쥐, 불타는 신문지, 가면 등이 포함되었는데, 처음에 아기는 어떤 자극도 무서워하지 않았습니다.

다음으로 왓슨은 아기에게 흰쥐를 노출시키는 동시에 망치로

꼬마 앨버트 실험

금속관을 쳐서 요란한 소음을 냈습니다. 아기는 그 소리에 울음을 터트렸지요. 그런 다음 큰 소리와 흰쥐를 연결하는 과정을 반복했습니다. 결국 아기는 소음이 없어도 흰쥐를 보면 울음을 터트렸습니다.

1. 중립자극은 흰쥐입니다.
2. 무조건자극은 망치로 금속관을 두드려 내는 요란한 소리입니다.
3. 무조건반응은 두려움입니다.
4. 조건형성 자극은 흰쥐입니다.
5. 조건형성 반응은 공포입니다.

파블로프처럼 왓슨도 중립자극으로 조건형성 반응을 끌어낼 수 있다는 사실을 보여주었습니다. 왓슨의 경우 조건형성 반응을 인간에게서 유도했는데, 그 반응은 단지 생리적 반응이 아닌 정서적 반응이었습니다. 게다가 왓슨은 꼬마 앨버트가 모든 흰색 물체에 새로운 두려움을 보이는 것을 발견했는데, 이는 '자극의 일반화'*라는 현상입니다.

예를 들어 꼬마 앨버트 실험의 참가자인 아기는 조건형성 후 흰쥐만이 아니라 흰 모피코트부터 산타클로스 수염까지 온갖 흰색 물체를 보고 공포를 느꼈습니다.

> **심리학 용어 정리**
>
> * **자극의 일반화**
> 실험 참가자가 원래의 조건형성 자극과 비슷한 자극에 반응을 보이는 현상을 말합니다.

꼬마 앨버트 실험에 대한 비판

왓슨의 꼬마 앨버트 실험은 획기적인 심리학 실험이기는 했지만, 여러 이유로 비판을 받았습니다. 아기의 반응이 객관적으로 평가된 것이 아니라 왓슨과 조교 레이너의 주관적 해석에 불과했고, 실험 과정 자체가 수많은 윤리적 문제를 일으켰습니다. 오늘날 누가 이 실험을 재현하려고 한다면, 미국심리학회에서는 참가자에게 공포를 불러일으키는 비윤리적인 연구로 간주할 것입니다. 참가자가 실험에서 의도적으로 공포를 조장할 거라는 사실을 인지하고 실험 참가에 동의한 경우에만 윤리적인 연구로 인정받을 수 있습니다. 그래도 행동주의 심리학자들은 왓슨과 꼬마 앨버트 실험에서 중요한 통찰을 많이 얻었고, 이 통찰은 지금도 이 분야에 영향을 미치고 있습니다.

쿠르트 레빈

Kurt Zadek Lewin, 1890-1947

#아인슈타인
#리더십
#사회심리학

현대 사회심리학의 아버지

> "성공한 사람들은 대개 지난번에 성취한 것보다 다소 높게, 그러나 과하지 않게 다음 목표를 세운다. 이렇게 꾸준히 자신의 포부를 키워간다."
>
> —쿠르트 레빈

쿠르트 레빈은 1890년 9월 9일에 프로이센주 모길노(지금의 폴란드)에 있는 중산층 유대인 가정에서 태어났습니다. 1909년에는 의학 공부를 위해 프라이베르크대학교에 입학했다가 뮌헨대학교로 편입해 생물학을 전공하기도 했습니다.

사회심리학자 쿠르트 레빈

1910년에 레빈은 베를린대학교에서 철학과 심리학을 공부하고, 1914년에 심리학 박사 학위를 받았습니다. 그 후 제1차세계대전에 참전해 보병 사단에서 복무했는데, 참전한 지 4년 만에 전투 중 부상을 입고 말았습니다.

1917년에 레빈은 마리아 란츠버그라는 교사와 결혼했습니다. 10년이라는 길지 않은 결혼 생활 동안 두 자녀를 낳았습니다.

1929년에는 거트루트 바이스와 결혼해 자녀 둘을 더 낳았습니다.

쿠르트 레빈은 1921년에 베를린대학교 심리연구소에서 심리학 강의와 철학 강의를 시작했습니다. 그는 학생들에게 인기가 많은 강사였고, 이미 왕성하게 글을 쓰는 작가이기도 했습니다. 1930년에는 스탠퍼드대학교의 초빙교수가 되었습니다. 1940년에 레빈은 결국 미국으로 건너가 미국인으로 귀화했지요.

미국이 제2차세계대전에 참전하자 레빈은 미국 정부의 자문 위원으로 활동했습니다. 1944년에는 지역사회상호관계위원회(CCI)를 설립해 종교차별과 인종차별에 맞서는 데 주력했고, 매사추세츠공과대학교(MIT)에서는 집단역동연구센터를 설립해 집단이 개인의 행동에 미치는 영향에 중점을 두고 연구했습니다.

레빈은 과학적 실험을 통해 사회적 행동을 연구한 심리학자로, 현대 사회심리학의 아버지로 불립니다. 그는 평생 저서 여덟 권과 논문 80여 편을 발표했습니다. 1947년 2월 12일, 쿠르트 레빈은 57살의 나이에 심장마비로 유명을 달리했습니다.

레빈의 장이론

레빈은 게슈탈트심리학에서 영감을 받았습니다. 물체가 중력, 전자기력과 끊임없이 상호작용한다는 알버트 아인슈타인의 장이론도 그에게 큰 영향을 주었죠. 그는 아인슈타인의 장이론을 심리학에 적용했고, 행동은 개인이 환경과 끊임없이 상호작용한 결과라고 주장했습니다.

레빈은 행동이 개인이 처한 전체 상황에 따라 결정된다고 보았고, 이처럼 공존하는 요소들의 총합을 '장場'이라고 불렀습니다. 레빈의 이론에 따르면, 사람은 자신과 환경 사이에서 지각되는 긴장이 어떻게 작동하는지에 따라 다르게 행동한다고 합니다. 행동을 온전히 이해하려면 학교나 직장, 교회, 가족을 비롯해 전체 심리적 장(레빈이 '생활공간'이라고 부른 영역)을 들여다봐야 한다는 것이죠.

레빈의 장이론은 사회심리학에 지대한 영향을 미쳤고, 행동이 환경과 개인적 특성의 상호작용에 맞춰 나타난다는 개념을 널리 알리는 데 기여했습니다.

리더십 유형

1939년, 쿠르트 레빈은 연구팀을 이끌고 다양한 리더십 유형을 연구하기 시작했습니다. 이후 리더십 유형이 계속 확장되었지만, 레빈과 연구팀이 처음 확인한 세 가지 유형은 권위적·민주적·자유방임적 리더십이었습니다. 이 연구에서는 학생들을 세 가지 리더십 유형 중 한 유형의 리더와 함께 세 집단으로 나누었습니다. 그러고는 미술과 공예 과제에서 리더가 학생들을 이끌어줄 때 학생들이 보이는 반응을 연구했습니다.

권위적 리더십

권위적 리더는 무엇을 해야 하는지, 언제까지 해야 하는지, 어떻게 해야 하는지 사람들에게 명확히 전달합니다. 이 유형의 리더는 집단 구성원들의 의견을 거의 또는 전혀 반영하지 않은 채 의사 결정을 내리기 때문에 리더와 나머지 사람들이 뚜렷이 구분됩니다.

레빈은 권위적 리더 밑에서는 의사 결정의 창의성이 떨어진다는 사실을 발견했습니다. 리더가 권위적 리더십으로 권한을 남용하면 오만하고 독재적이고 통제적인 모습으로 보일 수 있습니다. 권위적 리더십이 가장 적절한 경우는, 리더가 집단에서 가장 지식이 풍부한 사람이거나 집단 구성원들이 의사 결정을 내릴 시간적 여유가 거의 없을 때입니다. 그리고 권위적 리더십에서 민주적 리더십으로 넘어가는 것이 민주적 리더십에서 권위적 리더십으로 넘어가는 것보다 더 어려웠습니다.

민주적(또는 참여적) 리더십

레빈의 연구에서는 민주적 리더십을 가장 효과적인 유형으로 보았습니다. 민주적 리더는 집단에 참여하고 다른 구성원들의 의견을 수렴해 집단을 이끕니다. 레빈은 민주적 집단의 학생들은 권위적 집단의 학생들보다 생산성은 떨어져도 집단에 대한 기여도의 질은 더 높다는 결과를 얻었습니다. 민주적 리더는 의사 결정에 대한 최종 결정권을 갖지만, 집단의 구성원들에게도 참여를 권장하기 때문에 그 과정에서 구성원들이 더 많이 참여하고 동기를 얻어 결과적으로 더 창의적으로 일할 수 있습니다.

자유방임적(또는 위임적) 리더십

자유방임적 리더는 모든 의사 결정을 집단에 떠넘깁니다. 레빈은 이런 유형의 리더십에서 생산성이 가장 낮다는 결과를 얻었습니다. 그는 이 집단의 학생들은 리더에게 더 많은 것을 요구하고, 독립적으로 일하지 못하며, 서로 협력하는 모습을 거의 보이지 않는다고 지적했습니다. 집단 구성원들이 특정 분야에서 높은 자격을 갖추었다면 자유방임적 리더십이 효과적일 수 있지만, 대개는 구성원에게 동기부여가 되지 않고 역할이 명확하게 정해지지 않습니다.

레빈은 개인의 행동에 관해 과거의 경험이 아닌 환경과의 관계에 초점을 맞추어 획기적인 연구를 진행했는데, 이에 따라 많은 사람이 레빈을 사회심리학의 창시자 중 한 명으로 꼽습니다. 게슈탈트 원리를 통합하고 상황의 영향을 이해하며, 집단 역학 및 리더십을 살펴본 레빈의 연구는 심리학자들이 사회 행동에 접근하고 이해하는 방식에 많은 영향을 미쳤습니다.

쿠르트 레빈 기념패

해리 스택 설리번
Harry Stack Sullivan, 1892-1949

#대인관계
#인간상
#조현병

대인 관계 정신분석

> "내가 사람이 되어가는 과정의 어느 특정 순간에
> 내가 누구인지는 나를 사랑하거나 사랑하기를 거부하는 사람들,
> 내가 사랑하거나 사랑하기를 거부하는 사람들과의 관계에 따라 결정될 것이다."
>
> ─해리 스택 설리번

해리 스택 설리번은 1892년 2월 21일에 미국 뉴욕 노리치에서 태어났습니다. 아일랜드 이민자의 아들로 태어난 설리번은 반反가톨릭 정서가 팽배한 마을에서 사회적 고립감을 느끼며 성장했습니다. 이때의 경험은 훗날 그의 연구에서 '사회적 고립'이라는 개념을 발전시키는 계기가 되었습니다.

정신분석학자 해리 스택 설리번

1917년에 설리번은 시카고대학교 의과대학에서 의학박사 학위를 받았습니다. 설리번은 대인 관계 연구, 정신 질환 환자의 외로움, 조현병 환자 연구, 지그문트 프로이트의 연구를 수정한 연구 등으로 잘 알려져 있습니다. 설리번은 프로이트의 주요 개념을 믿었지만, 그의 정신분석적 접근법은 프로이트의 개념, 특히 심리

성적 발달 개념에서 크게 벗어나기 시작했습니다.

1925년부터 1929년까지 설리번은 약물을 쓰지 않고 조현병 환자들을 치료하면서 크게 성공했습니다. 설리번은 조현병은 불치병이 아니고, 주로 문화적 요인에 따라 발생한다고 주장했습니다. 그의 연구에 참여한 모든 남자는 동성애자였는데, 설리번이 평생 동성애자로 살았다고 알려진 터라 특히 주목할 만한 사실입니다. 실제로 이 연구에 참여한 환자 중 한 명은 나중에 설리번의 연인이 되어 그와 함께 살았습니다. 다만 이 남자는 항상 그의 양아들로 불렸지요.

1933년과 1936년에 설리번은 윌리엄앨런슨화이트정신과재단William Alanson White Psychiatric Foundation과 워싱턴정신의학대학Washington School of Psychiatry을 설립하는 데 도움을 주었습니다. 제2차세계대전 이후에는 세계정신건강연맹World Federation for Mental Health을 설립하는 데 일조했고, 1938년에는 『정신의학Psychiatry』이라는 학술지를 창간해 편집장이 되었습니다. 해리 스택 설리번은 1949년 1월 14일, 56살의 나이로 세상을 떠났습니다. 그의 심리치료 기법은 여전히 심리학계에 영향을 미치고 있습니다.

해리 스택 설리번의 대인 관계 이론

해리 스택 설리번은 평생 거의 고립된 삶을 살았지만, 대인 관계가 개인에게 미칠 수 있는 영향을 잘 이해했습니다. 설리번은 사람들이 서로 맺는 관계의 결과가 '성격'이라고 믿었습니다. 그리고 실제 행동(에너지의 변환)이나 행동의 가능성(긴장)으로 이루어진 에너지 체계로 보았죠. 설리번은 욕구와 불안이라는 두 유형의 긴장을 확인했습니다.

욕구

욕구를 줄이려면 특정 행위가 필요합니다. 욕구는 성기나 입과 같은 특정 부위, 또는 개인의 전반적인 안녕감과 관련이 있습니다. 음식이나 산소에 대한 욕구인 생리적 욕구일 수도 있고, 친밀감이나 다정함에 대한 욕구인 관계적 욕구일 수도 있습니다.

불안

불안은 일관된 행위로는 해소되지 않습니다. 설리번은 이렇게 해소되지 않은 불안이 대인 관계를 방해하는 주된 원인이라고 주장하며, 불안과 긴장이 완전히 사라질 때 사람은 행복함을 느낀다고 말했습니다.

역동성

설리번은 행동의 표준 양상을 역동성이라 불렀고, 역동성은 긴장이나 신체의 특정 부위와 관련 있다고 보았습니다. 설리번은 다음의 네 가지 역동성을 확인했습니다.

1. **친밀감**: 동등한 지위를 가진 두 사람 사이의 친밀하고 사적인 관계입니다. 친밀감은 외로움과 불안을 줄이고 대인 관계의 발전을 촉진합니다.
2. **욕정**: 친밀한 대인 관계 없이도 충족되는 자기중심적 욕구입니다. 욕정은 전적으로 성적 만족에 기반을 둔 역동성이고, 이 욕구를 충족시키기 위해 다른 사람이 꼭 필요한 것은 아닙니다.
3. **악의**: 증오와 악, 그리고 적들 속에 사는 느낌이 악의를 정의합니다. 악의가 강한 아이는 친밀감과 다정함을 주고받는 능력을 기르는 데 어려움을 겪습니다.
4. **자아 체계**: 대인 관계의 안전을 유지하고 불안으로부터 보호해주는 행동 양상입니다. 이 유형의 역동성은 성격 변화를 억제합니다. 자아 체계에 불일치가 발생하면 안전을 위한 작업(대인 관계의 긴장을 줄이기 위한 심리적 행동)이 필요합니다. 이 작업에는 인식에서 경험을 차단하는 분리, 특정 경험에 대한 인식을 차단하는 선택적 부주의 등이 있습니다.

인간상 형성

해리 스택 설리번에 따르면, 사람들은 타인과의 상호작용 속에서 자신에 대한 인간상을 형성합니다.

1. **나쁜 나**: 부정적인 면으로 간주되어 세상과 자기 자신에게서 숨겨진 자아의 일면입니다. 흔히 우리가 불안을 경험할 때는 의식 차원에서 나쁜 나를 인식하고 있기 때문입니다. 당혹스러운 결과를 낳은 나의 행동을 떠올리는 순간처럼 말이죠.
2. **좋은 나**: 자신에 관해 좋게 생각하는 모든 면을 말합니다. 좋은 나는 불안을 일으키지 않고 다른 사람들에게 공유됩니다. 결과적으로 우리는 좋은 나에게 집중하기를 선택합니다.
3. **나 아닌 나**: 의식 차원에서 벗어나 무의식으로 밀려난 채로 불안을 일으키는 모든 면입니다.

지그문트 프로이트와 마찬가지로, 해리 스택 설리번은 개인의 성격 발달에 어린 시절의 경험과 어머니의 역할이 중요하다고 믿었습니다. 다만 프로이트와 달리 설리번은 청소년기를 지나 성인기에 들어설 때까지 성격이 발달할 수 있다고 보았습니다. 설리번은 그 발달단계를 '시대epoch'라고 불렀죠. 우리는 시기가 아니라 사회적 환경에 따라 결정되는 순서대로 이 시대를 통과한다고 믿었습니다. 설리번의 발달단계는 다음과 같습니다.

1. **영아기(출생~1세)**: 엄마 역할을 하는 사람이 아이에게 다정하게 대해주고 아이는 불안을 배웁니다.
2. **유년기(1~5세)**: 엄마와 자녀의 관계는 주요 대인 관계로 계속 남아 있지만, 이제 엄마는 자녀를 돌보는 다른 사람들과 구

별됩니다.

3. **소년기(6~8세)**: 아이에게 또래 친구나 놀이 친구가 필요해집니다. 사회화가 시작되어 다른 아이들과 협력하고 타협하며 화합하는 방법을 배워야 합니다.

4. **사춘기 이전(9~12세)**: 이 시기는 가장 중요합니다. 이전 시기에 저지른 실수는 바로잡을 수 있지만, 이 시기에 저지른 실수는 바로잡기가 몹시 어렵기 때문입니다. 이 단계는 아이가 친한 친구를 사귀는 것으로 정의됩니다. 적절한 친밀감을 배우지 못하면 나중에 성적인 관계에 어려움을 겪습니다.

5. **초기 청소년기(13~17세)**: 이 시기는 사춘기와 함께 시작됩니다. 친구 관계의 욕구가 성적 표현의 욕구와 공존하고 이성에게 관심이 집중되는 시기입니다. 이 시기에 욕정 역동성이 처음 나타납니다. 아직 친밀감을 느끼는 능력이 발달하지 않았다면, 사랑과 욕정이 혼동되고 진정한 친밀감이 없는 성관계를 가질 수 있습니다.

6. **후기 청소년기(18~23세)**: 이 시기는 16세 정도에도 시작될 수 있지만, 한 사람과 친밀감과 욕정을 모두 경험하고 장기적인 관계에 집중할 수 있을 때 시작됩니다. 또 개인이 성인 세계의 삶에 대처하는 방법을 배우는 시기이기도 합니다.

7. **성인기(23세 이상)**: 이 시기의 개인은 자신의 직업과 재정적 안정, 가족을 형성하고 세상을 바라보는 양상이 안정되어 있습니다. 앞선 시기를 잘 넘겼다면 인간관계와 사회화가 훨씬

수월해지지만, 이전 시기에 어려움을 겪었다면 대인 관계의 갈등으로 불안을 느끼는 빈도가 훨씬 잦아집니다.

설리번은 성격에 관한 폭넓은 연구를 통해 대인 관계 정신분석을 개발했습니다. 이는 어떤 사람의 과거 상호작용을 들여다보면서 그 사람의 현재 정신 병리를 이해하는 데 초점을 맞춘 정신분석의 한 형태입니다. 설리번의 이론은 예전보다 인기가 덜하지만 심리학계에는 여전히 그의 영향력이 남아 있습니다.

장 피아제

Jean Piaget, 1896-1980

#인지발달
#아동
#과소평가

아동의 발달

> "놀이는 새로운 것이 어떻게 나타나는지를 알려주는 답이다."
>
> ─장 피아제

장 피아제는 1896년 8월 9일에 스위스의 뇌샤텔에서 태어났습니다. 아버지는 중세 문학 교수였습니다. 피아제는 어머니를 신경증 환자로 기억했습니다. 어머니의 행동을 접한 피아제는 심리학에 관심을 갖게 되었습니다.

고등학교를 졸업한 후, 피아제는 뇌샤텔대학교에서 자연과학 박사 학위를 받았습니다. 이후 취리히대학교에서 한 학기를 보내며 정신분석학에 큰 관심을 가졌고, 얼마 후 프랑스로 건너갔습니다. 알프레드 비네가 만든 소년 시설에서 일하면서 발달하는 정신과 관련한 실험을 시작했습니다. 피아제가 인지 발

스위스의 심리학자 장 피아제

달을 연구하기 전에는 아동보다 성인이 더 유능하게 사고한다는 것이 보편적인 믿음이었습니다. 비네연구소에서 일하던 피아제는 아이들이 논리적 사고를 요하는 질문에 틀린 답을 말하면서 내놓는 근거에 관심이 생겼습니다. 그 후 피아제는 인지 발달에 관한 체계적인 연구를 시작했고, 이런 방식으로 접근한 최초의 아동 발달 연구자가 되었습니다.

1923년에 장 피아제는 발렌틴 샤트네와 결혼해 자녀 셋을 낳았습니다. 이미 정신적·정서적 성장에 관심이 많았던 터라 자녀들의 인지 발달을 비공식적으로 연구하기 시작했지요. 이때 관찰한 결과가 그의 가장 중요하고도 유명한 연구인 '인지 발달단계' 연구로 이어졌습니다.

피아제는 저서 60여 종과 논문 수백 편을 발표하면서, 심리학을 비롯한 교육학, 사회학, 경제학, 법학, 인식론 등 다양한 학문 분야에 영향을 미쳤습니다. 장 피아제는 1980년 9월 16일에 세상을 떠났습니다.

피아제의 인지 발달 이론

피아제가 인지 발달 이론을 연구하기 시작했을 때, 그의 연구와 기존 연구 사이에는 다음과 같이 상당한 차이가 있었습니다.

1. 피아제는 모든 학습자에게 주목하기보다 특별히 아이들에게 주목했습니다.
2. 피아제의 이론은 특정 행동의 학습이나 정보의 학습이 아니라 전반적인 발달을 다루었습니다.
3. 피아제는 인지 발달이 서서히 일어남에 따라 행동의 양이 증가해 더 복잡해진다는 일반적인 개념보다는, 질적으로 뚜렷한 차이가 있는 일련의 단계를 제안했습니다.

피아제는 아동이 성인보다 능력이 떨어지는 것이 아니라고 주장했습니다. 아이는 유전과 진화의 결과인 기본 정신 구조를 가지고 태어나고, 이 구조에서 지식과 학습이 일어난다고 보았죠. 그는 이 전제를 바탕으로 유아와 아동이 이성적으로 사고하고 가설을 세우도록 이끌어주는 발달 과정과 기제를 설명하려 했습니다. 피아제는 아이들이 주변 환경을 이해하고, 이미 아는 것과 앞으로 알아갈 것 사이의 불일치를 경험한다고 믿었습니다. 그의 인지 발달 이론은 다음의 세 가지 요소로 구성됩니다.

도식

도식schema은 지식의 기본적인 구성 요소이자 단위입니다. 각 도식은 행위, 대상, 개념과 같은 세계의 일부분과 연관됩니다. 또한 특정 상황을 이해하고 대응하는 데 사용되는 세계와 연결된 일련의 표상입니다. 이를테면 부모가 아이에게 개 사진을 보여주면 아이는 개의 생김새에 관한 도식(다리 네 개, 꼬리, 귀가 있다)을 형성합니다.

1. 아이가 새로 받아들인 정보를 도식으로 설명할 수 있다면, 이 것을 평형 상태 또는 정신적 균형 상태라고 합니다.
2. 도식은 나중에 써먹을 수 있도록 저장됩니다. 예를 들어 아이가 식당에서 음식을 주문하는 방법에 관한 도식을 만들어 두면, 다음에 식당에 갈 때 이전에 익힌 내용을 새롭고 비슷한 상황에 적용할 수 있습니다.
3. 일부 도식은 아이가 무언가를 빨려고 하는 충동처럼 유전적으로 타고납니다.

한 단계에서 다른 단계로 넘어가게 해주는 과정

피아제는 지적 성장은 적응의 결과이며 항상 평형 상태를 유지해야 한다고 믿었습니다. 지식의 적응은 두 가지 방식으로 일어납니다.

1. **동화**: 이미 존재하는 도식을 새로운 상황에 적용하기.
2. **적응**: 기존의 도식을 변화시켜 새로운 정보를 받아들이기.

동화와 적응이 어떻게 작동하는지 더 잘 이해하기 위해, 앞에서 언급한 부모가 자녀에게 개가 어떻게 생겼는지 보여주는 상황을 예로 들어보겠습니다. 아이는 이제 개가 어떻게 생겼는지, 다리 네 개, 꼬리 하나, 귀 한 쌍 등 개의 생김새에 관한 도식을 형성했습니다. 하지만 실제로 개가 다가오면, 아이는 도식에 들어 있지 않은 새로운 특징을 마주합니다. 털이 북슬북슬하거나 핥고 짖는 것처럼 말이죠. 이런 특징은 아이가 가진 기존의 도식에는 없으므로 불균형 상태가 발생합니다. 그리고 아이는 의미를 구성하기 시작합니다. 부모가 이 특징도 개에 대한 정보라고 확인해주면 동화가 일어나고 아이는 이 정보를 원래 도식과 통합해 평형 상태를 되찾습니다.

아이가 고양이를 본다면 어떨까요? 고양이는 개와 비슷한 특징을 가지면서도 다른 동물입니다. 고양이는 야옹거리고, 기어오를 수 있으며, 개와는 다른 행동과 움직임을 보이죠. 아이는 고양이를 본 탓에 불균형 상태에 놓이게 되고, 새로운 정보를 받아들여야 합니다. 그러면 새로운 도식이 형성되고 아이는 다시 평형 상태로 돌아가게 됩니다.

발달단계

피아제는 인지가 네 단계로 발달한다고 믿었습니다. 네 단계는 모든 아이에게 나타나고 각자의 문화나 사는 지역과 상관없이 동일한 순서를 따르지만, 일부 아동은 발달의 후반부에 이르지 못할 수도 있습니다.

- **감각 운동기(출생~2세)**

  이 단계에서는 주로 대상 영속성이 발달합니다. 아이가 어떤 대상을 보거나 듣지 않아도 그 대상이 계속 존재한다는 것을 알아가는 단계지요.

- **전 조작기(2세~7세)**

  이 단계에서는 자기중심성이 발달합니다. 그래서 2세부터 7세까지의 아이는 다른 사람의 관점을 이해하지 못하죠.

- **구체적 조작기(7세~11세)**

  이 단계에서는 보존 개념이 발달합니다. 아이가 아직 추상적이거나 가설적인 개념은 이해하지 못하지만, 구체적인 사상을 논리적으로 사고할 수는 있지요.

- **형식적 조작기(11세 이상)**

  이 단계에서는 머릿속에서 개념을 조작하거나 추상적으로 사고하는 능력이 주로 발달합니다. 연역적 추론과 논리적 사고, 체계적 계획이 나타나는 시기입니다.

피아제의 이론에 대한 비판

피아제의 이론에 대한 비판은 주로 연구 방법론을 향합니다. 피아제는 자신의 세 자녀를 대상으로 연구했을 뿐 아니라, 연구에 참가한 다른 아이들도 사회적·경제적 지위가 높았습니다. 따라서 광범위한 표본을 사용하지 않았기 때문에 연구의 결과를 일반화하기는 어렵습니다. 일부 연구에서는 아이들이 자동으로 단계를 넘어간다는 피아제의 주장과 맞지 않는 결과가 나왔습니다. 심리학자들은 환경적 요인도 중요한 역할을 한다고 생각하죠.

마지막으로 연구자들은 피아제가 아동의 능력을 과소평가했다고 비판합니다. 4~5세의 아동은 피아제의 주장보다 자아중심성이 훨씬 덜하고, 자신의 인지 과정을 훨씬 더 정교하게 이해한다고 말합니다. 그럼에도 피아제의 가설은 아동의 지적 발달 기제에 대한 새로운 관심을 불러일으켰고, 이후 출현한 많은 이론, 심지어 그의 결론을 반박하는 이론의 중요한 구성 요소가 되었습니다.

레프 비고츠키
Lev Semenovich Vygotsky, 1896-1934

#사회발달
#언어
#상보적교수법

사회적 상호작용의 중요성

> "타인을 통해 우리는 우리 자신이 된다."
>
> —레프 비고츠키

레프 비고츠키는 1896년 11월 17일에 오늘날 벨라루스에 위치하고, 러시아제국에 속했던 오르샤에서 태어났습니다. 비고츠키는 1917년에 모스크바대학교에서 법학 학사 학위를 받았고, 심리학에 관심을 기울이면서 1924년에 모스크바 심리학연구소에 들어갔습니다.

교육심리학자 레프 비고츠키

비고츠키는 교육 및 아동 발달에 관한 연구로 유명하고, 인지 발달 분야에서 그의 영향력은 오늘날까지도 이어집니다. 비고츠키는 사회적 상호작용이 인지 발달에 중요한 역할을 하고, 사람들은 사회와 공동체의 시선을 통해 사물의 의미를 만들어낸다고 믿었습니다. 비고츠키는 프로이트, 스키너,

피아제, 파블로프와 동시대에 살았지만, 당시 러시아를 통치하던 공산당은 그의 연구를 비판했습니다. 냉전의 긴장이 풀리기 시작한 지 한참 지난 1962년이 되어서야 그의 저서 대부분이 서방 세계에 알려졌습니다.

1934년 6월 11일, 겨우 38세의 나이에 비고츠키는 폐결핵으로 죽음을 맞이했습니다. 비고츠키는 10년 동안 정신과 의사로 일하면서 책 여섯 권을 출간했는데, 가장 중요한 저서는 '근접 발달 영역'이라는 개념, 언어에 대한 연구 등 사회 발달 이론에 관한 것이었습니다.

비고츠키의 사회 발달 이론

장 피아제의 연구에서 큰 영향을 받은 비고츠키는 인간의 정신은 사람과 사회 사이의 상호작용을 통해 발달한다고 믿었습니다. 그는 사람들이 사회적 환경과 상호작용할 수 있도록 말하기와 쓰기 능력 같은 문화 도구가 만들어졌다는 가설을 세웠습니다. 비고츠키에 따르면, 유아기에 이런 도구부터 발달하는 이유는 아이들이 자기에게 필요한 것을 주위 사람들에게 알리기 위해서입니다. 이런 도구가 내면화되면 결과적으로 사고력이 향상됩니다.

비고츠키는 유년기의 사회적 상호작용을 강조했습니다. 아동은 부모와 교사의 영향 아래 지속적이고 점진적으로 학습하지만,

이는 문화에 따라 달라질 수 있다고 주장했습니다. 더욱이 사회가 사람에게 영향을 미칠 뿐만 아니라 사람도 사회에 영향을 미친다고 믿었지요. 비고츠키의 사회 발달 이론은 크게 세 가지 주제로 나눌 수 있습니다.

1. 첫째, 사회성 발달은 인지 처리의 발달에 중요한 역할을 합니다. 장 피아제는 발달이 학습보다 먼저 이루어져야 한다고 주장한 반면, 비고츠키는 사회적 학습이 인지 처리의 발달보다 먼저 일어난다고 주장했습니다. 사람들 사이의 사회적 차원, 즉 대인 관계 차원에서 먼저 학습이 일어나고, 그다음 개인적이고 개별적인 차원, 즉 내적 차원에서 정보를 습득하며 발달이 이루어진다는 것입니다.

2. 둘째, 비고츠키는 학습하는 사람보다 이해 수준이 높은 사람을 '더 지식이 많은 타인 More Knowledgeable Other(MKO)'이라고 지칭했습니다. MKO는 말 그대로 또래나 어린 사람, 컴퓨터 등 누구라도 될 수 있지만, 대체로 교사, 성인, 코치 등을 가리킵니다.

3. 비고츠키의 사회 발달 이론에서 마지막 주요 주제는 '근접 발달 영역 Zone of Proximal Development(ZPD)'입니다. 비고츠키에 따르면, 이 영역은 개인이 상대에게 지도를 받아 학습하는 능력과 그 사람이 스스로 문제를 해결하는 능력 사이의 거리를 의미합니다.

> **더 읽어보기**
>
> ## 비고츠키가 말하는 언어의 역할
>
> 비고츠키는 언어가 인지 발달과 관련해 두 가지 중요한 역할을 담당한다고 믿었습니다. 언어는 성인이 아동에게 정보를 전달하기 위해 사용하는 주요 수단이자, 외적 경험을 내적 과정으로 바꿔주는 수단입니다. 따라서 언어는 지식을 받아들이는 데 중요한 수단입니다. 비고츠키는 서로 소통하려는 목적과 사회적 상호작용을 통해 언어가 발달한다고 보았습니다. 그러다가 언어는 개인의 생각인 '내면의 언어'가 되고, 결국 언어에서 생각이 나오게 됩니다.

비고츠키의 영향

비고츠키의 이론을 기반으로 한 '상보적 교수법'은 아동이 텍스트에서 정보를 습득하고 학습하는 능력을 향상시키는 데 중점을 둡니다.

단순히 교사가 학생들에게 강의하는 것과는 달리, 상보적 교수법에서는 학생과 교사가 함께 학습하고 연습하면서 요약하는 방법, 질문하는 방법, 명확히 정의하는 방법, 예측하는 방법 같은 핵심 개념을 검토합니다. 시간이 지날수록 교사의 역할은 점점 줄어들고, 그러면서 학생들이 더 적극적으로 수업에 참여할 수 있습니다. 또, 교사가 학생의 도움을 받아 의미를 창출해야 하므로 학생과 교사의 관계는 상보적 관계로 전환됩니다. 상보적 교수법은 레프 비고츠키의 연구가 얼마나 중요한지를 보여주는 한 가지 예시일 뿐입니다. 발달심리학과 교육심리학에서 그의 공헌과 아이디어는 획기적이었고, 그의 영향력은 지금도 계속 커지고 있습니다.

칼 로저스

Carl RanSom Rogers, 1902-1987

#자아실현
#이상적자아
#긍정적존중

사람들이 스스로 일어서도록 도와주기

> "좋은 삶은 존재의 상태가 아니라 과정이다.
> 목적지가 아닌 방향이다."
>
> ─칼 로저스

칼 로저스는 1902년 1월 8일에 미국 일리노이주 오크파크에서 태어났습니다. 그의 집안은 엄격한 개신교 가문이었죠. 10대에 가족과 함께 일리노이주 글렌엘렌으로 이사했고, 그곳에서 농업에 관심을 가졌습니다. 1919년, 위스콘신대학교에 입학해 농업을 전공하기로 했고, 나중에 역사학으로 전공을 바꿨다가 다시 종교학으로 넘어갔습니다.

인본주의 심리학자 칼 로저스

로저스는 위스콘신대학교 3학년 때 다른 학생 10명과 함께 6개월 동안 중국에서 열린 국제기독교청년협의회에 참가했습니다. 이 여행에서 그는 자신이 선택한 진로에 의문을 품기 시작했습니다. 1924년에 대학을 졸업한 후 유니언신학대학교에 입학했지만, 1926년에 컬럼비아대학교 교육대학으로 편입했습니다. 이 학교에 다니던 중 처음으로 심리학 수업을 접했지요.

로저스는 심리학 박사 학위를 취득한 후 오하이오주립대학교와 시카고대학교, 위스콘신대학교에서 강의를 했습니다. 위스콘신대학교에서 강의하는 동안 내담자 중심 치료법 Client-Centered Therapy을 개발했는데, 이는 심리학 분야에 크게 기여한 이론 중 하나입니다. 로저스는 궁극적으로 내담자(환자)가 자신의 행복을 책임진다고 믿었습니다. 그리고 치료자의 역할을 단순한 기술자에서 내담자를 행복으로 인도하는 사람으로 바꿔놓았습니다. 치료자는 공감, 일치성, 긍정적 존중을 구현해야 했지요. 이 외에도 로저스는 '자아 이론'을 만들어 내담자가 자기 자신을 어떻게 바라보는지, 치료를 통해 자신에 대한 시각이 어떻게 달라질 수 있는지를 설명했습니다.

오늘날 칼 로저스의 연구를 '인본주의 심리학'이라고 합니다. 그는 심리학이 진단보다는 개인이 스스로 일어설 방법에 초점을 맞추는 방향으로 작동해야 한다고 생각했습니다. 그가 말하는 '온전히 기능하는 사람'이 되는 것을 궁극적인 목표로 삼았죠. 칼 로저스는 1987년 2월 4일에 생을 마감했습니다.

자아실현

칼 로저스는 행동주의(행동이 조건형성의 결과라고 주장함)와 정신분석학(무의식과 생물학적 요인에 초점을 맞춤)의 주장을 모두 거부했습니다. 대신 개인은 상황을 인식하는 방식에 따라 행동하고, 상황을 어떻게 인식하는지는 오직 자신만이 알 수 있다는 이론을 세웠습니다.

로저스는 사람들이 한 가지의 기본 동기, 곧 자아실현*의 성향을 가진다고 믿었습니다.

심리학 용어 정리

* **자아실현**
개인이 자신의 잠재력을 실현하고 온전히 기능하면서 가장 높은 수준의 '인간다움'에 도달하는 상태입니다.

자아실현의 가장 기본적인 형태는 꽃에 비유할 수 있습니다. 꽃은 주변 환경의 제약을 받고 적절한 조건이 갖춰져야만 활짝 피어납니다.

물론 인간은 꽃보다 훨씬 복잡한 존재이기에 각자의 성격에 따라 발전합니다. 칼 로저스는 사람을 본래 선하고 창의적인 존재로 전제했습니다. 사람은 외부의 제약이나 잘못된 자아 개념이 가치 평가 과정을 지배할 때만 파괴적으로 변한다고 보았죠. 로저스에 따르면, 자존감이 높고 이상적 자아*에 가까운 사람은 삶의 난관에 직면하고, 불행과 실패를 받아들이고, 스스로 자신감과 긍정적 감정을 느끼며, 다른 사람들에게 열려 있습니다. 사람이 높은 자존감과 자아실현을 성취하려면 조화로운 상태여야 한다고 보았습니다.

> **심리학 용어 정리**
>
> * **이상적 자아**
> 이상적 자아는 스스로 되고 싶은 자신의 모습입니다. 여기에는 목표와 야망이 포함되고, 이상적 자아는 항상 변화합니다.

일치성

개인의 이상적 자아가 실제 경험과 비슷하거나 일치한다면, 그 사람은 일치성이 있는 상태입니다. 이상적 자아와 실제 경험이 다를 때는 불일치한 상태라고 합니다.

완벽히 일치하는 상태를 경험하는 경우는 지극히 드물지만, 자아상(자기를 보는 방식)이 자신이 추구하는 이상적 자아에 가까워질수록 자존감이 높아지고 일치성을 얻게 됩니다. 누구나 이상적 자아와 일치하는 방식으로 자신을 바라보고 싶어 하므로, 억압이나 부정 같은 방어기제를 동원해 원치 않는 감정의 위협을 덜 느끼려고 합니다.

로저스는 삶에서 타인의 중요성도 강조했습니다. 그는 모든 사람에게는 존중받고 사랑받고자 하는 욕구가 있으므로, 타인으로부터 긍정적 평가를 받는다는 느낌을 경험할 필요가 있다고 믿었습니다. 로저스는 긍정적 존중의 개념을 두 유형으로 나누었습니다.

○ 그림 2-2. 불일치의 시각화

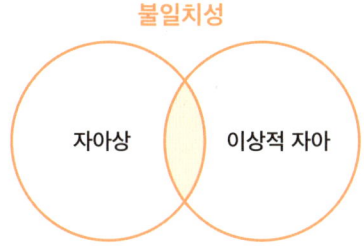

자아상이 이상적인 자아와 다릅니다.
두 자아상 사이에 겹치는 부분이 작습니다.
이 사람은 자아실현을 하기 어려울 것입니다.

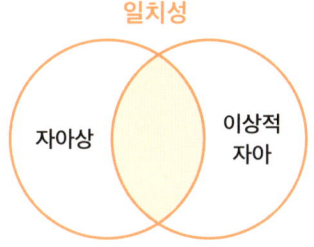

자아상이 이상적 자아와 비슷합니다.
두 자아상 사이에 겹치는 부분이 큽니다.
이 사람은 자아실현을 할 수 있습니다.

1. **무조건적인 긍정적 존중:** 부모나 주변의 중요한 존재나 치료자에게 있는 그대로의 모습으로 사랑받고 존중받는 상태입니다. 이 상태는 실수를 저질러 결과가 좋지 않더라도, 새로운 일을 시도하고 또 다른 실수를 하는 데 두려움을 가지지 않게 합니다. 자아실현을 할 수 있는 사람은 대개 무조건적인 긍정적 존중을 받습니다.

2. **조건적인 긍정적 존중**: 있는 그대로의 모습이 아니라 남들이 옳다고 믿는 방식으로 행동한 덕분에 사랑받고 존중받는 상태입니다. 예를 들어 아이가 부모가 원하는 대로 행동해서 부모의 인정을 받는 경우가 여기에 해당합니다. 항상 다른 사람의 인정을 갈구하는 사람은 어렸을 때 조건적인 긍정적 존중을 받았을 가능성이 큽니다.

버러스 프레더릭 스키너

Burrhus Frederic Skinner, 1904-1990

#스키너상자
#조건형성
#강화계획

결과의 중요성

> "실패는 항상 실수가 아니며,
> 단순히 그 상황에서 할 수 있는 최선일 수 있다.
> 진짜 실수는 노력을 멈추는 것이다."
> ―버러스 프레더릭 스키너

버러스 프레더릭 스키너는 1904년 3월 20일에 미국 펜실베이니아주 서스케핸나에서 태어났습니다. 변호사인 아버지와 가정주부인 어머니 밑에서 따스하고 안정된 유년기를 보냈습니다. 특히 창의력과 독창성을 기르는 데 많은 시간을 보냈지요. 그 시간은 이후 학자로 활동하는 데 큰 도움이 되었습니다. 1926년에 해밀턴

행동주의 심리학자 스키너

대학교를 졸업한 스키너는 처음에는 작가가 되려고 했습니다. 하지만 뉴욕에서 서점 직원으로 일할 때 존 왓슨과 이반 파블로프의 연구를 접했고, 이에 매료된 나머지 소설가의 길을 접고 심리학자가 되기로 마음먹었습니다.

스키너는 24살이 되던 해에 하버드대학교 심리학과에 입학해 생리학과의 학과장이던 윌리엄 크로지어William Crozier에게 학문을 배웠습니다. 크로지어는 심리학자가 아니었지만 동물의 행동을 '전체적으로' 연구하는 접근법에 관심이 많았고, 이 방식은 당시 심리학자나 생리학자의 연구법과는 달랐습니다. 크로지어(그리고 이후 스키너)는 동물의 내면에서 일어나는 모든 과정을 알아내려 하기보다는 동물의 전반적인 행동에 더 관심이 많았습니다. 크로지어의 이론은 스키너의 연구 방향과 완벽하게 맞아떨어졌습니다. 스키너는 행동이 실험 조건들과 어떻게 연관되는지 알아보는 데 관심이 있었기 때문이죠. 실제로 스키너의 가장 대표적인 연구인 조작적 조건형성Operant Conditioning 개념과 조작적 조건형성 상자, 이른바 '스키너 상자'는 하버드대학교 시절에 나왔습니다. 스키너가 하버드대학교에서 실시한 연구는 오늘날에도 행동주의 학파에서 가장 중요한 연구로 여겨집니다. 스키너가 1990년에 86세의 일기로 세상을 떠날 때까지 오랫동안 모교 학생들에게 직접 강의한 연구이기도 합니다.

> **더 읽어보기**
> ### 스키너의 수상 이력
> 스키너의 연구는 심리학계에 지대한 영향을 미쳤고, 그의 업적은 널리 알려졌습니다. 그는 다음과 같이 훌륭한 공로를 인정받기도 했습니다.

- 린든 존슨 대통령에게 국가 과학 훈장을 받음(1968).
- 미국심리학재단에서 금메달을 받음(1971).
- 미국인도주의협회에서 올해의 인물상을 받음(1972).
- 심리학에 공헌한 공로로 평생 공로상을 받음(1990).

조작적 조건형성과 스키너 상자

스키너의 가장 중요한 연구 업적은 조작적 조건형성 개념입니다. 조작적 조건형성이란 어떤 행동과 관련된 보상과 처벌로 그 행동을 학습하는 과정을 말합니다. 조작적 조건형성은 네 가지 유형으로 나눌 수 있습니다.

1. **긍정적 강화**: 어떤 행동을 하면 긍정적 조건이 생겨 그 행동이 강화되고 반복될 확률이 높아집니다.
2. **부정적 강화**: 어떤 행동을 하면 부정적 조건을 피하거나 멈출 수 있어 그 행동이 강화되는 경우입니다.
3. **처벌**: 어떤 행동을 하면 부정적 조건이 나와 그 행동을 반복할 가능성이 줄어드는 경우입니다.
4. **소멸**: 어떤 행동을 해도 긍정적 조건이나 부정적 조건이 나오지 않아 그 행동이 약해지는 경우입니다.

긍정적 강화나 부정적 강화는 어떤 행동을 강화해 그 행동이 나타날 가능성을 높이는 반면에, 처벌이나 소멸은 행동을 약하게 만듭니다.

스키너는 조작적 조건형성이 어떻게 작동하는지 확인하는 간단한 실험을 고안했는데, 오늘날 '스키너 상자'로 알려진 조작적 조건형성 상자를 활용했습니다.

○ 그림 2-3. 스키너 상자

❶ 실험을 진행하기 위해 먼저 굶주린 쥐를 상자에 넣습니다. 상자 속 쥐가 레버를 누를 때마다 먹이가 한 알씩 나옵니다. 쥐는 곧 레버를 누르면 먹이(긍정적 조건)가 나오는 것을 학습합니다. '긍정적 강화'는 이 행동을 반복하게 합니다.

❷ 다음으로 쥐를 상자에 넣고 쥐의 발에 약한 전기 충격(부정적 조건)을 가합니다. 쥐가 레버를 누르면 충격이 멈춥니다.

쥐의 발에 다시 한번 약한 전기 충격을 가하다가 쥐가 레버를 누르면 전기 충격이 멈춥니다. 이 과정을 반복하고 나면, 쥐는 전기 충격을 멈추려면 레버를 눌러야 한다는 것을 학습합니다. 여기서는 쥐가 부정적 조건을 멈추기 위해 행동을 학습하니 '부정적 강화'가 일어나는 셈입니다.

❸ 쥐를 상자에 넣고 쥐가 레버를 누를 때마다 쥐의 발에 약간의 전기 충격(부정적 조건)을 가합니다. 그러면 부정적 조건 때문에 레버를 누르는 행동이 약해지는데, 이것은 '처벌'의 예시입니다.

❹ 이제 쥐를 상자에 넣고 쥐가 레버를 누를 때마다 먹이도 전기 충격도 주지 않습니다. 그러면 쥐는 레버를 누르는 행동을 긍정적 조건이나 부정적 조건과 연결하지 않으니 이 행동은 약해질 것입니다. 이것은 '소멸'의 예시입니다.

> **더 읽어보기**
>
> ## 스키너 상자가 남긴 불행한 유산
>
> 1943년에 스키너의 임신한 아내가 안전한 아기 침대를 만들어달라고 부탁했습니다. 발명을 좋아하는 스키너는 플렉시글라스 창으로 안이 완전히 따뜻해지는 유아용 침대를 만들고 '베이비 텐더'라는 이름을 붙였지요. 그는 『레이디스 홈 저널』에 기사를 보냈고, 이 기사는 「상자 속의 아기」라는 제목으로 실렸는데요. 이후 스키너의 조작적 조건형성 연구의 성과가 알려지면서 스키너가 딸에게 직접 조작적 조건형성 실험을

> 실시했고, 결국 딸이 미쳐서 자살을 시도했다는 소문이 돌았습니다. 그러나 소문은 완전한 가짜 뉴스였습니다.

강화 계획

조작적 조건형성에서 또 하나의 중요한 요소는 '강화 계획'이라는 개념입니다. 어떤 행동이 강화되는 빈도와 시기는 그 행동의 강도와 반응 속도에 크게 영향을 미칠 수 있습니다. 조작적 조건형성의 목표는 어떤 행동을 강화해 그 행동의 반복 가능성을 높이는 데 있고, 여기서 긍정적 강화와 부정적 강화를 사용할 수 있습니다. 강화 계획은 두 가지 유형으로 나눌 수 있습니다.

1. **지속적 강화**: 행동을 할 때마다 그 행동이 강화됩니다.
2. **부분 강화**: 행동이 부분적으로 강화됩니다.

흥미롭게도 부분 강화로 나타나는 반응은 시간을 두고 서서히 학습되기 때문에 소멸에 대한 저항력이 더 강합니다. 부분 강화는 다시 네 가지 강화 계획으로 나눌 수 있습니다.

1. **고정 비율 강화 계획**: 정해진 횟수만큼 반응이 나올 때 그 반응이 강화됩니다. 예를 들어, 쥐는 레버를 세 번 누른 뒤에만 먹

이를 얻을 수 있습니다.

2. **변동 비율 강화 계획**: 예측할 수 없는 횟수만큼 반응이 나오면 그 반응이 강화됩니다. 먹이가 정해진 일정에서 벗어나 무작위로 나오므로 쥐가 레버를 여러 번 눌러도 소용없습니다.

3. **고정 간격 강화 계획**: 정해진 시간이 지나서야 반응에 보상을 제공합니다. 쥐가 30초 안에 레버를 누르면 먹이 한 알이 주어집니다. 그 시간에는 먹이가 한 알만 주어지므로 쥐가 레버를 몇 번 누르든 상관없습니다.

4. **변동 간격 강화 계획**: 예측할 수 없는 시간이 지나야 반응이 강화됩니다. 쥐에게 5초, 15초, 45초마다 먹이가 보상으로 주어지는 방식입니다.

네 가지 강화 계획은 일상생활에서도 쉽게 접할 수 있습니다. 비디오게임(플레이어가 보상을 받으려고 일정한 수의 포인트나 코인을 모으는 게임)은 고정 비율 강화의 예이고, 슬롯머신은 변동 비율 강화의 예입니다. 매주 또는 격주로 급여를 받는 것은 고정 간격 강화의 예이며, 상사가 불시에 사무실에 들어와 직원의 업무 진행 상황을 확인하는 것은 변동 간격 강화의 예입니다. 새로운 행동을 학습할 때는 고정 비율 강화가 가장 좋고, 변동 간격 강화는 소멸에 대한 저항력이 상당히 강합니다.

시간이 흐르면서 행동주의 심리학은 점점 인기를 잃어갔습니다. 하지만 오늘날 스키너의 영향력은 부정할 수 없습니다. 그의 조작적 조건형성 기법은 여전히 정신 건강 전문가들이 환자를 치료하는 데 중요하게 활용되고, 그의 강화와 처벌 개념은 교육 현장과 개 훈련에 사용되고 있습니다.

존 보울비

John Bowlby, 1907-1990

#애착
#모성박탈
#유대감

모성애 이론의 아버지

> "인생은 안정된 기반 위에서 일련의 대담한 모험으로 채워지는 것이 가장 좋다."
> —존 보울비

존 보울비는 1907년 2월 26일에 영국 런던의 중상류층 가정에서 태어났습니다. 아버지 앤서니 알프레드 보울비 경은 남작이었고, 국왕의 의료진으로 일했습니다. 보울비는 그가 속한 사회 계층의 관습에 따라 매일 한 시간씩만 어머니를 만났습니다. 당시에는 아이에게 애정과 보살핌을 베풀면 버릇이 나빠진다고 믿었기 때문이죠. 6남매 중 하나인 보울비는 유모와 매우 가까웠습니다. 그런데 네 살 때 유모가 떠나자 보울비는 깊은 슬픔에 빠졌습니다. 마치 어머니를 잃은 것 같은 심정이었죠.

정신의학자 존 보울비

보울비가 일곱 살이 되자 가족은 그를 기숙학교에 보냈습니다.

이 사건은 그의 성장 과정에 큰 트라우마로 남았습니다. 이때의 경험은 그에게 강렬하고 지속적인 영향을 미쳤고, 그가 심리학 연구에 매진하도록 이끌었습니다. 그는 아동 발달에 영향을 미치는 요인을 중심으로 심리학을 연구했습니다.

보울비는 케임브리지대학교 트리니티칼리지에서 심리학을 전공했고, 졸업 후에는 지적장애아나 부적응아를 치료하기 시작했습니다. 22살이 되던 해에는 런던의 유니버시티칼리지 병원에 들어가 의학을 전공하기 시작했지요. 의대에 다니면서 정신분석연구소에도 가입했고, 1937년에는 모슬리 병원에서 정신분석가로 일했습니다.

제2차세계대전이 발발하자 보울비는 왕립육군의무단 소속으로 참전했습니다. 1938년에는 어슐러 롱스태프와 결혼해 네 자녀를 낳았고, 전쟁이 끝난 뒤에는 런던에 있는 타비스톡 병원의 부원장이 되었습니다. 1950년대에는 세계보건기구의 정신 건강 자문역으로 잠시 활동하면서 애착 이론을 비롯해 그의 영향력 있는 연구를 고안했습니다.

오늘날 보울비는 폭넓은 아동 발달 연구로 잘 알려져 있습니다. 특히 자신의 경험을 바탕으로 양육자와의 분리가 아동 발달에 미치는 영향, 양육자와의 분리가 성장기 청소년에게 주는 의미를 실질적으로 연구하는 데 몰두했습니다. 존 보울비는 1990년 9월 2일, 83세의 나이로 세상을 떠났습니다.

보울비의 애착 이론

존 보울비는 애착 이론을 처음 내놓은 연구자이자, 생애 초기의 애착이 우리 삶에 어떻게 중요한 영향을 미치는지 고찰했던 심리학자입니다. 애착은 두 사람 사이의 심리적 유대를 의미합니다. 애착은 아이가 엄마와 가까이 지내게 하는 심리적 힘으로 아이의 생존 기회를 높여줍니다. 보울비는 아이들이 생존을 위해 애착을 형성하도록 타고났다고 믿었습니다. 나아가 생애 초기에 형성되는 유대감은 아이와 양육자 사이의 유대감이고, 이런 유대감은 이후 아이의 삶에 지속적으로 영향을 미칠 수 있다고 보았지요.

○ 그림 2-4. 심리적 유대를 표현한 그림

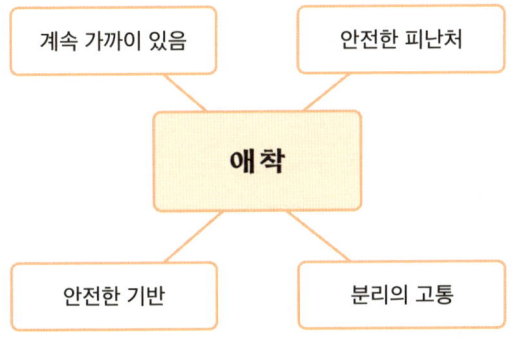

존 보울비는 애착 이론에서 아이는 엄마가 곁에 있고 반응을 보여줄 때만 주변을 탐색할 만큼의 안정감을 느낀다고 주장했습

니다.

보울비가 말하는 애착에는 네 가지 특징이 있습니다.

1. **안전한 피난처**: 아이가 겁을 먹거나 위험하다고 느끼면 양육자가 아이를 위로하고 지지하며 달래줍니다.
2. **안전한 기반**: 양육자는 아이가 스스로 배우고, 세상을 탐색하고, 상황을 정리할 수 있도록 안전한 기반을 제공합니다.
3. **항상 가까이 있음**: 아이는 세상을 탐험할 수 있어도 안전을 위해 양육자와 가까이 있으려고 합니다.
4. **분리의 고통**: 아이는 양육자와 분리되면 화가 나고 불행하고 스트레스를 받습니다.

아기에게는 주로 엄마와의 애착이 형성되는데, 생후 1년 안에 발생합니다(이것을 단일 애착이라고 합니다). 이 유형의 애착이 형성되지 못하거나 깨지면 아이에게 심각한 영향을 미쳐 애정 결핍성 정신 질환으로 이어질 수도 있습니다. 아이가 세 살이 될 때까지 애착을 형성하지 못하면 이후에도 애착을 형성하지 못합니다.

1. 긍정적인 사회적·지적·정서적 발달을 위해서는 양육자와의 애착이 안정적이어야 합니다.
2. 애착이 한번 형성되었다가 깨지면 아이의 사회적·지적·정서적 발달에 심각한 영향을 미칠 수 있습니다.

3. 아이가 양육자와 같이 있어야 하는 중요한 시기는 생후 6~24개월입니다.

보울비의 44가지 절도에 관한 연구

보울비는 생애 첫 5년 동안 엄마와 아이의 관계가 아이의 사회화에 얼마나 중요한지 알아보기 위해, 비행 청소년 44명을 대상으로 실험을 진행했습니다. 보울비는 청소년 비행, 반사회적 행동, 정서적 문제가 중요한 애착의 붕괴와 직접적인 관련이 있다고 보았습니다. 그래서 실제로 '모성 박탈'*이 청소년 비행과 관련 있는지 알아보기로 했습니다.

> **심리학 용어 정리**
>
> ***모성 박탈**
> 생애 첫 5년 동안 아이가 엄마와 분리되어 나타나는 발달 장애를 의미합니다. 모성 박탈이 초래하는 장기적인 결과로는 지능 저하, 우울증, 고조된 공격성, 비행, 애정 결핍성 정신 질환(양심의 가책 부족, 정서적 관계 형성 불능, 충동 조절 능력 부족, 만성 분노)이 있습니다.

먼저 보울비는 절도죄를 저질러 아동 선도 병원에 배치된 비행 청소년 44명을 대상으로 면담을 진행했습니다. 그는 이 병원에 입원한 다른 청소년 44명을 통제 집단으로 설정했는데, 이 청소년들은 정서적으로 불안정하다고 진단받았지만 절도를 저지른 적은 없었습니다. 다음으로 비행 청소년 집단과 통제 집단의 부모들을 면담해 아이들이 생후 5년 동안 부모와 분리되는 경험을 했는지, 그랬다면 분리 기간이 얼마나 되는지 알아보았습니다.

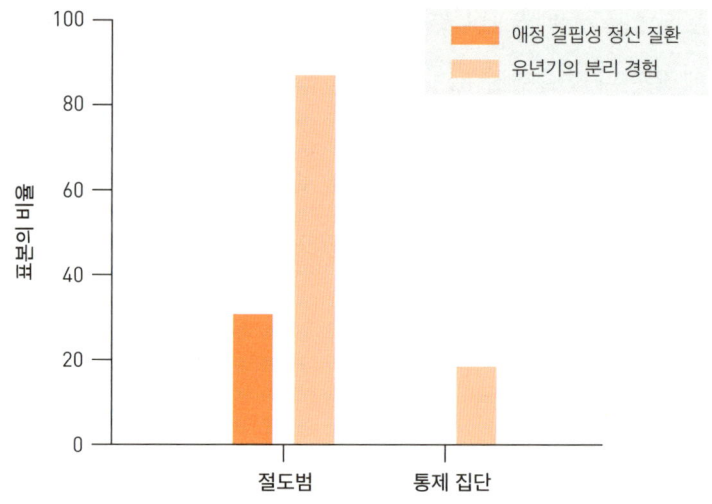

○ 그림 2-5. 비행 청소년과 모성 박탈

보울비는 이 연구에서 비행 청소년 집단의 절반 이상이 생애 첫 5년 중 6개월 이상 엄마와 분리되어 지냈다는 결과를 얻었습니다. 통제 집단에서 유사한 분리 경험을 한 청소년은 단 두 명뿐이었죠. 통제 집단에서는 애정 결핍성 정신 질환을 보이는 청소년이 한 명도 없는 반면에, 비행 청소년 절도범은 전체의 32%가 애정 결핍성 정신 질환을 보였습니다. 보울비는 이 연구를 통해 청소년 범죄 행동과 유년기의 모성 박탈 사이에 상관관계가 있다는 결론에 이르렀습니다.

물론 보울비의 연구 결과에 이의를 제기할 수 있습니다. 사실 이 실험은 부정확할 수도 있는 면담과 기억에 의존했을 뿐 아니라, 실험의 설계와 진행, 애정 결핍성 정신 질환의 진단도 보울비가 직접 했기 때문에 연구자의 편견이 개입되었을 수도 있다는 것이죠.

존 보울비는 자신의 인생 경험을 바탕으로 심리학 안에서 완전히 새로운 분야를 개척했고, 그의 연구는 교육, 양육, 보육 분야에 여전히 영향을 주고 있습니다.

해리 할로우

Harry Frederick Harlow, 1905-1981

#원숭이실험
#애착
#입양

원숭이들만의 이야기가 아니다

> "가장 위대한 형태의 지성은 책에서 발견되는 것이 아니라, 조건 없이 사랑하는 사람들의 마음에서 발견된다."
>
> —해리 할로우

해리 할로우(본명 해리 이스라엘)는 1905년 10월 31일에 미국 아이오와주 페어필드에서 태어났습니다. 그는 원래 오리건주의 리드대학에 다녔지만, 영어를 전공하고 싶어 스탠퍼드대학교로 편입했습니다. 1930년에 해리 할로우라는 이름으로 스탠퍼드대학교에서 심리학 학사와 박사 학위를 받았습니다.

미국의 심리학자 해리 할로우

졸업 후 할로우는 위스콘신-매디슨대학교에서 강의를 시작했습니다. 그 후 1년 만에 심리학영장류연구소를 설립했고, 1964년에 위스콘신 지역 영장류연구소와 합쳤습니다. 할로우는 이 연구소의 소장으로서 중요하지만 논란이 많았던 실험을 진행했습니다.

할로우의 연구는 사랑에 초점을 맞추었습니다. 사랑은 엄마의 수유에서 시작해 다른 가족 구성원에게로 뻗어나간다는, 당시 유행하던 애착 이론에 의문을 제기했지요.

1957년, 할로우는 사랑의 효과를 보여주기 위해 붉은털원숭이를 대상으로 유명한 (그리고 악명 높은) 연구를 시작했습니다. 이 연구는 이후 심리학계에 지대한 영향을 미쳤을 뿐 아니라 고아원과 사회봉사 단체, 입양 기관, 보육 시설에서 아동을 돌보는 방식을 바꾸는 데 중요한 역할을 했습니다.

할로우는 사랑을 연구했지만, 정작 자신의 사랑 이야기는 다소 복잡했습니다. 그는 1932년에 (제자였던) 첫 번째 아내와 결혼했습니다. 두 사람은 슬하에 두 자녀를 두었으나 1946년에 이혼하고 말았습니다. 같은 해 할로우는 어느 아동심리학자와 결혼해 자녀 둘을 더 낳았지만, 두 번째 부인은 오랜 암 투병 끝에 1970년에 세상을 떠났습니다. 그리고 1971년, 할로우는 첫 번째 부인과 다시 합쳤습니다. 두 번째 부인이 세상을 떠난 후 할로우는 우울증과 알코올의존증에 시달리며 자녀들과도 멀어졌고, 결국 1981년 12월 6일에 생을 마감했습니다.

붉은털원숭이 실험

할로우는 엄마와 아이의 생애 초기 관계가 단순히 갈증을 해소하고, 음식을 얻고, 고통을 피하는 데 중점을 둔다는 개념에 동의하지 않았습니다.

그는 새끼 붉은털원숭이를 이용해 사랑을 설명하고 범주화하기 위한 실험을 고안했습니다. 새끼 붉은털원숭이는 사실 인간의 아기보다 성숙합니다. 게다가 인간의 아기처럼 다양한 감정을 표현할 수 있고 보살핌을 받아야 합니다.

할로우의 가장 유명한 실험은 새끼 붉은털원숭이에게 두 가지 '어미 원숭이' 중 하나를 고를 수 있는 선택권을 주는 것이었습니다. 태어난 지 몇 시간밖에 안 된 새끼를 어미와 떨어뜨려 곧바로 인공 어미 원숭이와 한 방에 넣었습니다. 한 '어미'는 부드럽고 복슬복슬한 천으로 만들어졌지만 새끼 원숭이에게 줄 먹이가 없었고, 다른 '어미'는 철사로 만들어졌지만 먹이가 든 젖병이 달려있었습니다.

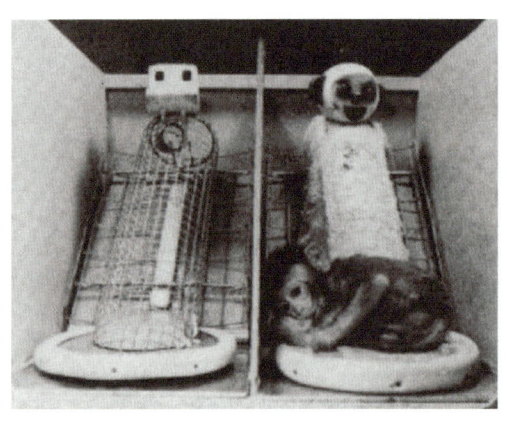

붉은털원숭이 실험

할로우의 관찰에 따르면, 새끼 원숭이들은 먹이를 충분히 섭취할 시간만큼만 철망 어미 원숭이와 함께 있고, 나머지 시간은 천 어미 원숭이에게 매달려 즐거운 시간을 보냈습니다. 이 결과는 원숭이들이 단순히 생리적 욕구에 따라 행동하는 것이 아니라는 사실을 보여주었습니다. 어미와 새끼 사이의 유대감을 수유로만 단순화할 수 없다는 것이죠.

다음으로, 할로우는 원숭이를 두 집단으로 나누어 한 집단은 천 어미 원숭이하고만 시간을 보내게 하고, 다른 집단은 철망 어미 원숭이하고만 시간을 보내게 했습니다. 두 집단 모두 같은 양의 젖을 먹고 같은 속도로 성장했지만 행동은 크게 달랐습니다. 할로우는 천 어미 원숭이와 같이 있던 새끼는 정서적 애착을 형성했지만, 철망 어미 원숭이와 같이 있던 새끼는 애착을 형성하지 못한 것이 행동 차이의 이유라고 설명했습니다.

천 어미 원숭이와 같이 있는 새끼에게 물건이나 소리로 겁을 주면 새끼는 어미 원숭이에게 달려가 매달려서 위안을 찾으려 했습니다. 그러나 철망 어미 원숭이와 같이 있는 새끼는 겁을 먹자 바닥에 주저앉아 몸을 앞뒤로 흔들고 잔뜩 웅크린 채로 비명을 질렀습니다. 할로우는 이런 행동이 자폐아의 행동과 닮았고 정신병원에 입원한 성인 환자들의 행동과도 유사하다고 보았습니다.

할로우는 더 비인간적인 방법으로 후속 실험을 진행했습니다. 새끼 붉은털원숭이를 생후 8개월 동안 완전히 격리시킨 것입니다. 다른 원숭이나 대리 어미 원숭이와의 접촉을 금했다는 뜻이죠. 이 실험으로 새끼들은 심각한 정서적 손상을 입었습니다. 할로우는 원숭이가 어미 없이 지낼 수 있는 기간을 다양하게 실험해보며, 나중에라도 모성 박탈을 회복할 수 있다고 결론 내렸습니다. 하지만 원숭이의 경우 90일 미만까지만, 인간의 경우 최대 6개월 미만까지만 가능하다고 보았습니다.

할로우의 연구가 미친 영향

해리 할로우의 연구는 큰 논란을 불러일으켰습니다. 오늘날에도 비인도적인 실험으로 간주되고 있지요. 하지만 이 실험은 자녀 양육과 보육, 입양 기관, 고아원, 사회복지에 큰 영향을 미친 연구이기도 했습니다.

할로우는 사랑이 정상적인 아동 발달에 필수적이고 사랑을 박탈하면 심각한 정서적 손상을 초래할 수 있다는 주장을 뒷받침하는, 반박할 수 없는 증거를 제시했습니다. 그의 연구는 학대받고 방치된 아동을 위한 치료법을 개발하는 데 중요한 역할을 했고, 아동의 정서적·정신적 건강을 위해서는 시설 보육보다 입양이 훨씬 나은 선택이라는 사실을 보여주었습니다.

솔로몬 애시
Solomon Eliot Asch, 1907-1996

#순응실험
#규범적영향
#정보적영향

사회적 영향의 힘

> "대부분의 사회적 행위는 그 배경에서 이해되어야 하며, 고립되면 의미를 잃게 된다."
> —솔로몬 애시

솔로몬 애시는 1907년 9월 14일에 폴란드 바르샤바의 유대인 집안에서 태어났습니다. 애시가 열세 살 때, 가족이 미국으로 건너가 맨해튼의 로어이스트사이드에서 살았습니다. 애시는 1928년에 뉴욕시립대학교에서 학사 학위를 받았습니다. 이후 컬럼비아대학교에 들어가 막스 베르트하이머에게 학문을 배우며 1930년에 석사 학위를, 1932년에 박사 학위를 받았지요. 그 후 스와스모어대학교에서 19년간 심리학 교수로 재직하면서 게슈탈트심리학자인 볼프강 쾰러Wolfgang Köhler와 함께 연구했습니다.

1950년대에 애시는 사회심리학 연구와 '애시의 순응 실험Asch

사회심리학자 솔로몬 애시

Conformity Experiment'으로 널리 학계의 주목을 받았습니다. 이 실험을 바탕으로 그는 사회적 영향에 관한 몇 가지 주요 이론을 정립했습니다.

애시는 1966년부터 1972년까지 럿거스대학교 인지연구소의 소장으로 지냈습니다. 1972년부터 1979년까지 펜실베이니아대학교 심리학 교수로 재직했고, 1979년에는 명예교수로 추대받았습니다. 1996년 2월 20일, 솔로몬 애시는 88세의 나이로 세상을 떠났습니다.

애시의 순응 실험

1951년, 애시는 사회에서 다수의 압박이 한 개인을 순응하게 만드는 기제를 알아보기 위해 실험 하나를 고안했습니다. 유명한 애시의 순응 실험은 간단히 재현할 수 있습니다.

❶ 6~8명을 연구에 참가시킵니다. 한 명을 제외하고 모두가 실험의 공모자지만, 그 한 명에게는 이 사실을 알리지 않습니다. 공모자는 실제 참가자처럼 보여야 합니다.

❷ 명확한 정답이 있는 간단한 시각적 질문 18개가 연속으로 나옵니다. 모든 참가자가 서로 지켜보는 가운데 각 질문에 답합니다.

❸ 참가자들을 일렬로 앉힙니다. 실제 참가자는 맨 마지막이나 마지막에서 두 번째 자리에 앉아야 합니다.

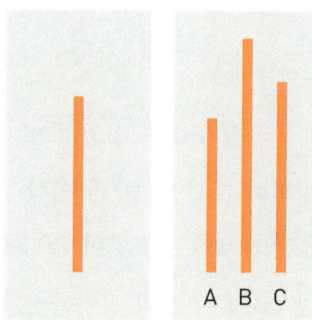

❹ 위 그림 중 왼쪽에 있는 선 하나가 그려진 카드를 참가자에게 보여줍니다. 다음으로 A, B, C라고 표시된 오른쪽 카드를 보여줍니다.

❺ 각 참가자에게 A, B, C 중 왼쪽 카드의 선과 가장 비슷한 선을 고르라고 합니다.

❻ 처음 두 사람은 정답을 말해야 실제 참가자가 마음을 놓을 수 있습니다.

❼ 세 번째 사람부터는 모든 공모자가 같은 오답을 말하기 시작합니다.

❽ 공모자들은 18개의 질문 중 12개에 대해 같은 오답을 말해야 합니다. 이때 12개의 질문이 '결정적 시도'입니다.

❾ 실험의 목표는 참가자가 오답인 줄 알면서도 남들처럼 오답을 말하는지 알아보는 것입니다.

실험 결과

애시의 실험 결과는 놀라웠습니다. 참가자의 75%는 18개의 질문 중 다수가 말하는 명백한 오답을 한 번 이상 말했습니다. 애시는 모든 시도를 종합해 참가자의 32%만이 정답을 맞혔다는 결론을 내렸습니다. 한편, 참가자들이 선의 길이를 정확히 이해했는지 확인하기 위해 참가자들에게 정답이라고 생각하는 선을 적으라고 했는데 98%가 정답을 골랐습니다. 집단이 주는 압박이 사라지자 정답의 비율이 올라간 것입니다.

애시는 모인 사람의 수가 순응에 미치는 영향도 알아보았습니다. 실제 참가자와 다른 한 명만 있으면 참가자는 답변에 거의 영향을 받지 않았습니다. 두 명이 있으면 약간 영향을 받았습니다. 세 명 이상이 같이 있으면 훨씬 더 유의미한 결과가 나왔습니다.

선의 길이가 거의 비슷해져 문제가 어려워지면 순응하는 비율이 높아진다는 사실도 발견했습니다. 과제가 어려울수록 순응할 가능성이 커지는 것이죠. 사람들이 확신이 없을 때 남들을 통해 확인할 가능성이 크다는 점을 보여주는 결과입니다.

또한, 애시는 공모자 중 한 명만 정답을 말하고 나머지 모두가 오답을 말하면 순응하는 비율이 급격히 떨어진다는 사실도 발견했습니다(실제 참가자의 5~10%만 순응한 것입니다). 사회적 지지가 순응에 맞서는 데 중요한 역할을 한다는 것도 알 수 있습니다.

순응에 대한 생각

실험이 끝나고 실제 참가자에게 왜 다수의 말을 따라 대답했는지 물었습니다. 참가자의 대부분은 오답인 줄 알면서도 조롱당할까 봐 그랬다고 털어놓았습니다. 어떤 참가자들은 실제로 다수의 말이 진실이라고 믿어서 그랬다고 답했습니다.

애시의 실험은 순응에 관해 무엇을 보여줄까요? 순응의 주된 이유에는 두 가지가 있습니다. 첫 번째는 사람들이 집단에 적응하고 싶어 하기 때문입니다(규범적 영향). 두 번째는 본인보다 집단이 더 많은 정보를 알거나 더 잘 이해할 것이라고 기대하기 때문입니다(정보적 영향). 두 영향 모두 집단 내 개인에게 강력한 영향을 미칠 수 있습니다. 많은 심리학자가 집단의 역학 관계가 개인의 지각에 영향을 미칠 수 있는지 의심했지만, 애시의 유명한 실험을 통해 외부의 압력에 따라 우리의 지각이 얼마나 크게 달라질 수 있는지 밝혀졌습니다.

메리 애인스워스와 낯선 상황
Mary Ainsworth and Strange Situations

#안정
#불안회피
#불안정

애착에 대한 다른 접근법

> "사랑과 증오 속에서 우리는 우리가 품고 있는 것과 마찬가지로 성장한다. 우리가 혐오하는 것을 우리 영혼에 접목시키는 것이다."
>
> —메리 애인스워스

앞서 살펴본 심리학자 존 보울비는 애착은 아이에게 전부 아니면 전무라고 주장했습니다. 하지만 심리학자 메리 애인스워스는 애착의 질은 개인마다 현격한 차이가 있다고 보았고, 애착이라는 주제에 기존과 다른 방식으로 접근했습니다.

아동 발달심리학자 메리 애인스워스

1~2세 유아는 애착을 표현하는 능력이 성인과 같지 않습니다. 애인스워스는 애착의 개인차를 이해하기 위해 낯선 상황 분류법(SSC)이라는 평가 기법을 개발했습니다.

낯선 상황 절차

애인스워스는 중산층 가정 약 100가구를 대상으로 연구를 진행했습니다. 대상 가정의 모든 아이는 생후 12~18개월의 영아였습니다. 애인스워스는 아이의 행동을 관찰할 수 있도록 한쪽에서만 보이는 유리창이 설치된 작은 방을 준비했습니다. 그런 다음 각 3분 길이의 일곱 가지 실험 또는 '에피소드'를 진행했습니다. 각 에피소드는 특정 행동의 크기를 강조하도록 만들어졌습니다. 실험자는 15초마다 관찰 결과를 기록했고, 행동의 강도는 1에서 7까지의 척도로 판단했습니다.

애인스워스의 실험

❶ 실험의 첫 단계에서는 엄마와 아기 둘만 방에 들어가 아기가 새로운 환경에 익숙해지게 합니다.
❷ 아기가 새로운 환경에 적응하면 낯선 사람이 방에 들어와 엄마, 아기와 함께 머뭅니다.
❸ 엄마가 낯선 사람과 아기 둘만 두고 방에서 나갑니다.
❹ 엄마가 다시 방에 들어오고 낯선 사람이 나갑니다.
❺ 다음으로 엄마도 방에서 나가고 아기를 혼자 둡니다.
❻ 그다음 낯선 사람이 다시 방으로 들어옵니다.
❼ 이어서 엄마가 다시 방으로 돌아오고 낯선 사람이 나갑니다.

낯선 상황 실험

　애인스워스는 관찰된 네 유형의 행동 강도를 기록했습니다. 이들 행동 유형에는 분리 불안(엄마가 떠날 때 아기가 느끼는 불안감), 탐색에 대한 열망, 낯선 사람 불안(낯선 사람이 있을 때 아기가 반응하는 방식), 재결합 행동(엄마가 돌아올 때 아기가 행동하는 방식)이 포함되었습니다. 이 실험에서 애인스워스는 아기의 애착 양식을 안정 애착, 회피 애착, 저항 애착의 세 유형으로 구분했습니다.

안정 애착 유형

안정적으로 애착이 형성된 아기는 엄마 또는 애착 대상이 자신의 욕구를 충족시켜줄 수 있다고 믿습니다. 아기는 문제가 있거나 괴로울 때 애착 대상을 찾고, 이를 안전한 기반으로 삼아 마음 놓고 환경을 탐색할 수 있습니다. 애인스워스는 연구에 참여한 아이들이 대체로 안정 애착을 형성하고 있다는 점을 발견했습니다. 안정적으로 애착이 형성된 아기는 화가 나도 애착 대상이 쉽게 달래줄 수 있습니다. 애착 대상이 아기의 신호를 알아채고 아기의 요구에 적절히 반응해주면, 아기는 애착 대상에게 안정 애착을 형성합니다. 애인스워스는 유아의 70%가 안정 애착을 형성하고 다음과 같은 공통된 행동을 한다는 사실을 발견했습니다.

1. 분리 불안의 측면에서, 아기는 엄마가 방에서 나가면 힘들어했습니다.
2. 환경을 탐색하는 측면에서, 아기는 엄마를 안전한 기반으로 삼았습니다.
3. 낯선 사람 불안의 측면에서, 아기는 엄마가 방에 있을 때는 낯선 사람에게 친근감을 보였습니다. 그러나 엄마가 방에 없으면 낯선 사람을 피했습니다.
4. 재결합 행동 측면에서, 엄마가 방으로 돌아오자 아기는 더 행복하고 긍정적인 상태가 되었습니다.

불안 회피 애착 유형

불안 회피 애착 유형인 아기는 더 독립적이고, 주변 환경을 탐색할 때 애착 대상에 의존하지 않습니다. 아기는 신체적인 면만이 아니라 정서적인 면에서도 독립적이고, 스트레스를 받아도 애착 대상에게 도움을 구하지 않습니다. 애착 대상은 무감각하고 아기가 어려운 과제에 직면했을 때 도와주려 하지 않습니다. 또 아기의 요구를 거부하고, 아기가 정서적으로 고통스러워할 때 옆에 있어주지 않습니다. 애인스워스는 유아의 15%가 불안 회피 행동을 보인다는 사실을 알아냈습니다.

1. 분리 불안의 측면에서, 아기는 엄마가 방에서 나갈 때 고통스러운 모습을 보이지 않았습니다.
2. 낯선 사람 불안의 측면에서, 아기는 낯선 사람이 방에 있어도 아무렇지 않았고 원래대로 행동했습니다.
3. 재결합 행동의 측면에서, 엄마가 방으로 다시 들어와도 아기는 거의 관심을 보이지 않았습니다.
4. 애인스워스의 실험에서는 엄마와 낯선 사람이 똑같이 아기를 달래줄 수 있었습니다.

불안정 저항 애착 유형

불안정 저항 애착은 아기가 애착 대상에게 머뭇거리거나 양가적 반응을 보이는 경우입니다. 불안정 저항의 징후를 보이는 아기는 애착 대상이 교감하고 소통하려고 하면 거부합니다. 그러면서도 다른 때는 오히려 애착 대상에게 매달리고 의존하려 합니다. 이 애착 유형의 아기는 애착 대상에게서 안정감을 얻지 못합니다. 그래서 애착 대상으로부터 멀어져 주변 환경을 탐색하기도 어렵지요. 불안정 저항 애착 유형의 아기는 화가 나거나 괴로울 때 애착 대상과의 접촉으로 위로받지 못하고 진정되기 어렵습니다. 애인스워스는 유아의 15%가 불안정 저항을 보인다는 사실을 발견했습니다.

1. 분리 불안의 측면에서, 엄마가 방에서 나가면 아기는 극심한 스트레스를 받았습니다.
2. 낯선 사람 불안의 측면에서, 아기는 낯선 사람을 두려워하고 피합니다.
3. 재결합 행동의 측면에서, 엄마가 다시 방에 들어오면 아기는 엄마에게 다가가기는 해도 접촉하지 않았습니다. 때로는 엄마를 밀어내기도 했습니다.
4. 애인스워스는 불안정 저항형인 아기는 안정 애착이나 불안 회피 애착 유형의 아기보다 환경을 덜 탐색하고 울음을 더

자주 터뜨린다는 점을 발견했습니다.

  이후 애인스워스의 낯선 상황 연구를 반복 검증한 연구에서 애인스워스의 실험과 일치하는 일관된 결과가 나왔고, 이 실험은 애착을 측정하는 방법론으로 인정받았습니다. 그러나 애인스워스의 연구는 엄마와 아기의 관계에 국한된 애착만 측정한 결과라는 비판을 받았습니다. 아이가 아버지, 할머니, 할아버지 등 다른 양육자와는 완전히 다른 애착 유형을 보일 수 있기 때문이죠. 또 여러 연구에 따르면, 실제로 아이들은 상황에 따라 각기 다른 애착 행동을 보일 수도 있습니다.

앨버트 엘리스
Albert Ellis, 1913-2007

#ABC모형
#인지행동치료
#분쟁

새로운 유형의 심리 치료 창시자

> "현실은 우리에게 일어나는 일이 아니다.
> 오히려 우리가 경험하는 것에 대한 생각이다.
> 이는 우리가 살고 있는 현실을 직접 창조한다는 것을 의미한다."
> —앨버트 엘리스

앨버트 엘리스는 1913년 9월 27일에 미국 펜실베이니아주 피츠버그에서 태어났습니다. 엘리스는 어린 시절 부모와의 관계가 좋지 않았고, 어머니는 조울증을 앓았다고 합니다. 이런 상황 때문에 엘리스는 동생들을 보살필 수밖에 없었습니다.

심리학자 앨버트 엘리스

엘리스는 1934년에 뉴욕시립대학교를 졸업하고, 성(性)에 관한 글을 쓰기 시작하면서 처음으로 심리학에 관심을 가졌습니다. 이후 컬럼비아대학교에 들어가 임상심리학 석사 학위(1943)와 박사 학위(1947)를 모두 받았습니다. 엘리스는 원래 지그문트 프로이트의 정신분석학을 강력히 지지했습니다. 하지만 카렌 호나이와 알프레드 아들러, 에리히 프롬의 연구에 큰 영향을 받은 이후로 프로이트의 연구에 의문을 품기 시작했습니다. 결국은 프로이트와 결별하고 말았죠.

엘리스는 프로이트의 개념을 따르지 않고 자신만의 심리 치료 기법을 개발해 이를 '합리적 치료'라고 불렀습니다. 나중에는 '합리적 정서 행동 치료REBT'로 부르게 되었죠. 이 치료법은 흔히 인지 행동 치료*의 시초로 여겨집니다. 1959년에 엘리스는 '합리적 삶을 위한 연구소'를 설립했습니다.

심리학 용어 정리

* 인지 행동 치료
어떤 감정과 생각이 환자 자신의 행동에 영향을 미치는지 이해하도록 돕는 심리 치료법입니다. 심리 치료자는 정해진 일정에 따라 매우 구조적인 방식으로 환자를 치료합니다.

엘리스는 1960년대 성 혁명 시기에 적극적으로 활동했고 스스로를 무신론자라고 밝혔습니다. 그러던 어느 날, 그는 종교를 가진 신앙인에게 합리적 정서 행동 치료를 적용했고, 이때 더 높은 존재에 대한 믿음이 우리에게 줄 수 있는 심리적 효과를 이해하기 시작했습니다. 그는 평생 무신론자로 살았지만 종교에 대해 단호했던 입장이 점차 누그러졌습니다. 결국, 종교를 선택하면 심리적으로 큰 효과를 볼 수 있다는 결론에 이르렀죠.

엘리스의 초기 연구는 많은 비판을 받았지만, 후반부에는 인지 행동 치료가 효과적인 치료법으로 인정받기 시작하면서 그의 연구도 찬사를 받았습니다. 오늘날 앨버트 엘리스는 심리학 분야에서 중요한 인물 중 한 명으로 꼽힙니다.

ABC 모형

앨버트 엘리스의 합리적 정서 행동 치료에서는, 우리는 날마다 벌어지는 사건 때문에 무슨 일이 일어나는지 관찰하고 해석하게 된다고 보았습니다. 우리는 이런 해석을 토대로 사건에 대한 신념을 형성하게 되지요. 이 신념에는 개인이 사건에서 수행하는 역할도 포함되는데, 일단 신념이 형성되면 정서적 결과를 경험하게 됩니다. 다음은 이 개념을 이해하는 데 도움이 되는 그림입니다.

○ 그림 2-6. 사건의 활성화와 정서적 결과

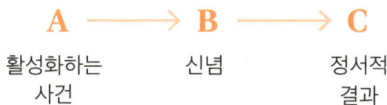

❶ A: 당신의 상사가 당신이 자신의 물건을 훔쳤다고 비난합니다. 그리고 당신을 해고하겠다는 협박을 하죠. 당신은 황당함을 느낍니다.

❷ B: 당신은 '어떻게 감히? 저 사람은 날 비난할 이유가 없어!'라고 반응합니다.
❸ C: 당신은 화가 납니다.

엘리스의 ABC 모형에서는 사건 B가 사건 C를 일으키는 원인이지만, 사건 A가 사건 C를 직접적으로 유발하는 것은 아니라는 사실을 보여줍니다. 당신은 억울하게 비난을 받고 해고하겠다는 협박을 들어서 화가 난 것이 아니라, B에서 생긴 신념 때문에 화가 난다는 것이죠.

세 가지 기본 당위 요소

엘리스는 저마다 표현은 달라도 모두가 공유하는 혼란스럽고 비합리적인 신념 세 가지를 제시합니다. 각 신념에는 자신에 대한 당위, 타인에 대한 당위, 세상에 대한 당위가 있습니다. 이 세 가지 공통 신념을 세 가지 당위 요소라고 합니다.

1. 우리는 꼭 잘해야 하고, 사람들에게 인정을 받아야 합니다. 그렇지 않으면 우리는 좋은 사람이 아닙니다.
2. 다른 사람들은 우리를 친절하고 공정하고 사려 깊게, 그리고 우리가 원하는 방식으로 대해야 합니다. 그렇지 않으면 그들

은 좋은 사람이 아니고 처벌이나 비난을 받아 마땅합니다.
3. 우리가 무언가를 원할 때는 원하는 것을 얻어야 하고 원하지 않는 것을 얻어서는 안 됩니다. 원하는 것을 얻지 못하면 비참함을 느끼고 견딜 수 없게 됩니다.

첫 번째 신념은 불안과 우울, 죄책감, 당혹감으로 이어질 수 있습니다. 두 번째 신념은 수동 공격성과 분노, 폭력성으로 이어지기도 합니다. 세 번째 신념은 일을 미루는 행동과 자신을 동정하는 감정으로 이어질 때도 있습니다. 유연하고 까다롭지 않은 신념은 건강한 행동과 감정으로 이어질 수 있지만, 이런 신념이 까다로워지면 문제가 생기고 신경증이 발생할 우려가 있습니다.

분쟁의 역할

엘리스의 합리적 정서 행동 치료의 주요 목적은 환자가 가진 비합리적 신념이 합리적 신념으로 바뀌도록 도와주는 것입니다. 이는 치료자가 환자의 비합리적 신념에 이의를 제기하는 식으로 진행됩니다. 예를 들어, 치료자가 환자에게 "왜 사람들이 당신에게 친절하게 대해야 하나요?"라고 물을 수 있습니다. 환자는 이 질문에 대답하면서 이 신념이 반드시 실현되어야 한다는 것에 대한 합리적 이유가 없다는 사실을 깨달아갑니다.

세 가지 통찰

엘리스는 사람이라면 누구나 비합리적으로 생각하는 경향이 있다고 보았습니다. 그리고 아래 세 가지 통찰로 비합리적인 사고의 빈도와 기간, 강도를 줄일 수 있다고 믿었습니다.

1. 우리는 그냥 화가 나는 게 아니라 꽉 막힌 신념 때문에 화가 나는 것입니다.
2. 화가 난 이유가 무엇이든 비합리적 신념을 버리지 않아서 계속 화가 나는 것입니다.
3. 이런 상태를 개선하기 위한 유일한 방법은 비합리적 신념을 바꾸고자 노력하는 것입니다. 그러려면 많은 연습이 필요합니다.

현실 수용

정서적으로 건강하려면 불쾌하더라도 현실을 받아들여야 합니다. 치료자는 합리적 정서 행동 치료를 시도하면서 환자가 수용의 세 가지 유형에 도달하도록 도와줍니다.

1. 무조건적 자기 수용: 나에게는 결점이 있고, 결점이 없을 이유

가 없으며, 내가 남들보다 더 가치 있거나 덜 가치 있는 존재가 아니라는 사실을 받아들여야 합니다.

2. **무조건적 타인 수용**: 때로는 내가 남들에게 부당한 대접을 받을 수 있고, 남들이 꼭 나를 공정하게 대해야만 하는 것은 아니며, 나를 부당하게 대하는 사람들이 다른 사람들보다 더 가치 있거나 덜 가치 있는 것이 아니라는 사실을 받아들여야 합니다.

3. **무조건적 인생 수용**: 삶은 항상 내가 바라는 대로 흘러가지 않고, 삶이 반드시 내가 바라는 대로 흘러가야만 하는 것도 아니고, 때로는 삶이 불쾌할 수 있지만 완전히 끔찍한 것만은 아니며, 이를 견딜 수 있다는 사실을 받아들여야 합니다.

앨버트 엘리스의 합리적 정서 행동 치료는 오늘날 많은 인기를 얻고 있는 치료법으로, 모든 인지 행동 치료의 토대가 되었습니다.

앨버트 반두라
Albert Bandura, 1925-2021

#사회학습
#보보인형
#현대적접근

다른 사람들을 관찰하면서 배우기

"자기 믿음이 반드시 성공을 보장하는 것은 아니지만,
자기 불신은 확실히 실패를 낳는다."
—앨버트 반두라

앨버트 반두라는 1925년 12월 4일에 캐나다의 작은 마을 문다레에서 태어났습니다. 아버지는 캐나다 횡단철도에서 선로 놓는 일을 했고, 어머니는 마을 잡화점에서 일했습니다.

반두라는 마을에 하나 있는 학교에 다니며(교사가 두 명밖에 없었습니다), 스스로 공부해야 했습니다. 고등학교를 졸업한 후 브리티시컬럼비아대학교에 진학했고, 원래 생물학을 전공하다가 우연히 심리학을 접했습니다. 그는 강의 시간보다 한참 일찍 학교에 도착해 보충 수업을 들으며 시간을 때웠습니다. 그러던 어느 날, 심리학 교과과정을 훑어보다가 관심이 생겨 심리

교육심리학자 앨버트 반두라

학을 전공하기로 마음먹었습니다.

1949년, 반두라는 브리티시컬럼비아대학교를 3년 만에 졸업했고, 아이오와대학교 대학원에 진학해 심리학 박사 학위를 취득했습니다. 이후 스탠퍼드대학교의 교수직 제안에 응해 오랫동안 학생들을 가르쳤습니다.

반두라는 사회 학습 이론으로 유명합니다. 이 이론에서는 행동주의의 주장과 달리 모든 행동이 보상이나 강화에 의해 일어나는 것은 아니라고 말합니다. 대신 학습된 행동에 작용하는 사회적 압력에 대한 다소 미묘하고 대안적인 관점을 제안했습니다. 이는 비교적 현대적인 접근법으로 오늘날에도 가치가 있습니다.

사회 학습 이론

1977년, 반두라가 내놓은 사회 학습 이론Social Learning Theory은 심리학에 큰 영향을 미쳤습니다. 이 이론에서는 학습으로 습득한 행동은 반드시 보상이나 강화만의 결과가 아니고, 관찰을 통해서도 일어날 수 있다고 주장합니다. 우리는 주변 사람들의 행동을 보고 어떻게 행동할지 판단한다는 것이죠.

우리는 부모나 또래, 교사, 심지어 TV 쇼의 등장인물을 비롯해 주변에서 관찰할 수 있는 여러 '모범'에 둘러싸여 살아갑니다. 이들이 남성적인 행동이나 여성적인 행동을 보여주면 우리는 그런 행동을 관찰하거나 부호화해서 나중에 모방하거나 복제할 수 있습니다. 우리는 자신과 비슷하다고 느껴지는 상대의 행동을 모방할 가능성이 큽니다. 그래서 대체로 동성을 모방하게 되죠. 반두라의 사회 학습 이론에는 세 가지 주요 개념이 있습니다.

1. 사람은 관찰을 통해 행동을 학습할 수 있습니다. 실제 모범(어떤 행동을 하는 실제 인물), 지침을 제시하는 언어적 모범(어떤 행동에 대한 설명이나 묘사), 상징적 모범(책, 텔레비전, 영화에 묘사된 행동)을 통해 학습할 수 있습니다.
2. 정신 상태는 학습에 중요한 요소입니다. 환경적 강화가 행동 학습의 한 측면이기는 하지만, 전부는 아닙니다. 반두라가 내재적 또는 내적 강화라고 일컬은 현상의 예로는 만족감, 자부심, 성취감이 있습니다. 정리하자면, 마음속 생각이 행동을 학습하는 데 중요한 역할을 할 수 있다는 것입니다.
3. 학습한다고 해서 반드시 행동이 달라지는 것은 아닙니다. 행동주의자들은 어떤 행동을 학습하면 그 사람의 행동이 완전히 달라진다고 믿었지만, 반두라는 관찰 학습을 통해 직접 행동을 해보지 않고도 새로운 정보를 학습할 수 있다는 사실을 보여줍니다. 반대로 어떤 행동을 관찰한다고 해서 그 행동이 꼭 학습되는 것도 아닙니다. 사회적 학습이 일어나려면 다음과 같은 필수 요건을 충족해야 합니다.

    • **주의력**: 학습하려면 집중해야 합니다. 주의력을 떨어뜨

리는 요소는 관찰 학습에 부정적인 영향을 미칩니다.

- **유지**: 정보를 저장했다가 나중에 다시 꺼내 쓸 수 있어야 합니다.
- **재현**: 주의를 기울이고 정보를 유지한 다음, 관찰한 행동을 직접 해봐야 합니다. 연습을 통해 행동이 나아질 수 있습니다.
- **동기 부여**: 마지막으로, 관찰한 행동을 제대로 학습하려면 그 행동을 모방하려는 동기가 필요합니다. 여기서 강화와 처벌이 작용하죠. 관찰한 행동이 강화를 받으면 그 반응을 다시 얻고 싶어지고, 관찰한 행동이 처벌받으면 그 행동을 하지 않으려 할 것입니다.

보보 인형 실험

반두라는 아이들이 주변 행동을 관찰하고 모방한다는 사실을 보여주기 위해 보보 인형 실험을 고안했습니다.

보보 인형 실험 과정

❶ 이 실험에는 3~6세의 남자아이 36명과 여자아이 36명이 참가했습니다.

❷ 통제 집단은 남자아이 12명과 여자아이 12명으로 구성된 하

보보 인형 실험

위 집단입니다.

❸ 실험의 모범은 성인 남성 한 명과 성인 여성 한 명입니다.
❹ 남자아이 12명과 여자아이 12명으로 이루어진 첫 번째 집단은 성인 남성이나 여성이 '보보 인형'을 과격하게 공격하는 모습을 지켜봅니다. 두 남녀는 망치로 인형을 때리고 공중에 던지면서 '펑, 쾅', '코를 때려'라는 식으로 소리를 지릅니다.
❺ 남자아이와 여자아이로 이루어진 또 다른 24명의 집단은 보보 인형을 공격하지 않는 모범에게 노출됩니다.
❻ 마지막으로 통제 집단은 어떤 모범에도 노출되지 않습니다.

반두라는 실험을 진행하면서 공격적인 모범을 본 아이들이 공격적이지 않은 모범을 본 아이들보다 보보 인형에 대한 반응을 훨씬 더 많이 모방한다는 사실을 발견했습니다.

　게다가 공격적인 모범을 본 여자아이들은 그 모범이 여성일 때는 언어적으로 더 공격적인 반응을 보이고, 남성일 때는 신체적으로 더 공격적인 반응을 보인다는 사실도 발견했습니다. 남자아이들은 여자아이들보다 신체적으로 공격적인 행동을 더 많이 모방했고, 동성의 모범을 더 많이 모방했습니다.

　반두라는 보보 인형 실험을 통해 아이들이 다른 사람의 행동을 관찰하면서 사회적 행동(이 경우는 공격성)을 학습한다는 사실을 입증할 수 있었습니다. 더불어 모든 행동은 보상과 강화의 결과라는 행동주의의 핵심 개념에 반박할 근거를 얻었습니다.

로렌스 콜버그

Lawrence Kohlberg, 1927-1987

#도덕발달
#하인츠의딜레마
#교육

도덕적 딜레마

"올바른 행동은 사회 전체가 비판적으로 검토하고 합의한 일반적인 개인의 권리와 기준의 관점에서 정의되는 경향이 있다."

―로렌스 콜버그

로렌스 콜버그는 1927년 10월 25일에 미국 뉴욕 브롱스빌의 어느 부유한 집안에서 태어났습니다. 제2차세계대전이 터졌을 때 상선의 선원이 되었는데, 이 결정은 본인에게도, 이후 심리학계에도 중대한 영향을 미칩니다.

콜버그는 화물선의 선원으로 일할 때, 팔레스타인에서 영국의 봉쇄를 뚫고 유대인 난민들을 밀입국시켰습니다. 이때부터 도덕적 추론에 관심을 갖기 시작했고, 이후 지금의 이스라엘로 돌아와 키부츠(집단주의 원칙에 기반을 둔 이스라엘의 농업 공동체)에서 자라는 아이들의 도덕적 추론에 관해 더 많이 연구했습니다. 전쟁터에서 돌아온 후에는 시카고대학교에 들어가 심리학을 전공했습니다. 콜버그는 입학시험에서 높은 점수를 받아 필수과목을 많이 듣지 않아도 되었고, 1년 만에 심리학으로 학사 학위를 받았습니다. 1958년에 박사 학위를 취득했고, 1967년에는 하버드대학교에서 교육학 및 사회심리학 교수로 재직하면서 '도덕 발달단계' 이론을 개발했습니다. 이 이론이 널리 알려지면서 그는 존경받는 학자가 되었습니다.

1971년, 콜버그는 벨리즈에서 일하던 중 갑자기 기생충에 감염되었습니다. 이 질병으로 16년 동안 병마와 싸워야 했는데, 이때 우울증도 함께 찾아왔습니다. 1987년 1월 19일에 그는 치료받던 병원에 하루 휴가를 요청해 밖으로 나왔습니다. 그러고는 보스턴 항구에서 스스로 바다에 몸을 던졌습니다. 이때 그의 나이는 59세였습니다.

도덕 발달단계

콜버그의 도덕 발달단계 이론은 스위스 심리학자 장 피아제의 연구를 수정한 것입니다. 피아제는 도덕 발달을 두 단계로 설명했지만, 콜버그는 세 차원으로 나누고 다시 여섯 단계로 설명했습니다. 콜버그는 도덕 발달을 전 생애에 걸친 과정이라고 보았습니다. 이 단계들을 분리하고 설명하기 위해 다양한 연령대의 아이들에게 동일한 도덕적 딜레마를 제시했습니다. 그다음, 면담을 통해 아이들이 내린 결정의 추론 과정을 알아보았죠. 그리고 아이들이 자라는 동안 그 도덕적 추론이 어떻게 변화하는지 살펴보았습니다.

> **더 읽어보기**
>
> ## 하인츠의 딜레마
>
> 콜버그는 아이들에게 한 여인과 그녀의 남편 하인츠에 대한 이야기를 들려주었습니다.
>
> 유럽의 어느 마을에 희귀 암에 걸려 죽음을 앞둔 한 여인이 있었습니다. 의사들은 같은 마을의 약사가 최근에 발견한 약으로 이 여인을 살릴 수 있다고 말해주었습니다. 하지만 약사는 이 약을 개발하는 데 비용이 많이 들어갔기 때문에 제조비의 10배 가격으로 약을 팔겠다고 말했습니다. 200달러를 들여 만든 소량의 약을 사려면 2,000달러를 내라는 것이었죠. 아픈 여인의 남편인 하인츠는 주변 지인들에게 돈을 빌려보았지만, 약사가 요구하는 금액의 절반인 1,000달러밖에 모으지 못했습니다. 하인츠는 약사에게 시한부인 아내의 사정을 말하며 약을 더 싸게 팔거나 나중에 돈을 갚게 해달라고 부탁했지만, 약사는 이를 거절했습니다. 본인이 약을 개발했으니 돈을 벌어야겠다고 말하면서 말이죠. 낙담한 하인츠는 약국에 몰래 들어가 약을 훔쳤습니다.
>
> 여기서 콜버그는 이렇게 묻습니다. "하인츠가 꼭 그렇게 행동해야 했을까요?"

사실 콜버그에게 이 질문의 답은 중요하지 않았습니다. 그에게는 결정을 내리기까지의 추론 과정이 더 중요했죠. 그의 연구에 따르면, 아이들의 반응은 다음과 같이 세 차원의 여섯 단계로 나뉘었습니다.

1차원: 전 인습적 도덕

- **1단계: 순종과 처벌**

  이 단계의 아이들은 규칙을 절대적인 것이라고 생각합니다. 규칙을 지키는 것은 처벌을 피한다는 의미죠. 이 단계는 어린 아이들에게 흔히 나타나지만 성인도 이런 추론을 보일 수 있습니다.

- **2단계: 개인주의와의 거래**

  이 단계에서 아이들은 개인의 입장을 생각하기 시작하고 개인의 욕구가 어떻게 충족되는지에 따라 행동을 판단하기 시작합니다. 하인츠 딜레마의 경우, 아이들은 하인츠의 욕구를 가장 잘 충족시킬 수 있는 선택이 최선의 행동이라고 답했습니다.

2차원: 인습적 도덕

- **3단계: 대인 관계**

  이 단계의 아이들은 사회나 가까운 사람들의 기대에 부응하는 데 집중합니다. 말하자면 착하고 좋은 사람이 되는 것이 중요하죠. 그래서 이 단계를 '착한 아이' 성향이라고도 합니다.

- **4단계: 사회 질서 유지**

  이 단계의 아이들은 사회 전체를 고려합니다. 아무리 극한 상황이라고 해도 규칙을 준수하죠. 법과 질서를 유지해 권위를 존중하고 자신이 동의한 의무를 수행하는 데 중점을 둡니다.

3차원: 탈인습적 도덕

- **5단계: 사회계약과 개인의 권리**

    이 단계에서는 사람들 사이의 신념, 의견, 가치관이 다르다는 사실과 사회를 유지하려면 합의된 기준에 따라 법의 원칙을 정해야 한다는 사실을 이해합니다.

- **6단계: 보편적 원칙**

    마지막 단계는 규칙과 법의 내용을 거스르더라도 내면의 정의와 윤리의 원칙을 따릅니다.

콜버그는 이 여섯 단계를 정해진 순서대로만 거칠 수 있고 모든 사람이 이 단계를 완수하는 것은 아니라고 보았습니다.

도덕 발달단계에 대한 비판

콜버그의 모형은 상당히 중요하고 영향력도 있지만 비판도 많이 받았습니다. 콜버그의 연구는 남성에게 편향되어 있고(콜버그가 남성은 주로 4단계이고, 여성은 주로 3단계에 속한다고 보았거든요), 어떤 사람이 해야 한다고 말하는 행동과 실제로 하는 행동 사이에는 큰 차이가 있었기 때문이죠. 콜버그가 정의에만 초점을 맞추고 연민이나 배려와 같은 요소는 고려하지 않았다는 비판도 있었습니다. 게다가 콜버그가 장기간에 걸쳐 같은 아이들을 면담한 것이 아니라는 점에서 실험 과정에 대한 의문도 제기되었습니다. 그래도 콜버그의 도덕 연구는 여전히 중요한 영향력을 미치고 있고, 그의 개념은 현재 교육계에 널리 적용되어 아이들의 행동을 이해하는 데 쓰이고 있습니다.

로젠한 실험
The Rosenhan Experiment

#유사환자
#정신병원
#비윤리

건강한 사람이 정신 장애 환자들 사이에 있으면 어떻게 될까?

> "우리는 진단이 유용하지 않거나 신뢰할 수 없는 경우가 많다는 것을 오랫동안 알고 있었지만, 진단을 계속 사용해왔다. 우리는 이제 정신이상을 구분할 수 없다는 것을 알게 되었다."
> —데이비드 로젠한

1973년에 스탠퍼드대학교의 데이비드 로젠한David Rosenhan 교수는 정신과 의사가 건강한 사람과 정신 장애 환자를 제대로 구분할 수 있는지 실험하면서 정신 장애 진단이라는 개념 자체에 의문을 제기했습니다. 정신과 의사가 건강한 사람과 정신 장애 환자를 구분할 수 없다면, 정신 장애 진단도 신뢰할 수 없다는 뜻이었죠. 로젠한의 실험은 다음과 같이 두 차례에 걸쳐 이루어졌습니다.

임상심리학자 데이비드 로젠한

유사 환자를 대상으로 한 실험

로젠한은 참가자 여덟 명을 모집했습니다. 심리학자 세 명과 정신과 의사, 소아과 의사, 주부, 화가, 심리학 전공 대학원생 각각 한 명씩 실험에 참가했습니다. 성별로는 남자 다섯 명과 여자 세 명이었습니다.

첫 번째 목표는 참가자들을 미국의 다섯 개 주에 위치한 12곳의 병원에 입원시키는 것이었습니다. 실험 결과를 최대로 일반화하기 위해 신설 병원부터 오래된 병원까지, 연구 병원부터 일반 병원까지, 인력이 부족한 병원부터 인력이 여유로운 병원까지 다양하게 설정했습니다. 주로 민간이나 연방이나 대학에서 지원받는 병원을 포함했지요.

로젠한은 '유사 환자類似患者'라고 지칭한 여덟 명에게 병원 진료를 예약하게 했습니다. 일단 접수처로 안내받으면 머릿속에서 동성의 모르는 사람 말소리가 들린다고 호소하게 했지요. 유사 환자들은 정신과 병원에 입원한 후 이상 증상이 있는 척하는 행동을 그만두었습니다. 일상생활에서 사람들과 대화하듯이 병원 직원이나 환자들과 대화했고, 병원 직원들이 기분이 어떠냐고 물으면 기분이 좋고 아무 증상도 없다고 말했습니다.

유사 환자들은 (실험에 관해 언급하지 않으면서) 그들이 제정신이라는 사실을 병원 직원들이 믿게 만들어야 했습니다. 병원에 머무는 동안 자신의 경험과 관찰 내용도 기록해야 했지요. 로젠한은 결과를 비교하기 위해 한 학생에게 스탠퍼드보건센터 직원들에게 일련의 질문을 던지게 했습니다. 그 질문에 대한 직원들의 답변(답변이 기록된다는 점을 알고 한 답변이었습니다)과 유사환자가 직원들에게 질문해서 들은 답변을 비교했습니다.

유사 환자 결과

환자들의 평균 입원 기간은 19일이었습니다. 7일만 입원한 환자도 있었고, 가장 길게는 52일까지 입원한 환자도 있었습니다. 한 명을 제외한 모두가 조현병 진단으로 입원했는데, 퇴원할 때는 '관해remission 중 조현병' 진단(일시적이건 영속적이건, 남들이 보기에도 스스로 느끼기에도 증상이 완화된 상태. 조현병 환자는 대개 삽화 상태와 관해 상태를 오간다―옮긴이)을 받았습니다. 환자 중 누구도 뚜렷한 조현병 증상을 보이지 않았는데도 조현병 진단을 받은 것입니다.

병원의 다른 환자들은 유사 환자들을 의심하면서 병원을 취재하기 위해 잠입한 기자라고 주장했습니다. 하지만 병원 직원들은 유사 환자들의 비정상적인 행동을 정신 장애의 한 증상으로 보았지요. 유사 환자 세 명을 담당한 간호사의 기록에는 환자들이 뭔가를 기록하는 행위는 병적인 행동이라고 적혀 있었습니다. 로젠한은 정신질환 환자와 일반인 사이에는 기분이나 정서에 유사점이 있지만, 사람들이 일상적으로 접하고 정상으로 여겨지는 기분과 정서가 정신병원 세계에서는 병적인 것으로 여겨질 때가 많다는 결론에 이르렀습니다.

참가자 모두가 정신병원에 입원한 경험이 즐겁지 않았다고 답했습니다. 그 안에서는 환자들이 마음대로 돌아다닐 수 없었습니다. 화장실 문이 없는 곳도 많았고, 병원 직원들은 환자들을 가혹하게 대했지요. 모든 참가자는 정신병원이 환자의 인권을 빼앗고 무력감과 이인증을 남기는 곳이라고 말했습니다.

유사 환자는 처방받은 정제약 2,100알 중 두 알만 삼켰습니다. 나머지는 거의 다 변기에 버렸는데, 변기에서 다른 환자들의 약도 보았다고 했습니다. 로젠한은 환자들이 협조적으로 행동하는 것처럼 보이기만 한다면, 직원들이 아무도 그들의 눈속임을 알아채지 못한다고 결론지었습니다.

2차 연구

연구의 첫 번째 부분이 마무리된 후, 로젠한은 일부 연구 병원에 유사 환자들을 대상으로 1차 연구를 진행한 사실을 알렸고, 그중 한 병원을 찾아갔습니다. 병원 직원들에게는 앞으로 3개월간 다른 유사 환자들이 입원을 시도할 것이라는 거짓 정보를 알렸습니다. 더불어 모든 신규 환자에 대해 유사 환자일 가능성을 10점 척도로 평가해달라고 부탁했습니다.

이 기간에 모두 193명의 (실제) 환자가 평가를 받았습니다. 직원 한 명이 유사 환자로 판단한 환자는 41명, 정신과 의사 한 명이 유사 환자로 판단한 환자는 23명, 직원 한 명과 정신과 의사 한 명이 유사 환자로 판단한 환자는 19명이었습니다.

2차 연구에서는 정신과 의사들이 정상인 사람과 정신 질환 환자를 확실하게 구분하지 못한다는 사실이 입증되었습니다. 1차 연구에서는 정상인 사람을 식별하는 데 실패한 반면, 2차 연구에서는 실제 정신 질환 환자를 식별하는 데 실패했지요. 로젠한은 누군가에게 특정 정신 질환 표식이 붙으면, 그 환자의 모든 행동은 해당 표식과 관련해 해석된다는 사실을 보여주었습니다. 그는 병원 직원과 정신과 의사에게 환자를 무작정 정신 질환 환자로 분류하기보다 그의 행동과 구체적인 문제에 주목하라고 제안했습니다.

로젠한 실험에 대한 평가

로젠한의 실험은 당시 정신병원의 끔찍한 현실을 폭로했고, 환자 분류의 한계를 여실히 드러냈습니다. 하지만 병원 직원들에게 거짓말을 하는 방법에만 의존했기에, 이는 비윤리적 연구로 간주되었습니다. 그럼에도 실제로 로젠한의 연구는 다수 기관의 정신과적 치료 접근 방식에 관한 철학을 바꾸어놓았습니다.

　로젠한이 연구할 당시 진단에 사용된 정신 장애 진단 및 통계 편람은 DSM-II였습니다. 이후 1980년대에 명확하지 않은 기준과 신뢰성 문제를 해결하기 위해 DSM-III가 나왔습니다. 로젠한이 DSM-III를 적용했다면 다른 결과가 나왔을 것이라고 말하는 사람도 많습니다. 참고로 현재 사용되는 버전은 DSM-IV입니다.

스탠리 밀그램

Stanley Milgram, 1933-1984

#복종연구
#연구윤리
#작은세계

대단히 충격적인 심리학자

> "책임감의 실종은 권위에 대한 복종의 가장 흔한 결과다."
> —스탠리 밀그램

스탠리 밀그램Stanley Milgram은 1933년 8월 15일에 미국 뉴욕의 유대인 가정에서 태어났습니다. 아버지는 헝가리 출신의 제빵사였는데, 1953년에 아버지가 사망한 후 루마니아 출신 어머니가 빵집을 물려받았습니다. 밀그램은 항상 학업 성적이 우수한 학생이었습니다. 제임스먼로고등학교에 다닐 때는 학교에서 연극

사회심리학자 스탠리 밀그램

활동에 적극적으로 참여했습니다. 이때의 연극 경험은 밀그램에게 중대한 영향을 미쳤지요. 그는 과거 연극 경험을 살려 사실주의적 실험을 구상했고, 이 실험은 오늘날까지도 잘 알려져 있습니다.

1953년에 밀그램은 뉴욕시립대학교 퀸즈대학에서 정치학 학사 학위를 받았고, 하버드대학교의 사회심리학 박사 과정에 지원했습니다. 처음에는 심리학 전공이 아니라는 이유로 거절당했지만 1954년에 하버드대학교에 합격했고, 1960년에 사회심리학 박사 학위를 취득했습니다.

밀그램은 평생 연구자로 지내며 사회문제에 관심을 가졌습니다. 1959년부터 1960년까지는 사회적 순응에 관한 충격적인 실험으로 유명한 심리학자 솔로몬 애시에게 학문을 배웠습니다. 1961년에는 가장 악명 높고 영향력 있는 심리학 실험으로 손꼽히는 '복종 실험'을 시작했습니다.

1960년 가을에는 예일대학교에서 조교수로 일했고, 1963년부터 1966년까지는 하버드대학교 사회관계학과에서 조교수로 일했습니다. 1967년에 하버드대학교의 강사가 되었지만 논란 많은 실험 때문인지 종신 교수직에 거절당했고, 같은 해에 뉴욕시립대학교 대학원에서 종신 교수가 되었습니다. 1984년 12월 20일, 스탠리 밀그램은 51세의 이른 나이로 생을 마감했습니다. 심장마비가 원인이었죠.

밀그램의 복종 연구

스탠리 밀그램은 엄청난 논란을 불러온 복종 실험으로 유명합니다. 밀그램은 권위가 복종에 미치는 영향에 매료되어 있었습니다. 사람들은 본인의 판단이나 욕구를 거스르더라도 사회에 협조적으로 보이고 싶어서, 아니면 단지 두렵다는 이유로 거의 항상 명령에 복종할 것이라고 보았지요.

> **더 읽어보기**
>
> ### 복종 실험의 역사적 배경
>
> 밀그램은 1961년에 복종 실험을 시작했습니다. 바로 앞서 나치 전범 아돌프 아이히만의 재판에 전 세계의 이목이 쏠려 있었습니다. 그는 유대인 수백만 명을 학살하도록 명령한 혐의로 기소되었죠. 재판에서 아이히만은 본인은 그저 상부의 명령을 따랐을 뿐이라고 변론했습니다.

밀그램은 예일대학교에서 복종 실험을 진행했습니다. 먼저, 남자 참가자 40명을 모집하기 위해 신문에 광고를 냈습니다. 참가자들은 기억과 학습을 연구하는 실험에 참여할 것이라는 (거짓) 설명을 들었습니다. 한 명은 교사 역할을, 다른 한 명은 학생 역할을 맡을 것이고 그 역할은 무작위로 정해진다는 설명도 들었습니다. 참가자들은 역할을 임의로 선택하는 줄 알고 제비뽑기를 했지만, 사실 모든 종이에 '교사'가 적혀 있었습니다. 유일한 '학생'은 실험의 공모자인 배우였습니다. 참가자들은 무작위로 배정된 줄 알았지만, 실험 의도에 따라 모두 교사 역할로 배정된 것이었죠.

○ 그림 2-7. 복종 실험

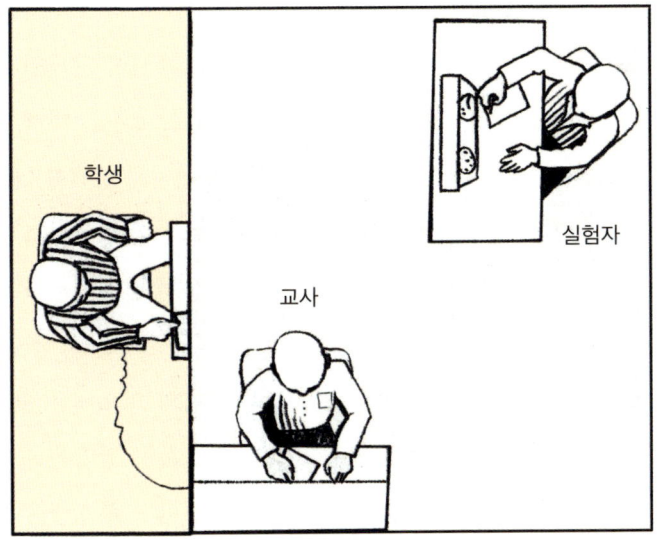

❶ 참가자인 '교사'는 공모자인 '학생'과 짝을 이룹니다. 교사는 조교가 학생을 의자에 묶고 몸에 전극을 붙이는 모습을 지켜봅니다.

❷ 다음으로, 교사는 다른 방으로 안내받습니다. 학생과 계속 소통할 수 있지만 서로 볼 수는 없습니다. 교사는 '전기 충격 장치' 앞에 앉는데, 이 충격 장치는 30볼트부터 시작해서 (15볼트씩 증가해) 450볼트까지 올릴 수 있습니다. 스위치에는 75~120볼트 '보통', 135~180볼트 '강함', 375~420볼트 '위험: 심각한 충격'이 붙어 있었습니다. 가장 높은 두 단계에는 'XXX'라고 붙어 있었죠. 사실 이 '전기 충격 장치'는

스위치를 누르면 소리만 울리고, 실제 충격을 주는 것은 아니었습니다.

❸ 교사는 학생에게 단어 쌍을 가르치고 학생이 틀리면 전기 충격으로 벌을 주라는 지시를 받습니다. 교사는 학생이 실수할 때마다 앞선 실수보다 15볼트씩 올려서 충격을 가해야 합니다. 실험이 실제라는 것을 보여주기 위해 교사가 직접 15볼트의 충격을 받습니다. 이것이 실험 전체에서 유일한 실제 충격입니다.

❹ 단어 쌍 수업이 시작되고 학생은 실험의 의도대로 실수를 범하기 시작합니다. 실수할 때마다 교사는 전압을 올리며 학생에게 충격을 가합니다. 가짜 충격이 75볼트에 이르면 학생이 끙끙거립니다. 120볼트에 이르면 고통스럽다고 말합니다. 150볼트에 이르면 풀어달라고 비명을 지릅니다. 충격이 가해질수록 학생은 점점 더 거세게 호소하고 심장이 아프다면서 괴로워합니다.

❺ 교사가 실험을 계속해도 될지 물으면 실험자는 "계속해주세요"라거나 "당연히 실험을 계속해야 합니다"라거나 "다른 선택의 여지가 없으니 계속해야 합니다"라고만 말합니다.

❻ 300볼트에 이르자 학생은 벽을 치며 고통을 참을 수 없다고 소리를 지릅니다. 330볼트에 이르면 조용해집니다. 실험자는 답하지 않는 것도 오답이므로 충격을 가하라고 말합니다.

❼ 전기 충격기의 최고 수준에 이르면 실험이 종료됩니다.

밀그램의 연구 결과

밀그램은 예일대학교 학생들에게 최대 수준으로 충격을 가할 사람이 몇 명이나 될 것 같은지 물었고, 학생들은 100명 중 3명일 것이라고 예상했습니다. 그러나 놀랍게도 참가자의 65%가 450볼트까지 충격을 가했습니다. 신음하거나 신경질적으로 웃거나 몸을 떠는 등 마음속으로 갈등하는 기미가 보이기는 했지만 참가자 대다수가 실험을 계속하라는 실험자의 지시에 따랐습니다.

실험이 끝난 후 밀그램은 참가자들에게 충격이 얼마나 고통스러웠을 것 같은지 물었고, 대다수가 '매우 고통스러울' 것 같다고 답했습니다. 심지어 참가자들은 (자신의 행동에 정당한 이유를 대기 위해) 실험이 진행되는 동안 학생을 깎아내리며 너무 멍청해서 충격을 받아 마땅하다고 말하기도 했습니다. 밀그램은 특정 상황에서 '정상'으로 여겨지는 평범한 사람들도 남에게 극심한 고통을 줄 수 있다는 사실을 보여주었습니다. 또한 이런 높은 수준의 복종성에 관해 다음과 같이 설명했습니다.

1. 권위자(실험자)가 실제로 옆에 존재하기 때문에 복종성이 높아졌다.
2. 많은 참가자가 예일대학교에서 지원을 받는 실험이므로 안전하다고 믿었다.
3. 누가 교사가 되고 누가 학생이 될지를 무작위로 정하는 것처

럼 보였다.
4. 실험자가 유능한 전문가로 간주되었다.
5. 참가자들은 충격이 고통스럽지만 위험하지는 않다는 설명을 들었다.

> **더 읽어보기**
>
> ### 연구 윤리의 문제
>
> 밀그램의 복종 연구는 윤리적 절차 문제로 거센 비판을 받았습니다. 참가자들은 자신이 다른 사람에게 고통을 주는 줄 알았지만, 실제로는 고통스러운 연기를 하는 배우에게 속은 것이었습니다. 참가자들은 처음 보는 사람에게 고통을 주었다는 생각에 엄청난 스트레스를 받았고, 심리적 외상을 입었을 수도 있습니다.

작은 세계 실험

밀그램은 복종 연구로 유명하지만 다소 온건한 실험에도 여러 차례 참여했습니다. '여섯 단계 분리 이론'이라는 말을 들어본 적이 있나요? 그렇다면 스탠리 밀그램에게 고마워해야 합니다.

1950년대 정치학자 이디엘 드 솔라 풀Ithiel de Sola Pool과 수학자 맨프레드 코첸Manfred Kochen은 몇 가지 질문을 던졌습니다. 모르는 두 사람이 함께 아는 친구를 두었을 확률은 얼마나 될까요? 함께 아는 친구가 없다면 어떨까요? 인간관계의 사슬이 얼마나 길어야 두 사람이 서로 닿을까요? 10년쯤 지난 후, 스탠리 밀그램은 이 질문의 답을 구하기 위해 '작은 세계 실험'을 설계했습니다.

밀그램은 미국 네브래스카주 오마하와 캔자스주 위치타에 사는 사람들에게 지시문이 담긴 편지 300통을 우편으로 보내고 매사추세츠주 보스턴에 사는 한 사람을 '목표'로 정했습니다. 300명은 목표와 가까울 것 같은 친구(성 말고 이름으로만 부르는 사이)에게 편지를 보내라고 지시받았고, 그 친구도 같은 지시를 받아 관계의 사슬을 이어갔습니다. 밀그램은 편지가 새로운 사람에게 전달될 때마다 엽서를 받아 발신자와 수신자의 관계를 기록했습니다. 거의 모든 경우에서 두 사람이 대여섯 개의 고리로 연결된다는 결과를 얻었습니다.

스탠리 밀그램은 이전에는 보지 못했던 방식으로 인류에게 위대하고 (때로는 무서운) 통찰을 전했습니다. 논란이 많던 복종 연구는 개인이 할 수 있는 행위의 부정적인 측면을 폭로했습니다. 작은 세계 실험은 사람들 사이의 연결성과 친밀감을 드러냈습니다. 그의 연구는 지금까지도 지대한 영향력을 발휘하고 있습니다. 밀그램은 심리학과 실험의 역사에서 가장 많이 거론되는 심리학자로 확고히 자리매김했습니다.

필립 짐바르도

Philip George Zimbardo, 1933-현재

#교도소실험
#비윤리
#영웅주의

교도소를 만든 연구자

> "선과 악 사이의 경계는 투과성이 있으며, 상황적 힘의 압력을 받으면 누구나 그 경계를 넘어갈 수 있다."
>
> ─필립 짐바르도

필립 짐바르도는 1933년 3월 23일에 미국 뉴욕에서 태어났습니다. 1954년에 뉴욕시립대학교 브루클린대학에서 심리학, 사회학, 인류학을 복수 전공하면서 학사 학위를 받았습니다. 그 후 예일대학교에 들어가 1955년에 심리학 석사 학위를, 1959년에는 심리학 박사 학위를 받았습니다.

사회심리학자 필립 짐바르도

예일대학교에서 잠시 강단에 섰고, 이후 1967년까지 뉴욕대학교에서 심리학 교수로 재직했습니다. 컬럼비아대학교에서 1년간 강의하고, 1968년에 스탠퍼드대학교의 교수로 부임한 뒤 2003년에 은퇴했습니다(2007년에 마지막 강의를 했습니다). 짐바르도의

가장 중요하고 영향력 있는 연구인 '스탠퍼드 교도소 실험'도 1971년 스탠퍼드대학교에서 이루어졌습니다.

짐바르도는 영웅주의와 수줍음, 컬트 행동에 관한 연구를 수행하며 50권 이상의 저서를 내기도 했습니다. 2002년에 미국심리학회 학회장으로 선출되었고, '영웅적 상상력 프로젝트'를 창립했습니다. 이 프로젝트는 영웅적 행동을 고취하는 일을 목표로 삼았습니다. 그와 함께 왜 어떤 사람은 악한 행동으로 나아가는 반면, 어떤 사람은 영웅적 행동을 하는지 알아내고자 했습니다.

스탠퍼드 교도소 실험

1971년 짐바르도는 교도소 내의 폭력적인 행동에 관해 이해하고, 상황이 인간의 행동에 미치는 영향을 알아보기 위한 실험을 고안했습니다. 그는 이렇게 질문했습니다. "개인에게서 존엄성과 개성을 박탈하면 어떻게 될까?" 마침내 심리학계에서 악명 높은 스탠퍼드 교도소 실험이 탄생하게 되었습니다.

짐바르도의 연구팀은 스탠퍼드대학교 심리학과 지하실에 모의 교도소를 만들었습니다. 2주 동안 하루에 15달러를 지급한다는 조건으로 참가자를 모집하는 지역 신문 광고도 냈습니다. 그리고 지원자 중 정서적으로나 정신적으로 건강해 보이는 남성 참가자 24명을 선정했습니다. 그들 중 다수가 중산층 백인이었죠. 24명

스탠퍼드 교도소 실험

을 반으로 나눠 교도관 집단과 죄수 집단에 무작위로 배정했습니다. 짐바르도는 교도소장을 맡았습니다.

> **더 읽어보기**
>
> ### 상황에 맞는 복장
>
> 교도관은 군복에 선글라스(죄수와 눈이 마주치지 않기 위해)를 착용했고, 지위를 명확히 드러내고자 나무 곤봉을 가지고 다녔습니다. 죄수는 머리에 달라붙는 모자를 쓰고, 불편한 작업복을 입었지요. 속옷은 입지 않았으며 이름이 아닌 수감 번호로만 불렸습니다. 또 한쪽 다리에는 죄수라는 것을 상기시키기 위한 족쇄를 찼고, 감방에는 매트리스와 단조로운 음식만 제공되었습니다.

실험이 시작되기 전 죄수로 배정된 참가자들은 추후 지시를 받을 때까지 집에서 기다리라는 말을 들었습니다. 집으로 돌아가 기다리던 중 사전 통보도 없이 지역 경찰(실험을 도와주기로 동의했어요)이 참가자들의 집에 실제로 급습했고, 참가자들은 무장 강도 혐의로 체포되었습니다. 이후 참가자들은 권리 조서를 듣고 지문과 머그샷도 찍었습니다. 모의 교도소에서는 죄수들의 옷을 벗기고, 몸을 수색하고, 머릿니를 모두 제거한 다음 감방으로 끌고 가서 2주간 가두었습니다. 세 명이 한 방에 지냈고, 죄수들은 밤낮없이 감방에 갇혀 지내야 했지요. 반면, 교도관들은 교대 근무가 끝나면 교도소에 있지 않아도 되었고, 체벌만 빼고 원하는 대로 교도소를 운영할 수 있었습니다.

실험 결과

스탠퍼드 교도소 실험은 2주 예정으로 시작했지만 6일 만에 중단되었습니다. 실험 둘째 날에 1번 감방의 죄수들이 매트리스로 문을 봉쇄했고, 감방 안 폭동을 진압하기 위해 비번인 교도관들까지 자진해 들어와서 죄수들에게 소화기를 쐈습니다.

이후 교도관들은 '특권 감방'을 설치해 폭동에 가담하지 않은 죄수들에게는 더 좋은 식사를 비롯해 특별 보상을 베풀기로 했습니다. 그러나 '특권 감방' 죄수들은 음식을 거부하며 다른 죄수들과 계속 연대했습니다.

　연구를 시작하고 36시간 만에 8612번 죄수가 비명을 지르고 욕설을 퍼부으며 통제 불능 상태가 되었습니다. 짐바르도는 그를 교도소에서 내보내야 했지요.

　교도관들은 죄수들에게 각자의 번호를 복창하게 하고, 강제로 운동을 시키고, 매트리스를 압수해 차갑고 딱딱한 콘크리트 바닥에서 재우는 식으로 죄수들을 처벌했습니다. 교도관들은 화장실 사용을 특권으로 만들어 죄수들에게 화장실 사용권을 허락하지 않았고 대신 양동이를 감방에 넣어주었습니다. 또 죄수들에게 맨손으로 화장실을 청소하게 했고, 굴욕감을 주기 위해 옷을 다 벗겨 알몸으로 만들기도 했죠.

　교도관의 3분의 1이 점차 가학적 성향을 보였습니다. 짐바르도 역시 교도소장 역할에 빠져들었습니다. 넷째 날에는 석방된 죄수가 나머지 죄수들을 풀어주기 위해 돌아올 거라는 소문이 돌았습니다. 짐바르도와 교도관들은 교도소를 다른 층으로 옮겼습니다. 짐바르도는 그 죄수가 돌아오면 실험이 일찍 종료되었다고 알리기 위해 지하실에서 기다렸습니다. 그러나 소문의 죄수는 나타나지 않았고 교도소는 다시 지하실로 옮겨졌습니다.

　이후 짐바르도는 새로운 죄수를 투입했습니다. 그에게는 죄수들의 처우에 반발해 단식 투쟁을 벌이라는 과제를 주었습니다. 기존의 죄수들은 그를 본인들과 같은 피해자가 아닌 말썽을 피우는 존재로 보았습니다. 교도관들은 새로 들어온 죄수를 독방에 가두고 나머지 죄수들에게 선택권을 주었습니다. 그들은 담요를 갖는 것과 새 죄수를 독방에서 꺼내주는 것 중 하나를 골라야 했습니다. 한 명을 제외하고 모두가 담요를 갖기로 결정했습니다.

놀랍게도, 죄수들 중 어느 한 사람도 이 실험을 조기에 그만두려 하지 않았습니다. 참가에 대한 보상을 받지 못한다는 말을 들었는데도 말이죠. 짐바르도는 죄수들이 자신의 역할을 내면화하고 받아들이면서 제도에 편입되었다고 결론지었습니다.

실험이 시작되고 6일이 지난 후, 한 대학원생이 죄수와 교도관을 면담하기 위해 들어왔다가 교도소 광경을 보고 큰 충격을 받았습니다. 짐바르도는 이런 외부의 시선 때문에 실험을 중단했지만, 방문자 50명 중에서 실험의 도덕성에 의문을 제기한 사람은 그 대학원생이 유일했다고 합니다.

스탠퍼드 교도소 실험은 지금까지 수행된 심리학 실험 중 매우 중요하면서도 많은 논란을 일으켰습니다. 미국심리학회의 현행 윤리 규정으로는 이런 실험을 재현할 수 없지요. 그러나 짐바르도는 주어진 상황이 사람들의 행동에 어떻게 영향을 미칠 수 있는지 충분히 보여주었습니다. 이라크 아부 그라이브의 포로 학대 사건을 비롯한 현실의 수많은 사례가 짐바르도의 연구를 입증하고 있지요.

3

세상을 이해하는 심리학

게슈탈트심리학
Gestalt Psychology

#지각구조
#심리치료
#자기인식

행동과 마음을 전체로 보기

> "개별적 요소의 행동이 전체의 행동을 규정하는 것이 아니라 전체의 본질적 성격이 전체의 부분을 스스로 규정한다."
> ―막스 베르트하이머

막스 베르트하이머Max Wertheimer, 쿠르트 코프카Kurt Koffka, 볼프강 쾰러Wolfgang Köhler가 1920년대에 시작한 게슈탈트심리학은 행동과 마음을 따로 떼어 연구하지 말고 전체로 바라봐야 한다고 강조하는 심리학입니다. 애초에 인간이 사건을 경험하는 방식이 그렇기 때문이라는 것이죠.

게슈탈트심리학의 창시자 (왼쪽부터) 막스 베르트하이머, 쿠르트 코프카, 볼프강 쾰러

게슈탈트심리학에서는 전체가 부분의 총합과 같지 않다고 주장합니다. 게슈탈트심리학자들은 이 개념에 따라 지각 구조를 일련의 원칙으로 세분화하고, 작은 대상이 모여 더 큰 대상을 이루는 과정을 설명할 수 있었습니다. 게슈탈트 심리 치료는 이 개념에 따라 개인의 행동과 언어, 주변 세계에 대한 경험 방식 등을 살펴보면서 개인이 전체가 되거나 전체를 더 잘 인식하도록 도와줍니다.

지각 구조의 게슈탈트 법칙

게슈탈트심리학자들은 전체가 부분의 총합과 같지 않다는 개념을 표현하기 위해 지각 구조에 대한 게슈탈트 법칙을 내놓았습니다. 이 법칙은 사람들이 문제를 해결하기 위해 수행하는 정신의 지름길로서 작은 대상이 모여 더 큰 대상을 이루는 과정을 설명하고, 전체와 전체를 이루는 다양한 부분들 사이에 차이가 있다는 것을 보여줍니다.

유사성의 법칙

사람들은 유사한 항목을 함께 묶는 경향이 있습니다. 다음 이미지에서 사람들은 대체로 원과 사각형으로 이루어진 세로로 된 열을 봅니다.

○ 그림 3-1. 유사한 집단으로 지각하기

간결성의 법칙

독일어로 '프래그난츠prägnanz'는 '간결함'이라는 뜻입니다. 간결성의 법칙에서는 우리가 대상을 가장 단순한 형태로 본다고 말합니다.

예를 들어 다음 이미지에서 우리는 복잡한 모양이 아니라 다섯 개의 동그라미를 봅니다.

○ 그림 3-2. 지각된 집단을 단순화하기

근접성의 법칙

근접성의 법칙에 따르면, 대상이 서로 가까이 있을 때 우리는 그 대상들을 함께 묶으려는 경향이 있습니다.

다음 이미지에서는 왼쪽 원들이 세로로 묶인 것처럼 보이고, 오른쪽의 원들이 가로로 묶인 것처럼 보입니다.

○ 그림 3-3. 가까운 대상을 집단으로 묶기

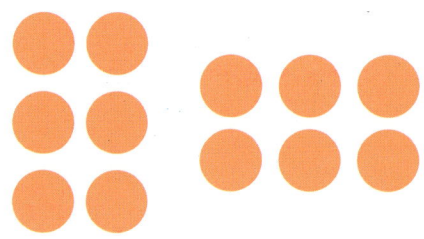

연속성의 법칙

연속성의 법칙에서는 점들이 곡선이나 직선으로 연결될 때 가장 매끄러운 경로를 찾을 수 있다고 말합니다. 이 선들은 개별적인 선이나 각으로 보이지 않고 서로 연결된 것처럼 보입니다.

예를 들어 우리는 다음 이미지에서 하단 부분을 별개의 선이 아니라 하나의 선이 확장된 것으로 지각합니다.

○ 그림 3-4. 부드러운 전환의 지각

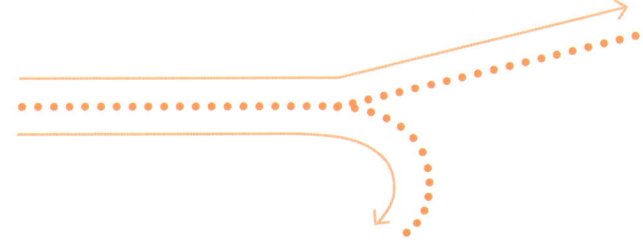

폐쇄성의 법칙

폐쇄성의 법칙에 따르면, 우리의 뇌는 대상을 함께 묶을 때 빈 공간을 메워서 집단을 전체로 보는 경향이 있습니다.

다음 이미지에서 뇌는 대상들 사이의 빈 공간을 무시하고 선을 완성합니다. 우리의 뇌는 생략된 정보를 메우고 (우리에게 익숙한) 삼각형과 원 모양을 만듭니다.

○ 그림 3-5. 빈 공간에서 형태를 지각하기

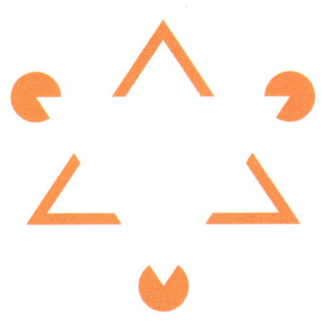

형상-배경의 법칙

형상-배경의 법칙은 우리에게는 어떤 대상의 한 부분만 형상(전경이라고도 합니다)으로 인식하고 나머지는 배경으로 인식하는 본성이 있다고 말합니다. 하나의 이미지에서 꽃병 한 개나 얼굴 두 개를 볼 수는 있지만 두 가지가 동시에 보이지는 않습니다.

○ 그림 3-6. 전경과 배경 인식

게슈탈트 심리 치료

1940년대에 프레더릭과 로라 펄스 부부는 초창기의 게슈탈트 지각 심리학의 연구와 함께 게슈탈트 치료법을 개발했습니다. 이 치료법은 지그문트 프로이트와 카렌 호나이를 비롯해 심지어 연극까지 다양한 영향을 받았습니다.

게슈탈트심리학이 전체에 주목하듯이, 게슈탈트 심리 치료도 한 개인의 전체 존재에 초점을 맞춥니다. 행동과 말, 자세, 개인이 세계를 접하는 방식과 같은 항목을 중심으로 말이죠.

초기 게슈탈트심리학이 인물-배경 이론의 전경과 배경에 중점을 두었다면, 게슈탈트 심리 치료는 전경과 배경의 개념을 활용해 개인이 자기를 인식할 수 있도록 도와줍니다. 그러면 개인은 해결되지 않은 상황과 감정이라는 배경에서 내가 누구인지 파악할 수 있습니다.

일반적인 게슈탈트 치료 기법

게슈탈트 심리 치료에 사용되는 일반적인 기법은 역할극입니다. 이 기법은 개인이 다른 방식으로 해결하지 못한 상황이나 문제에 대한 해결책을 찾아가는 데 도움을 줍니다. 가장 일반적인 역할극은 '빈 의자 기법'으로, 빈 의자에 상대가 앉아 있다고 생각하고 그에게 말하는 방식입니다. 이 기법을 활용하면 감정을 터트릴 수 있을 뿐 아니라 개인이 자신의 문제를 해결하기 위한 새로운 방법을 찾는 데도 도움이 됩니다.

게슈탈트 심리 치료는 꿈 분석에 중점을 두면서 꿈이 개인의 심리뿐 아니라 과거의 외상까지 끌어낼 수 있다고 믿습니다. 게슈탈트 심리 치료에서 흔히 사용하는 기법은 2주 동안 자신의 꿈을 기록하게 하고, 특히 중요하게 느껴지는 꿈을 선택하거나 실제 행동으로 옮기게 하는 방식입니다. 이 과정에서 개인은 잊고 있던 경험과 다시 연결될 수 있습니다.

　게슈탈트 치료에서 또 하나의 일반적인 기법은 부드러운 방망이 또는 푹신한 막대기로 소파를 때리면서 분노를 해소하는 방식입니다. 분노의 대상을 시각화해 방망이나 막대기로 때리면 비생산적인 분노를 해소하고 진정한 자아에게 집중할 수 있습니다.

　마지막으로 가장 유명한 게슈탈트 심리 치료 기법은 단순합니다. 게슈탈트 심리 치료의 기본 개념은 자기 인식을 높이는 것이므로, 먼저 자신의 인식을 높여야 합니다. "나는 ~을 안다"라고 말하며 자신을 정의하면 됩니다. "나는 책상에 앉아 있다는 것을 안다", "나는 지금 슬프다는 것을 안다"라는 식으로 말할 수 있겠지요. 이 기법은 현재에 머무르게 해주고, 해석이나 판단에서 감정을 분리해주며, 자신을 어떻게 이해하는지에 대한 더 선명한 시각을 제시합니다.

꿈
Dreams

#무의식
#신경학
#창의적

빛이 사라질 때 나타나는 것

> "꿈은 무의미한 것이 아니다. 그것은 타당한 심리적 현상이고, 꿈을 통해 소망을 성취하는 것이다."
> ―지그문트 프로이트

심리학에서 꿈은 사람이 잠자는 동안 경험하는 모든 생각이나 이미지, 정서로 정의됩니다. 심리학자들은 우리가 왜 꿈을 꾸는지, 꿈이 무엇을 의미하는지 아직 합의된 결론을 내놓지 못했지만, 몇 가지 중요한 이론을 제시했습니다.

프로이트의 정신분석학적 꿈 이론

지그문트 프로이트는 꿈의 내용이 소망의 실현과 관련 있고, 꿈은 무의식적 생각과 동기, 욕구를 상징한다고 믿었습니다. 나아가 의식이 억압하는 성적 본능이 꿈에 나타난다고 생각했습니다. 프로이트는 『꿈의 해석 The Interpretation of Dreams』에서 꿈을 다음의 두 가지 요소로 분해했습니다.

1. **외현몽**: 꿈에 나타나는 생각, 내용, 이미지
2. **잠재몽**: 꿈에 숨겨진 심리적 의미

프로이트는 꿈의 의미를 이해하기 위해 꿈을 다섯 부분으로 나누었습니다.

1. **전치**: 무언가에 대한 욕구가 다른 무언가나 사람으로 표현되는 경우
2. **투사**: 꿈꾸는 사람의 소망이나 욕구가 꿈속의 다른 인물에게 떠맡겨지는 경우
3. **상징화**: 억압된 충동과 욕구가 꿈에서 은유적으로 표출되는 경우
4. **응축**: 많은 정보가 하나의 이미지나 생각으로 압축되어 의미를 해독하기 어려운 경우
5. **2차 수정**: 꿈의 마지막 단계로, 일관성 없는 요소들이 이해할 수 있는 꿈으로 재구성되는 경우

프로이트는 꿈에는 겉으로 보이는 내용으로 위장한 잠재적 내용이 있다고 주장했습니다. 이는 여러 연구에서 반박되었지만, 꿈 해석 분야에 대한 관심을 모으는 데 크게 기여했습니다.

카를 융의 꿈 이론

융은 꿈에 관한 프로이트의 이론을 대부분 받아들이면서도, 꿈은 단순히 억압된 욕망의 표현만이 아니라 우리가 깨어 있는 동안 발현되지 못한 정신의 일부를 보완하는 역할도 맡는다고 보았습니다. 또 융은 꿈이 집단 무의식과 개인 무의식을 드러내며 무의식적 사고를 대표하는 원형을 나타낸다고 믿었습니다.

꿈의 활성화-합성 모형

1977년에 로버트 맥칼리Robert McCarley와 앨런 홉슨J. Allan Hobson은 활성화-합성 모형activation-synthesis model을 만들어 꿈이 뇌의 생리적 과정에 따라 발생한다고 주장했습니다.

활성화-합성 모형에 따르면, 수면 주기의 마지막 단계인 빠른 안구 운동(REM) 수면 중에는 뇌간의 회로가 활성화됩니다. 이는

활성화-합성 모형을 주장한 로버트 맥칼리(좌)와 앨런 홉슨(우)

기억, 감각, 정서를 관장하는 뇌 영역인 변연계 일부의 활성화로 이어지죠. 뇌는 이런 내부 활동에서 의미를 만들어 꿈을 꾸는 것입니다.

활성화-합성 모형이 처음 나왔을 때, 심리학 분야 특히 프로이트의 이론을 따르는 학자들 사이에 논란이 일었습니다. 많은 심리학자가 꿈의 숨겨진 의미를 찾으려고 시도하는 사이, 활성화-합성 모형은 꿈을 단순히 뇌 활동을 처리하는 뇌의 산물이라고 주장한 것입니다.

그러나 홉슨은 꿈이 완전히 무의미하다고 생각하지는 않았습니다. 그는 꿈이 공상적이면서도 유용하고 새로운 아이디어가 만들어지는 '가장 창의적인 의식 상태'라고 말했습니다.

홀의 꿈 이론

심리학자 캘빈 홀Calvin S. Hall은 꿈 해석의 목표는 꿈을 꾸는 개인을 이해하는 것이지 꿈 자체를 이해하는 것은 아니라고 주장했습니다.

홀은 꿈을 제대로 해석하려면 다음에 제시된 몇 가지 항목을 이해해야 한다고 말했습니다.

미국의 심리학자 캘빈 홀

1. 우리가 꿈에서 하는 행동
2. 꿈에 나오는 인물이나 물건
3. 우리와 꿈속 인물 사이의 모든 상호작용
4. 꿈의 배경
5. 꿈 안에서 일어나는 모든 변화
6. 꿈의 결과

돔호프의 꿈 이론

윌리엄 돔호프G. William Domhoff는 캘빈 홀에게 학문을 배운 후, 꿈은 깨어 있을 때 떠오르는 모든 생각이나 관심사를 반영한다는 결론에 이르렀습니다. 돔호프의 이론에 따르면 꿈은 신경학적 과정의 결과입니다.

사회학자이자 심리학자 윌리엄 돔호프

꿈에서 나타나는 공통 주제

다음은 꿈을 꾸면서 경험하는 가장 일반적인 주제 10가지입니다. 프로이트의 이론을 바탕으로 꿈의 의미를 찾아보았습니다.

1. **충분히 준비하지 못한 채로 시험을 치르는 꿈**: 이 유형의 꿈은 학교 시험만이 아니라 각자의 다양한 시험을 의미합니다. 배우가 오디션 일정을 깜빡하거나 대사가 보이지 않는 꿈을 꾸는 것처럼 말이죠. 이 유형의 꿈은 노출되는 느낌을 다룹니다. 시험은 누군가에 의해 판단되거나 평가받는 것을 상징할 수 있습니다.

2. **공공장소에서 알몸으로 있거나 부적절한 옷을 입고 있는 꿈**: 이 유형의 꿈은 수치심이나 취약성과 관련 있습니다.

3. **쫓기거나 공격당하는 꿈**: 이런 꿈은 아이들에게 더 흔하게 나타납니다. 아이들의 꿈은 사회적 두려움보다는 신체적 두려움에 더 초점이 맞춰져 있기 때문이죠. 아이들은 몸집이 작기 때문에 신체적으로 더 취약하다고 느낄 수 있습니다. 성인이 이런 꿈을 꾼다면 스트레스를 받고 있다는 신호일 수 있습니다.

4. **높은 데서 떨어지는 꿈**: 떨어지는 꿈은 현재 상황에 압도당하거나 통제력을 잃은 느낌을 나타낼 수 있습니다.

5. **이동 중에 길을 잃는 꿈**: 인생에서 길을 잃었다고 느끼거나 무언가를 구하고 길을 찾으려 하지만 어떻게 해야 할지 모르겠다고 느낄 때 꿀 수 있는 꿈입니다.

6. **이가 빠지는 꿈**: 개인적인 관계에서 상대가 내 말을 안 들어주거나 나를 봐주지 않는 느낌, 또는 공격적인 감정을 나타낼 수 있습니다.

7. **자연재해**: 개인적인 문제에 압도당해 통제할 수 없을 것 같은 느낌을 의미할 수 있습니다.
8. **날아다니는 꿈**: 어떤 상황에서 벗어나거나 자유로워지고 싶은 욕구를 나타낼 수 있습니다.
9. **죽거나 다치는 꿈**: 개인적인 관계나 자질을 비롯해 우리의 일상에서 더 이상 발전하지 않거나 시들어가는 것을 나타낼 수 있습니다. 꼭 죽음에 대한 생각을 의미하거나 암시하는 것은 아닙니다.
10. **자동차를 통제하지 못하는 꿈**: 이 유형의 꿈은 스트레스와 두려움에 시달리고 일상생활을 통제하지 못한다고 느낄 때 나타날 수 있습니다.

심리학자들은 여전히 꿈을 온전히 이해하지 못하지만 꿈에 대한 해석은 현대 심리학에서 중요한 역할을 합니다. 꿈이 무의식과 연결되고 억압된 욕망을 나타낸다는 프로이트의 해석부터 꿈은 단지 신경학적 과정의 결과라고 믿었던 돔호프의 연구까지, 꿈에 관한 이론은 꾸준히 등장해왔습니다. 꿈이 나타나는 이유, 꿈 이면의 세세하고 다양한 내용과 의미를 이해하는 것은 여전히 심리학에서 매우 중요한 영역으로 남아 있습니다.

스트레스
Stress

#긍정적
#부정적
#한스젤리에

압박감의 과학

> "우리를 죽이는 것은 스트레스가 아니라
> 스트레스에 대한 우리의 반응이다."
> —한스 젤리에

스트레스는 외부 자극으로 생리적 반응이 일어나는 상태입니다. 자극은 심리적 자극일 수도 있고 생리적 자극일 수도 있습니다. 스트레스는 장기적일 수도 있고 단기적일 수도 있습니다. 흔히 말하는 것과 달리, 스트레스는 단순한 느낌이 아닙니다. 스트레스는 우리의 생물학적·심리적 상태에 실질적인 영향을 미칠 수 있습니다.

스트레스를 걱정 정도로 생각하기도 하지만, 사실 스트레스는 그 이상의 상태이며 반드시 나쁜 것만도 아닙니다. 실제로 스트레스에는 부정적 스트레스*와 긍정적 스트레스* 두 가지 유형이 있고, 각각의 스트레스는 부정적 사건과 긍정적 사건에 의해 발생합니다.

> **심리학 용어 정리**
>
> ∗ **부정적 스트레스**
> 부정적 사건으로 발생하는 스트레스입니다. 사랑하는 사람이 죽거나 몸이 아프거나 직장을 잃을 때 나타나는 스트레스를 예로 들 수 있습니다.
>
> ∗ **긍정적 스트레스**
> 긍정적 사건으로 발생하는 스트레스입니다. 무서운 영화를 보거나 롤러코스터를 타거나 승진할 때 나타나는 스트레스를 예로 들 수 있습니다.

싸우거나 도피하는 반응

1920년대, 미국의 생리학자 월터 캐넌Walter Cannon은 동물의 행동을 기준으로 어떻게 스트레스를 해소하는지에 관한 이론을 내놓았습니다. 그는 이 이론을 '싸우거나 도피하는 반응Fight or Flight Response'이라고 불렀는데, 이는 급성 스트레스라고도 합니다.

캐넌은 동물이 강한 스트레스를 받으면 (실질적인 스트레스가 아니라고 해도) 심리적·생리적 반응이 일어난다고 말합니다. 스트레스를 받으면 체내에 갑자기 아드레날린, 노르에피네프린, 코르티솔을 비롯한 화학물질이 분비되면서 심박수가 증가하고 호흡이 가빠집니다. 또, 근육이 긴장하고 혈관이 수축해, 싸우거나 도망치는 데 필요한 에너지가 생성됩니다. 이런 비자발적 신체 반응은 면역계, 내분비계, 중추신경계의 세 가지 신체 체계에 의해 조절됩니다.

한스 젤리에의 쥐 실험

스트레스가 신체에 미치는 영향은 1936년에 헝가리의 과학자 한스 젤리에Hans Selye가 처음 설명했습니다. 젤리에는 만성 스트레스가 신체에 장기간 화학적 변화를 일으켜 질병의 주요 원인이 될 수 있다는 이론을 내놓았습니다.

캐나다의 내분비학자
한스 젤리에

젤리에는 맥길대학교 생화학과 조교로 일하며 쥐를 연구하던 중 우연히 이 사실을 발견했습니다. 그는 새로운 성호르몬을 발견하기 위해 쥐에게 난소 추출물을 주입하는 실험을 진행하고 있었습니다.

난소 추출물을 주입하자 쥐의 비장과 흉선, 림프절, 부신피질이 비대해지고 십이지장과 위벽에 깊은 출혈성 궤양이 생기는 반응이 나타났습니다. 주입하는 양에 따라 반응이 증가하기도 하고 감소하기도 했습니다. 한스 젤리에는 새로운 호르몬을 발견한 듯한 느낌을 받았고, 태반 추출물과 뇌하수체 추출물로 계속 실험을 이어갔습니다. 놀랍게도 쥐들은 같은 반응을 보였습니다. 그는 새로운 성호르몬을 발견했다고 믿으면서 신장과 비장을 비롯한 다른 몇 가지 장기의 추출물로도 다시 실험을 진행했는데, 매번 같은 반응이 나왔습니다. 이런 결과에 당황한 젤리에는 마지막으로 한 가지를 더 시도했습니다. 포름알데히드의 일종인 화학물질을 쥐에게 주입했고, 역시나 같은 결과가 나왔습니다.

한스 셀리에의 일반 적응 증후군

한스 셀리에는 쥐를 대상으로 실시한 실험을 실패로 판단하고(새로운 성호르몬을 발견하지 못했으므로) 그가 발견한 증상을 설명해 줄 다른 원인을 찾기 시작했습니다. 몇 년 후, 그는 프라하에서 의대생으로 공부하던 시절의 경험을 떠올렸습니다. 당시 환자들은 장腸 문제와 전반적인 통증을 호소하며 병원을 찾아왔습니다. 병원에서 추가 검사를 진행한 결과, 환자들은 발열, 간이나 비장의 비대화, 피부 발진, 편도선 염증 등의 증상도 보였습니다. 나중에는 특정 질병과 관련된 진단 가능한 증상이 나타나기 시작했습니다.

또한 셀리에는 당시 의사가 환자가 어떤 증상을 겪고 있든 간에 항상 특정 치료법(휴식, 소화가 잘되는 음식 섭취, 온도 차가 심한 공간 피하기)을 지시하는 데 흥미를 느꼈습니다.

한스 셀리에는 쥐를 대상으로 한 실험실 연구와 의대생 시절의 기억을 바탕으로 스트레스에 대한 신체 반응을 설명하는 일반 적응 증후군 General adaptation syndrome을 발견했습니다. 셀리에는 일반 적응 증후군을 세 단계로 나누었습니다.

1. **경보 반응**: 스트레스 요인이나 외부 자극 때문에 몸의 항상성이 깨지고, 몸이 이런 자극을 처음 알아채는 단계입니다. 이 단계에서는 캐넌이 말하는 '싸우거나 도망치는 반응'이 일어나고 다양한 호르몬이 분비됩니다. 우리가 당면한 상황에 대처하기 위한 충분한 에너지가 공급되는 것이죠.

    신체 활동이 부족한 탓에 '싸우거나 도망치는 반응'에서 나오는 에너지가 계속 사용되지 않고 체내에 남아 있으면 실제로 몸에 해로운 영향을 미칠 수 있습니다. 예컨대, 코르티솔 호르몬이 너무 많이 분비되면 근육 조직과 세포가 손상되고, 위궤양, 고혈당, 뇌졸중으로 이어질 수 있습니다. 체내에 아드레날린이 너무 많이 남아 있으면, 뇌와 심장의 혈관이 손상되어 뇌졸중이나 심장마비를 일으킬 위험이 커집니다.

2. **적응**: 몸이 외부 자극에 대응하고 회복과 재생과 수리를 통해 항상성을 회복하는 단계입니다. 이 과정을 '저항'이라고 합니다. 경보 단계가 시작된 직후에 시작되어 스트레스 상태가 사라질 때까지 계속됩니다. 스트레스 상태가 지속되면 몸은 계속 각성 상태를 유지합니다.

    이 과정이 너무 자주 반복되면 회복할 시간이 거의 또는 전혀 남지 않아서 문제가 발생합니다. 이런 상태가 되면 다음 단계로 넘어갑니다.

3. 탈진: 몸이 스트레스 요인과 싸우느라 신체적·정신적 에너지가 고갈된 상태입니다. 특히 만성 스트레스와 싸울 때 나타나는 현상이죠. 단기적 스트레스와 싸울 때는 에너지가 완전히 고갈되지 않을 수 있습니다. 에너지가 고갈되면 더 이상 스트레스 요인에 저항할 수 없습니다. 결과적으로 스트레스 수준이 높아지고, 계속 그 수준을 유지합니다. 그러면 부신 피로 증후군이나 탈진, 부적응, 과부하, 기능 장애가 나타날 수 있습니다.

만성 스트레스가 몸과 마음에 미치는 결과는 상당히 놀랍습니다. 장기와 조직의 신경세포, 기억력과 사고력이 손상될 수 있으며, 불안이나 우울증에 걸릴 가능성이 커질 수 있습니다. 높은 수준의 스트레스는 류머티즘성관절염, 고혈압, 심장 질환의 원인이 될 수도 있지요.

성격
Personality

#올포트
#카텔
#성격5요인

우리는 어떻게 우리가 되는가?

> "우리 인생의 대부분은 다른 사람들이 자신보다 우리를 더 잘 이해해주기를 바라는 데 소비된다."
> ─고든 올포트

심리학자들은 성격을 논의할 때 개인을 고유하게 만들어주는 생각, 행동, 정서('정신 체계'라고도 합니다)를 살펴봅니다. 성격은 개인마다 다르고 대개 평생에 걸쳐 일관되게 유지됩니다. 성격을 이루는 요소에 관한 해석은 다양하지만, 일반적으로 학계에서는 몇 가지 주요 특징만 인정되고 있습니다.

1. 일반적으로 사람들의 행동에는 일관적이고 뚜렷한 질서가 있습니다. 사람들은 다양한 상황에서 동일하거나 유사한 방식으로 행동합니다.
2. 성격은 우리가 주어진 환경에서 행동하고 반응하는 방식에 영향을 미치고, 특정 방식으로 행동하는 원인이 되기도 합니다.
3. 성격은 심리적인 개념이지만, 생물학적 과정도 성격에 중요

한 영향을 미칩니다.
4. 성격이 행동으로만 드러나는 것은 아닙니다. 다른 사람과의 상호작용이나 관계, 생각, 정서에도 드러날 수 있습니다.

특질 이론

성격이 어떻게 발달하는지 이해하려고 시도한 여러 이론과 학파가 있는데, 앞서 이미 깊이 있게 다뤄보았습니다. 그중에는 자유의지의 역할과 개인의 경험을 강조하는 인본주의 이론(매슬로의 욕구 위계 이론), 생애 초기의 경험과 무의식을 강조하는 정신분석 이론(지그문트 프로이트의 연구), 개인과 환경의 상호작용이 성격 발달로 이어진다고 제안하는 행동주의 이론(고전적 조건형성과 조작적 조건형성) 등이 있습니다. 개인 사이의 차이를 강조한다는 점에서 특히 주목받는 특질 이론을 살펴보겠습니다.

특질 이론에 따르면, 성격은 개인마다 고유하고, 특정 방식으로 행동하게 만드는 여러 가지 특성의 조합으로 이루어집니다. 이런 특성의 조합을 특질trait이라고 하지요. 특질 이론은 각 개인을 이루는 성격 특질을 찾고 측정하는 데 중점을 둡니다. 심리학의 역사에는 몇 가지 특질 이론이 있습니다. 그중 가장 중요한 이론은 다음과 같습니다.

올포트의 특질 이론

1936년, 하버드대학교의 심리학자 고든 올포트Gordon Allport는 미국에서 최초로 성격심리학을 강의했고, 성격에 관한 특질 이론을 개발했습니다. 그는 사전을 뒤져가며 성격 특질을 설명하는 단어를 모두 찾아냈습니다. 총 4,500개가 넘는 단어를 다음의 세 범주로 분류했습니다.

1. **주 특질**: 개인의 전체 성격을 통제하고 정의하는 특질로, 소수의 사람에게만 나타납니다. 따라서 이 특질은 개인과 동의어로 사용될 때가 많습니다. 하지만 이런 경우는 극히 드물죠. 이 특질에는 메시아적 특질, 자기애적 특질, 마키아벨리적 특질이 있습니다.
2. **중심 특질**: 공통된 특질입니다. 친근함, 친절함, 정직함 같은 특질이 해당됩니다.
3. **보조 특질**: 특정 조건과 상황에서 나타나는 특질입니다. 예를 들어, 대중 앞에서 연설하기 전에 긴장하는 경우가 있습니다.

카텔의 16가지 성격 요인

심리학자 레이몬드 카텔Raymond Cattell은 올포트의 성격 이론을 바탕으로 4,200개 이상의 성격 특질 목록에서 서로 유사한 특질을 통합했습니다. 그다음 흔하지 않은 특질을 골라내 171개로 추렸죠. 이런 특질을 담은 설문지를 만들어 대규모 인구 표본에 설문 조사를 실시했습니다.

카텔은 설문 조사에서 얻은 결과를 토대로 서로 밀접히 연관된 용어를 찾아냈고 요인 분석이라는 통계 기법으로 주요 성격 특질의 수를 더 줄였습니다. 마침내 총 16가지 성격 특질이 모든 성격의 원천이고, 모든 사람이 어느 정도 이런 특질을 갖는다고 결론지었습니다. 카텔이 찾아낸 16가지 성격 요인은 다음과 같습니다.

1. 추상성: 상상력이 풍부하고 추상적인가, 현실적이고 실용적인가.
2. 불안감: 걱정과 불안을 느끼는가, 자신감과 안전감을 느끼는가.
3. 지배력: 강압적이고 독단적인가, 복종적이고 순종적인가.
4. 정서적 안정: 정서적으로 안정적인가, 불안정한가.
5. 생동감: 열정적이고 자발적인가, 절제되고 진지한가.
6. 변화에 대한 개방성: 유연하고 열려 있는가, 전통적이고 익숙한 것에 집착하는가.
7. 완벽주의: 자제력과 통제력이 있는가, 무절제하고 유연한가.
8. 개인성: 신중하고 기민한가, 열려 있고 가식이 없는가.
9. 추론: 추상적으로 사고하고 더 지적인가, 구체적으로 사고하고 덜 지적인가.

10. **규칙 의식**: 양심적이고 규칙을 준수하는가, 순응하지 않고 규칙을 무시하는가.
11. **자립심**: 자립적인가, 의존적인가.
12. **감수성**: 감성적이고 섬세한가, 무감각하고 둔감한가.
13. **사회적 대담성**: 거침없고 대담한가, 수줍어하고 소심한가.
14. **긴장감**: 조급해하고 좌절하는가, 안정되고 평온한가.
15. **경계심**: 의심하고 회의적인가, 신뢰하고 수용하는가.
16. **온화성**: 외향적이고 배려심 있는가, 내향적이고 거리를 두는가.

아이젠크의 세 가지 차원

심리학자 한스 아이젠크Hans Eysenck는 1947년에 다른 특질 이론들과 별개인 성격 모형을 만들었고, 1970년대 후반에 이 모형을 새롭게 다듬었습니다. 그의 성격 모형은 모든 사람이 세 가지 보편적인 특질을 공유한다는 개념에 기반을 두었습니다.

1. **내향성과 외향성**: 내향성은 내면의 경험에 주의를 기울이는 조용하고 내성적인 성향입니다. 외향성은 주변 사람들과 환경으로 주의를 돌리는 성향입니다. 외향성이 높은 사람은 활발하고 사교적입니다.

2. **신경증과 정서적 안정성**: 신경증은 감성적 상태가 되거나 감정이 잘 상하는 성향이고, 정서적 안정성은 정서가 안정적으로 잘 유지되는 성향입니다.
3. **정신병적 성향**: 정신병적 성향이 높은 사람은 적대적이고 반사회적이고 조작적이고 냉담한 성향을 보이고, 자신이 현실에 대처하기 어렵다고 느낍니다.

성격 5요인 이론

오늘날 성격심리학자들은 카텔의 이론에는 성격 특질이 너무 많고, 아이젠크의 이론에는 성격 특질이 충분하지 않다고 비판합니다. 그래서 '성격 5요인'이라는 이론을 신뢰하는 사람이 많은 편이죠. 이 모형은 성격의 기반이 다음과 같은 다섯 가지 주요 특질의 상호작용을 통해 나온다고 주장합니다.

1. **외향성**: 개인의 사교성 수준입니다.
2. **우호성**: 개인의 친근감, 애정, 신뢰, 긍정적인 사회적 행동의 수준입니다.
3. **성실성**: 개인의 조직력, 사려 깊음, 충동 조절 능력의 수준입니다.
4. **신경증**: 개인의 정서적 안정 수준입니다.

5. 개방성: 개인의 상상력, 창의력, 관심 범위의 수준입니다.

성격이라는 주제를 다루는 이론은 가지각색이지만, 그중에서도 한 가지는 확실합니다. 바로 성격은 매우 중요한 주제라는 사실이죠. 대체로 평생에 걸쳐 일관적으로 유지되는 성격은 모든 개인이 독특하고 개별화된 방식으로 생각하고 행동하고 느끼게 만듭니다.

사랑
Love

#애착
#헌신
#친밀감

진심으로 들어주기

> "격렬한 정열은 불타서 얼른 식어버린다.
> 깊은 애정은 그보다 천천히 자라나고
> 결혼은 훨씬 더 많은 시간이 걸린다."
> ―로버트 스턴버그

사랑은 인간의 매우 복잡한 감정입니다. 사랑에 관한 다양한 이론이 존재하죠. 심리학자들은 사랑이 인간의 핵심 감정이라는 데 동의합니다. 하지만 정확히 왜, 어떻게 사랑이 일어나는지는 아직 제대로 알지 못합니다. 현재 사랑과 정서적 애착, 호감에 관해 설명을 시도하려는 네 가지 주요 이론이 있습니다.

루빈의 호감과 사랑 척도

심리학자 직 루빈Zick Rubin은 사랑을 경험적으로 측정하는 방법을 개발한 연구자입니다. 루빈은 낭만적 사랑은 애착, 보살핌, 친밀감이라는 세 가지 요소로 이루어진다고 믿었습니다.

1. **애착**: 상대방과 함께 있고 싶고, 상대방에게 보살핌을 받고 싶어 하는 욕구입니다. 애착의 중요한 구성 요소에는 인정과 신체 접촉이 있습니다.
2. **보살핌**: 나의 행복과 욕구를 소중히 생각하는 것만큼 상대방의 행복과 욕구도 소중히 여기는 마음입니다.
3. **친밀감**: 나의 욕구와 감정과 신념을 소통하려는 마음입니다.

다음으로 루빈은 이 요소들을 측정하기 위한 두 가지 질문지를 개발했습니다. 누군가를 좋아하는 마음과 사랑하는 마음의 차이는 그 사람을 어떻게 평가하는지로 알 수 있습니다. 루빈은 누군가를 좋아하는 감정과 사랑하는 감정을 측정하기 위한 질문을 만들어 답변을 비교했습니다. 참가자들에게는 좋은 친구에게 어떻게 느끼는지, 인생의 중요한 상대에게 어떻게 느끼는지를 기준으로 질문에 답하게 했습니다. 결과적으로 좋은 친구의 점수는 호감 척도에서 높이 나온 반면에, 사랑하는 사람의 점수는 애정 척도에서 높게 나왔습니다. 이렇게 루빈은 사랑의 감정을 측정할 수 있었죠.

일레인 햇필드의 열정적이고 자비로운 사랑

심리학자 일레인 햇필드Elaine Hatfield는 사랑은 열정적인 사랑과 자비로운 사랑, 두 가지 형태로만 존재한다고 주장했습니다.

1. **열정적인 사랑**: 격정적인 성적 흥분, 강렬한 끌림, 애정, 온갖 감정, 함께 있고 싶은 강한 충동. 열정적인 사랑은 6~30개월 정도로 단기간 지속되는 경향이 있고, 자비로운 사랑으로 넘어갈 수 있습니다.
2. **자비로운 사랑**: 애착과 존중, 신뢰, 애정, 헌신의 감정. 자비로운 사랑은 열정적인 사랑보다 오래 이어집니다.

열정적인 사랑과 자비로운 사랑이 일어나기 위해서는 다음의 몇 가지 핵심 요소가 갖춰져야 한다고 보았습니다.

1. **타이밍**: 사랑에 빠질 준비가 된 순간입니다.
2. **유사성**: 누구나 자신과 비슷한 사람을 열정적으로 사랑하는 경향이 있습니다.
3. **초기 애착 유형**: 오랫동안 깊은 관계는 서로에게 강한 애착을 느끼는 경우에 나타나고, 금방 사랑에 빠졌다가 헤어지는 사람들은 대체로 강한 애착이나 유대감을 형성하지 못합니다.

또한 햇필드는 환희나 성취감으로 이어지는 보상적 사랑과 좌절이나 절망으로 이어지는 일방적 사랑을 구분하기도 했습니다.

존 리의 여섯 가지 사랑 유형

존 리John Lee는 다양한 사랑의 유형이 색상환의 원칙과 비슷하다고 보았습니다. 색상환에 세 가지 원색이 있듯이 사랑도 세 가지 기본 유형으로 나눌 수 있다고 생각했지요.

1. **낭만적 사랑**eros: 육체적으로나 감정적으로 어떤 사람의 이상적인 모습을 사랑하는 유형입니다.
2. **유희적 사랑**ludos: 게임이나 정복의 원리로 작동하는 사랑의 유형(한 번에 다수의 상대를 만날 수 있습니다)입니다.
3. **우애적 사랑**storge: 오랜 우정에서 비롯된 사랑의 유형입니다.

색상환의 세 가지 원색을 조합해 보색을 만들듯이 사랑의 기본 유형도 조합할 수 있습니다. 그 결과 세 가지 보조적 사랑의 유형이 나타납니다.

1. **소유적 사랑**mania: 낭만적 사랑과 유희적 사랑이 결합한 형태로, 집착하는 사랑을 의미합니다. 감정의 기복, 질투, 강렬한 소유욕이 나타납니다.
2. **논리적 사랑**pragma: 유희적 사랑과 우애적 사랑이 결합한 형태로, 실용적인 사랑을 의미합니다. 연인이 최종적으로 도달하고 싶어 하는 상태입니다. 이런 관계에 대한 기대는 실용적

이고 현실적으로 여겨집니다.

3. **이타적 사랑**agape: 낭만적 사랑과 우애적 사랑이 결합한 형태로, 모든 것을 포용하는 이타적인 사랑을 의미합니다.

로버트 스턴버그의 삼각 사랑 이론

심리학자 로버트 스턴버그Robert Sternberg는 사랑을 친밀감, 열정, 헌신이라는 세 부분으로 나눌 수 있다고 제안했습니다.

1. **친밀감**: 가까운 감정, 서로 지지해주는 느낌, 함께 나누는 느낌, 사랑받는 느낌입니다.
2. **열정**: 성적 흥분, 매력, 희열 등의 느낌으로 두 사람을 하나로 묶어주는 원동력입니다.
3. **헌신**: 상대방에게 충실하고 장기간 관계를 유지하려는 욕구입니다.

심리학자 로버트 스턴버그

○ 그림 3-7. 스턴버그의 삼각 사랑 이론

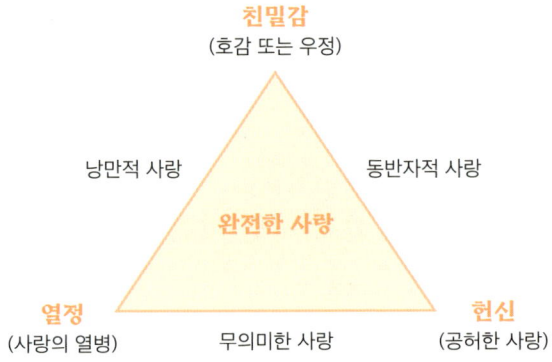

이 세 가지 요소에서 일곱 가지 조합이 나올 수 있습니다. 가장 쉽게 이해하는 방법은 삼각형으로 보는 것입니다. 삼각형에서 친밀감, 열정, 헌신은 세 꼭짓점이고, 여기에 꼭짓점들 간의 조합을 포함해 다음의 일곱 가지 사랑 유형을 만들 수 있습니다.

○ 스턴버그의 일곱 가지 사랑 유형

		친밀감	열정	헌신
1	호감 또는 우정	O	X	X
2	사랑의 열병	X	O	X
3	공허한 사랑	X	X	O
4	낭만적 사랑	O	O	X
5	동반자적 사랑	O	X	O
6	무의미한 사랑	X	O	O
7	완전한 사랑	O	O	O

1. **호감 또는 우정**: 친밀감과 강한 유대감은 있지만 열정이나 헌신이 없는 우정을 의미합니다.
2. **사랑의 열병**: '첫눈에 반한 사랑'의 감정입니다. 헌신이나 친밀감이 없어 일시적일 수 있습니다.
3. **공허한 사랑**: 친밀감과 열정은 사라졌어도 서로에게 강하게 헌신하는 상태입니다.
4. **낭만적 사랑**: 낭만적 사랑의 주된 특징은 친밀감과 열정으로, 성적 흥분과 정서적 유대감이 있지만 헌신이 부족한 상태를 의미합니다.
5. **동반자적 사랑**: 열정은 없지만 서로에 대한 헌신과 깊은 애정이 있는 유형입니다. 이 유형은 가족이나 친한 친구 사이에서 나타나고, 부부 사이에도 나타날 수 있습니다.
6. **무의미한 사랑**: 열정과 헌신은 있지만 친밀감이 결여된 유형입니다. 소모적인 사랑의 예로는 짧거나 충동적인 결혼을 들 수 있습니다.
7. **완전한 사랑**: 가장 이상적인 형태의 사랑으로 친밀감, 열정, 헌신이 특징입니다. 스턴버그는 완전한 사랑에 도달하면 유지하기 더 어려워지고 영구적이지 않을 수 있다고 주장했습니다. 시간이 지나면서 열정이 사라진다면 완전한 사랑은 동반자적 사랑으로 바뀔 수 있습니다.

스턴버그는 관계가 지속되는 동안 친밀감, 열정, 헌신 사이의 균형이 변할 수 있다고 보았습니다. 연인이나 부부가 사랑의 세 가지 구성 요소와 일곱 가지 유형을 이해하면 함께 개선해나갈 점과 피해야 할 점, 심지어 관계를 끝내야 할 때를 아는 데 도움이 될 수 있습니다

지능 이론
Theories of Intelligence

#g요인
#알프레드비네
#IQ

생각에 대한 생각

> "이해력, 창의력, 방향성, 그리고 판단력.
> 이 네 가지 단어가 지능을 설명한다"
> —알프레드 비네

지능은 심리학에서 논란이 많은 주제 중 하나입니다. 지능이 무엇인지 표준적인 정의가 합의된 적이 없지요. 지능을 하나의 능력이라고 보는 시각도 있고, 다양한 재능과 기술과 능력이라고 보는 시각도 있습니다. 하지만 대체로 지능은 합리적으로 생각하고, 문제를 해결하고, 사회의 규범과 관습과 가치관을 이해하고, 상황을 파악하고, 경험을 통해 배우고, 삶의 요구에 대응하고, 이성적으로 사고하는 능력을 아우르는 개념이라는 데는 동의합니다.

지금도 심리학자들 사이에서는 지능을 정확히 측정할 수 있는지에 관한 의견이 분분합니다. 심리학자들은 지능을 연구하면서 다음과 같은 질문에 답하려 합니다.

1. 지능은 유전되는가?

2. 환경이 지능에 영향을 미치는가?
3. 지능에 다양한 기술과 능력이 포함되는가, 아니면 하나의 능력만 포함되는가?
4. 지능검사는 편향되었는가?
5. 지능검사 점수가 무언가를 예측해주는가?

주요 지능 이론

지능이 무엇인지 설명하려는 이론은 다양합니다. 여기서는 주요 지능 이론 몇 가지를 소개하겠습니다.

일반 지능

영국의 심리학자 찰스 스피어먼Charles Spearman은 1904년에 일반 지능, 곧 'g 요인'이라는 개념을 내놓았습니다. 스피어먼은 정신적 능력에 영향을 미치는 일반 지능이 존재하고, 정신 능력 검사의 단일 수치로 'g 요인'을 측정할 수 있다고 믿었습니다. 그는 하나의 인지 검사에서 좋은 성적을 거둔 사람은 다른 정신 능력 검사에서도 좋은 성적을 거두고, 하나의 검사에서 부진한 사람은 다른 검사에서도 부진한 성적을 거둔다는 사실

영국의 심리학자 찰스 스피어먼

을 발견했습니다. 따라서 지능은 숫자로 측정하고 표현할 수 있는 일반적인 인지 능력이라는 결론에 이르렀습니다.

기본 정신 능력 이론

심리학자 루이스 서스톤Louis L. Thurstone은 지능을 결정하는 일곱 가지 '기본 정신 능력'이 존재한다고 믿었습니다. 이 능력에는 추론, 언어 이해력, 수리 능력, 지각 속도, 단어 유창성, 공간 시각화, 연상 기억이 포함됩니다.

심리학자 루이스 서스톤

다중 지능 이론

심리학자 하워드 가드너Howard Gardner의 다중 지능 이론에 따르면, 수치로 표현된 지능은 인간의 지능을 정확히 보여주지 못한다고 합니다. 가드너는 능력과 기술을 기반으로 하는 여덟 가지 지능이 존재한다고 말했습니다. 사람들은 이 여덟 가지 지능 중, 일부 지능은 더 강하고 다른 지능은 더 약할 수 있다고 이야기

교육심리학자 하워드 가드너

했죠. 여덟 가지 지능에는 시각-공간 지능(사물을 시각화하는 능력), 언어 지능(쓰기와 말하기에서 단어를 사용하는 능력), 논리-수

학 지능(문제를 논리적으로 분석하고 양상을 인식하며 이성을 사용하는 능력), 신체-운동 지능(신체 조절 및 움직임 능력), 음악 지능(리듬, 소리, 패턴으로 생각하는 능력), 대인 관계 지능(타인을 이해하고 타인에게 반응하는 능력), 개인 내 지능(자신의 감정과 정서, 동기를 인식하는 능력), 자연주의 지능(자연과 조화를 이루고, 환경을 탐색하고, 다른 종에 대해 더 많이 배우는 능력)이 있습니다.

삼원 지능 이론

심리학자 로버트 스턴버그의 삼원 지능 이론에서는 '성공적 지능'을 이루는 세 가지 요소가 있습니다. 이 요소에는 분석적 지능(문제를 해결하는 능력), 창의적 지능(현재의 기술과 과거의 경험을 활용해 새로운 상황에 대처하는 능력), 실용적 지능(변화하는 환경에 적응하는 능력)이 있습니다.

지능검사의 연대기

지능을 정의하는 설명만큼이나 지능을 검사하는 방법도 다양합니다. 시간의 흐름에 따라 지능검사(또는 도구)도 진화하고 표준화되었습니다.

알프레드 비네 (1905)

1905년, 프랑스의 심리학자 알프레드 비네Alfred Binet는 프랑스 정부에 고용되어 아동의 지능을 측정하기 위한 검사를 개발했습니다. 당시 프랑스 정부는 6세부터 14세까지 모든 아동의 학교 교육을 의무화하는 법안을 통과시킨 터라, 어떤 아동에게 특수한 도움이 필요한지 알아보기 위한 검사가 필요했습니다.

프랑스의 심리학자 알프레드 비네

알프레도 비네와 동료 테오도르 시몽Theodore Simon은 기억력, 주의력, 문제 해결 능력을 비롯해 학교 밖의 상황에 초점을 맞춘 질문을 개발했습니다.

비네는 일부 아이들은 더 성숙한 아동을 위한 고차원적인 질문에도 답할 수 있는 반면, 일부 아이들은 더 어린 아동을 위한 질문에만 답할 수 있다는 사실을 알아챘습니다. 이런 연구 결과를 바탕으로, 비네는 특정 연령대 아동의 평균 지능을 측정하는 정신연령이라는 개념을 고안했습니다. 비네-시몽 척도는 최초의 지능검사이자 현재 사용하는 지능검사의 기초가 되었습니다.

스탠퍼드-비네 지능검사 (1916)

비네-시몽 척도가 미국에 도입되었을 때, 스탠퍼드대학교의 심리학자 루이스 터먼Lewis Terman은 이 척도를 표준화해 미국인 표본에 적용했습니다. 이렇게 변형된 검사는 스탠퍼드-비네 지능 척도라는 이름으로 1916년에 발표되었습니다.

이 검사에서는 단일한 수치(지능지수, IQ)로 개인의 점수를 나타냈습니다. IQ를 계산할 때는 먼저 정신연령을 측정해야 합니다. 측정한 정신연령을 대상자의 연령으로 나누고, 그 결과에 100을 곱하면 됩니다.

미국의 심리학자 루이스 터먼

군 알파 검사와 군 베타 검사(1917)

제1차세계대전이 발발할 무렵, 수많은 육군 신병이 모집되었습니다. 대규모의 인원을 선별하기 위해 심리학자 로버트 여키스Robert Yerkes(APA 회장이자 신병심리검사위원회 회장)는 군 알파 검사와 군 베타 검사라는 두 가지 지능검사를 개발했습니다. 200만 명 이상의 청년들에게 이 검사를 실시해 각자가 맡을 수 있는 역할과 직책을 파악하려 했습니다.

미국의 심리학자 로버트 여키스

웩슬러 지능 척도(1955)

1955년에 미국의 심리학자 데이비드 웩슬러David Wechsler는 새로운 지능검사인 웩슬러 성인용 지능 척도 (WAIS)를 개발했습니다. 이 검사는 나중에 WAIS-III로 개정됩니다.

웩슬러는 아동을 위한 검사도 두 가지 개발했습니다. 웩슬러 유아 지능 척도(WPPSI)와 웩슬러 아동 지능 척도(WISC)입니다.

미국의 심리학자 데이비드 웩슬러

스탠퍼드-비네 검사가 정신연령을 기준으로 점수를 매기는 데 비해, 웩슬러 성인 지능 척도는 개인의 점수를 보고 같은 연령대 사람들과 비교해 점수를 매깁니다. 평균 점수는 100점입니다. WAIS의 채점 방식은 현재 IQ 검사의 표준 방식입니다.

더 읽어보기

IQ 점수의 의미

스탠퍼드-비네 지능검사
- 19 이하: 매우 심각한 정신적 결핍
- 20~49: 심각한 정신적 결핍
- 50~69: 중등도의 정신적 결핍
- 70~79: 가벼운 정신적 결핍
- 80~89: 둔한 정상
- 90~109: 평균 또는 정상
- 110~119: 우수

- 120~139: 매우 우수
- 140 이상: 천재 또는 천재에 가까운 수준

웩슬러 아동 지능검사
- 69 이하: 매우 낮은 지능
- 70~79: 경계선 지능
- 80~89: 낮은 평균
- 90~109: 평균
- 110~119: 높은 평균
- 120~129: 우수
- 130 이상: 매우 우수

리더십 이론
Leadership Theories

#자질
#기술
#상황

리더가 되려면 무엇이 필요한가?

> "사람들은 행할 수 있는 능력뿐만 아니라
> '하고자 하는 의지'도 다르다."
> ―폴 허시

20세기 초, 심리학계에서는 리더십 이론에 관심이 커지기 시작했습니다. 대공황과 제2차세계대전을 겪으면서, 좋은 리더가 되려면 무엇이 필요한지 알고 싶어 했기 때문이죠. 초창기 리더십 이론이 리더와 추종자의 자질에 초점을 맞췄다면, 이후의 이론은 기술 수준과 상황적 요인에 초점을 맞췄습니다. 여러 리더십 이론이 있지만, 크게 여덟 가지 유형으로 나눌 수 있습니다.

위인 이론

위인 이론의 주요 개념은 선천적으로 리더의 능력을 갖춘 사람들이 있다는 것입니다.

위인 이론은 원래 역사가 토머스 칼라일Thomas Carlyle이 제안한 이론입니다. 이 이론이 가장 인기를 끌었던 19세기에는 마하트마 간디나 에이브러햄 링컨, 알렉산드로스대왕, 율리우스 카이사르 같은 인물이 이 이론의 타당성을 뒷받침한다고 주장하는 사람들도 있었습니다. 리더가 될 적임자가 하늘에서 뚝 떨어지는 것처럼 보였던 것이죠.

영국의 역사가 토머스 칼라일

상황 적합 이론

상황 적합 이론에 따르면, 리더의 능력은 상황에 따라 달라집니다. 상황 요인에는 리더가 선호하는 유형, 리더를 따르는 사람들의 행동과 능력이 포함됩니다. 하지만 이 요인에만 국한되지는 않습니다.

상황 적합 이론에서는 보편적으로 효과적인 한 가지 리더십 유형이 있는 것이 아니라고 주장합니다. 특정 상황에서는 어느 하나의 리더십 유형이 다른 유형보다 효과적일 수 있다는 것이죠. 다시 말해, 어떤 환경에서 매우 유능하던 리더가 다른 환경에서는 완전히 실패할 수도 있다는 것입니다.

특질 이론

특질 이론은 위인 이론과 마찬가지로 사람들이 리더가 되기에 적합한 특질을 가지고 태어난다고 전제합니다. 특질 이론은 리더들이 공유하는 주요 성격 특질과 행동 특질을 파악하고 비교하려고 합니다.

특질 이론을 논의할 때 어려움 중 하나는 비슷한 특질을 가진 두 사람이 어떻게 완전히 다른 리더십을 가지느냐 하는 것입니다. 한 사람은 훌륭한 리더가 되는 반면 다른 사람은 리더를 따르는 사람으로만 남을 수 있습니다. 심지어 겉보기에는 같은 특질을 많이 공유하고도 실패한 리더가 될 수 있지요.

상황 이론

상황 이론은 리더가 상황 요인에 따라 최선의 행동 방침을 선택한다는 생각에 기초합니다. 상황 이론에 따르면, 리더는 한 유형의 리더십만 고려해서는 안 되고, 모든 상황적 요인을 고려해야 합니다. 상황 요인에는 추종자의 개인적 역량과 리더의 동기가 포함됩니다.

여러 요인 중에서도 특히 현재 상황과 추종자들에 대한 리더의 인식, 리더의 기분과 자기 인식이 행동에 영향을 미칩니다.

참여 이론

참여 이론의 주요 개념은 이상적 리더는 사람들의 의견에 귀를 기울인다는 것입니다. 참여적 리더십에서는 참여와 기여를 권장합니다. 이 과정에서 사람들은 의사 결정 과정에 참여하고, 이와 관련되어 있다고 느낍니다. 나아가 의사 결정에 더 헌신적으로 참여하기도 하죠.

참여 이론에서는 추종자들이 참여하더라도 다른 사람들에게 권리를 부여하는 주체는 리더라는 점에 유의해야 합니다.

행동 이론

위인 이론이나 특질 이론과 달리, 행동 이론에서는 리더는 타고 나는 것이 아니라 만들어지는 것이라고 주장합니다. 이 주장은 리더십은 정신적 특성으로 발현되지 않는다는 개념에서 나왔지요. 행동 이론에서는 리더십이 관찰과 교육을 통해 배울 수 있는 자질이라고 이야기합니다. 리더십은 학습이 가능하다는 것이죠.

변혁 이론

관계 이론이라고도 하는 변혁 이론은 리더와 추종자 사이의 관계에 초점을 맞춥니다. 변혁적 리더십 이론에 따르면, 리더는 추종자들에게 동기를 부여하고 영감을 불어넣어 그들이 과제의 의미와 혜택을 이해하게 돕습니다. 변혁적 리더십에서는 집단의 성과에만 초점을 맞추는 것이 아니라 모든 개인이 각자의 잠재력을 최대한 발휘하도록 하는 데도 중점을 둡니다. 따라서 변혁 이론을 따르는 리더십에서는 상대적으로 도덕성과 윤리 기준이 높습니다.

거래 이론

관리 이론이라고도 하는 거래 이론은 상사의 역할, 집단의 성과, 조직 자체를 강조합니다. 거래 이론에서 리더십은 보상과 처벌로 이루어진 체계를 기반으로 하고 추종자의 기대치가 선명합니다. 거래적 리더십 이론은 직장에서 흔히 볼 수 있습니다. 직원이 일을 잘하면 보상받고, 일을 잘못하면 처벌이나 질책을 받습니다.

훌륭한 리더가 되려면 무엇이 필요할까요? 타고난 자질일까요? 아니면 주어진 상황에 따라 달라질까요? 다른 사람의 의견에 귀를 기울이면 더 나은 리더가 될 수 있을까요? 좋은 리더십은 단지 학습된 행동일까요?

좋은 리더십은 추종자들이 각자의 잠재력을 최대한 발휘하는 데 필요한 것이 무엇인지 이해하게 돕는 데서 나올 수도 있고, 보상과 처벌의 체계를 구축하는 데서 나올 수도 있습니다. 리더십 이론을 공부하고 다른 사람들이 리더십 유형에 어떻게 반응하는지를 이해하는 것은 세상에 현실적으로 적응하는 방법이 될 수 있습니다. 훌륭한 리더가 될 수 있는 방법은 다양하기 때문에, 좋은 리더가 되기 위해서는 여러 방면의 리더십 이론을 살펴보아야 합니다.

귀인 이론
Attribution Theory

#외적요인
#내적요인
#편향오류

우리가 하는 모든 일에 의미 부여하기

> "나는 늘 나의 바깥에서 힘과 자신감을 찾았지만,
> 그것은 언제나 내 안에 있었다."
> —안나 프로이트

우리가 타인과 우리의 행동에 어떻게 의미를 부여하는지는 귀인* 이론으로 설명할 수 있습니다. 다시 말해, '우리가 보고 있는 사건을 어떻게 설명할 것인가? 그리고 왜 그렇게 설명하는가?'에 대한 답을 찾을 수 있다는 것입니다. 기본적으로 귀인 이론은 우리가 자신과 주변 사람들의 행동에서 원인을 찾으려 한다고 말합니다.

심리학 용어 정리

*귀인

어떤 행동을 일으키는 원인에 관한 추론을 말합니다.

프리츠 하이더

귀인에 관한 이론은 오스트리아의 심리학자 프리츠 하이더Fritz Heider가 1958년에 처음 제안했습니다. 하이더는 이 이론을 '상식 심리학'이라고 불렀고, 사람들은 세상을 이해하기 위해 인과관계를 찾으려 한다고 보았습니다.

하이더가 제시하는 귀인에 관한 주요 개념 두 가지는 다음과 같습니다.

1. 남들의 행동을 설명할 때 성격 특질, 기분, 태도처럼 그 사람의 내적 요인에서 원인을 찾습니다. 이를테면 질투의 원인을 대상이 되는 사람에게서 찾는 것이죠.
2. 우리의 행동을 설명할 때는 환경이나 상황 같은 외적 요인에서 원인을 찾습니다.

에드워드 존스와 키스 데이비스

1965년, 심리학자 에드워드 존스Edward Jones와 키스 데이비스Keith Davis는 대응 추론 이론Correspondent Inference Theory을 내놓았습니다. 이 이론은 내적 귀인의 과정을 설명해줍니다.

존스와 데이비스는 사람들은 의도가 있는 행동에 특히 주목하고(존스와 데이비스는 이것을 '기질적 귀인'이라고 불렀습니다), 이런 내적 귀인이 그 사람의 이후 행동을 예측하는 데 충분한 정보를 제공한다고 믿었습니다. 어떤 사람이 친절하게 행동하는 모습을 보고, 그 사람이 친절한 사람이라고 믿는 것처럼 말이죠. 어떤 사람의 행동이 그 사람의 성격과 일치할 것이라고 추론하는 과정을 '대응 추론'이라고 합니다. 존스와 데이비스는 대응 추론으로 이어진다고 생각되는 다섯 가지 원인을 확인했습니다.

1. **선택**: 자유롭게 선택한 행동은 내적 요인의 결과입니다.
2. **사회적 바람직함**: 어떤 사람이 규범을 따르지 않으면, 그 사람이 사회적으로 바람직하지 않은 행동을 할 때보다 내적인 추론을 더 많이 합니다.
3. **의도적 행동과 우발적 행동**: 의도적 행동은 그 사람의 성격에서 기인할 가능성이 크다고 여겨지고, 우발적 행동은 외부나 상황 요인에서 기인할 가능성이 크다고 여겨집니다.
4. **일반적이지 않은 효과**: 상대의 행동이 나에게 중요한 결과를 가져다주는 경우입니다.
5. **쾌락주의적 관련성**: 다른 사람의 행동이 내게 도움을 주거나 해를 입히려는 직접적인 의도로 보이는 경우, 단순히 나와 상대방이 처한 상황이나 사건의 부산물이 아니라 '감정이 섞인' 행동이라고 가정할 수 있습니다.

해럴드 켈리

가장 유명한 귀인 이론은 1967년에 나온 해럴드 켈리Harold. H. Kelly의 공변* 모형covariation model입니다. 켈리는 어떤 행동의 원인을 외부에서 찾을 수 있는 경우와 내부에서 찾을 수 있는 경우를 이해하기 위해 논리적 모형을 만들었습니다.

> **심리학 용어 정리**
>
> ***공변**
> 개인이 다양한 상황과 시기에 걸쳐 관찰하면서 정보를 얻는 것을 말합니다.

켈리는 개인의 판단에 영향을 미치는 인과적 정보에는 세 가지 유형이 있고, 사람이 특정 행동의 원인을 알아내려 할 때 이런 정보를 고려한다고 말했습니다. 이는 낮은 요인(행동이 타인의 기대에 부합하지 않고 바람직하지 않은 경우)이 있다면 내적 귀인을 한다는 것을 의미합니다.

1. **일관성**: 비슷한 상황이 벌어질 때마다 특정 방식으로 행동하는 정도를 말합니다. 친구와 외출할 때만 담배를 피운다면 행동의 일관성이 높은 것입니다. 하지만 특별한 날에만 가끔 담배를 피운다면 행동의 일관성이 낮은 것이죠.
2. **합의성**: 비슷한 상황이 벌어질 때 남들도 비슷하게 행동하는

정도를 말합니다. 어떤 사람이 친구와 술을 마시면서 담배를 피울 때, 그 친구도 같이 담배를 피운다면 행동의 합의성이 높다고 볼 수 있습니다. 하지만 어떤 사람이 담배를 피울 때, 친구가 그 행동에 동참하지 않는다면 행동의 합의성이 낮은 것입니다.

3. **차별성**: 비슷한 상황에서 같은 방식으로 행동하는 정도를 말합니다. 친구와 함께 있을 때만 담배를 피운다면 그 행동은 차별성이 높은 것이고, 언제 어디서나 담배를 피운다면 그 행동은 차별성이 낮은 것입니다.

버나드 와이너

버나드 와이너Bernard Weiner의 귀인 이론은 성취에 중점을 두었습니다. 와이너는 귀인에 영향을 미치는 중요한 요인은 노력, 능력, 운, 과제의 난이도라고 말했습니다. 그는 귀인을 세 가지 인과적 차원으로 분류했습니다.

1. **안정성과 불안정성**: 시간이 지나면 행동의 원인이 변할까요?
2. **통제 소재**: 통제 소재가 내부에 있나요, 외부에 있나요? 내적 통제 소재는 개인이 스스로 무엇을 해야 할지 결정하는 것이고, 외적 통제 소재는 행동이 상황적·외부적 요인에 영향을

받는 것을 의미합니다.

3. 통제 가능성: 자신의 능력처럼 통제할 수 있는 원인인가요, 아니면 운이나 다른 사람의 행동처럼 스스로 통제할 수 없는 원인인가요?

와이너에 따르면, 개인은 성공하면 그 원인을 자신의 능력에서 찾으려 하지만 성공하지 못하거나 실패하면 대개 자신을 탓하기보다 상황이나 외부 요인에서 원인을 찾으려 합니다. 이를 '이기적 편향'이라고 하지요. 반대로 남들이 성공하면 그 원인을 운이나 상황에서 찾으려 하고, 성공하지 못하거나 실패하면 대체로 내부 요인의 결과라고 믿으며 내적 귀인을 사용합니다.

귀인 편향과 오류

이기적 편향처럼 사람들이 행동의 이유를 찾으려 할 때 흔히 빠지는 귀인 편향과 오류가 몇 가지 더 있습니다.

근본적인 귀인 오류

상대방의 행동을 설명할 때 외적 요인을 과소평가하고 내적 요인을 과대평가하는 경향을 말합니다. 상대방을 잘 모를 때 흔히 나타나는 현상으로, 상황이 아닌 개인에 더 집중하는 경향 때문에 발생할 수 있습니다. 예를 들어, 학생이 과제를 제출하지 않을 때, 교사는 학생의 상황을 고려하지 않고 학생이 게으르기 때문이라고 생각하는 경우가 많습니다.

문화적 편견

북미와 서유럽 사람들은 개인의 가치와 목표를 중시하는 개인주의 문화에 더 가깝고, 라틴아메리카, 아시아, 아프리카 사람들은 가족과 순응을 중시하는 집단주의 문화에 더 가깝습니다. 개인주의 문화권 사람들은 집단주의 문화권 사람들보다 근본적인 귀인 오류와 이기적 편향에 자주 빠지고, 집단주의 문화권 사람들은 개인주의 문화권 사람보다 자기 폄하 편향에 빠지기 쉽습니다. 자기 폄하 편향이란, 이기적 편향과 반대로 성공은 외부 요인에 기인하고 실패는 내부 요인에 기인한다고 믿는 것입니다.

행위자/관찰자 차이

개인이 상대방과 똑같은 상황에 놓여 있다고 해도, 행위자인지 관찰자인지에 따라 귀인이 달라질 수 있습니다. 예를 들어, 어떤 학생(행위자)은 교사가 문제의 주제를 제대로 다루지 않았다면서 자신의 부진한 시험 성적을 정당화하려 할 수 있습니다. 하지만 같은 반의 다른 학생들이 부진한 성적을 받은 상황에서 한 학생(관찰자)만 좋은 성적을 받았다면, 그 학생은 다른 학생들이 시험에 집중하지 않았기 때문이라고 주장할 수 있지요.

집단에 관한 기초 이론
Basic Theories on Groups

#극단화
#방관자효과
#규칙

사람들이 모이면 무슨 일이 생기는가

> "악이 승리하는 데 필요한 유일한 조건은
> 선량한 사람들이 아무것도 하지 않는 것이다."
> ─에드먼드 버크

우리가 모르는 사이, 집단은 우리의 행동에 매우 강력하고 극적인 영향을 미칩니다.

사회적 촉진

우리는 혼자 있는 것을 더 편하게 생각합니다. 혼자 있을 때는 타인의 시선을 걱정하지 않고 행동할 수 있기 때문이죠. 만약 옆에 한 사람이라도 있다면, 주변 상황에 더 예민해지고 행동은 달라집니다. 이것이 바로 사회심리학의 가장 기본적인 이론입니다. 연구에 따르면, 우리는 단순하거나 익숙한 과제는 더 잘 수행합니다. 하지만 새로운 과제나 어려운 과제를 시도할 때는 성과가 떨어지는데, 이것을 '사회적 촉진'이라고 합니다. 옆에 누군가가 있어서 더 열심히 해보려 하지만, 새롭거나 어려운 과제에서는 오히려 성과의 수준이 떨어지는 현상을 말하죠.

농구를 예로 들어봅시다. 이제 막 농구를 배우기 시작했다면 사람들과 함께 연습하기보다 혼자 연습하는 편이 편할 것입니다. 누가 있으면 괜히 그 사람을 의식하다가 실수를 더 많이 하게 되기 때문이죠. 하지만 프로 농구 선수라면 이미 농구를 잘하기 때문에 누가 있을 때 실력을 뽐내고자 더 열심히 할 것입니다.

집단적으로 의사 결정을 내릴 때

집단적으로 의사 결정을 내릴 때는 '집단 사고'나 '집단 극단화' 중 한 가지 현상이 나타납니다.

집단 사고

집단이 대부분의 사안에 동의하면 개인은 반대 의견이 있어도 말하지 않는 경향이 있습니다. 집단은 화합을 기대합니다. 모두가 동의하고 만족한다면 반대 의견을 듣고 싶어 하지 않죠. 집단 사고는 논쟁의 모든 측면을 충분히 듣거나 파악하지 못한 채로 충동적인 결정을 내리게 할 수 있습니다. 자칫하면 재앙을 초래할 수도 있고요. 잘못된 집단 사고의 예로는 집단 폭동과 집단 폭행이 있습니다. 이러한 집단 사고에 맞서려면 진정성 있게 반대할 줄 아는 능력을 길러야 합니다.

집단 극단화

집단이 모여서 극단적 입장을 채택할 때 나타나는 현상으로, 개인이라면 일어나지 않았을 상황입니다. 예를 들어, 의사 결정을 내리는 과정이 시작될 때는 주어진 사안에 대한 반대가 어느 정도 있을 수도 있습니다. 그러나 토론이 마무리될 즈음에는 집단 전체가 그 사안에 대해 극단적인 반대 입장을 취합니다. 이러한 집단 극단화를 줄이려면 집단의 동질성을 피해야 합니다.

방관자 효과

방관자 효과는 집단에서 발생하는 가장 비극적인 현상일 것입니다. 집단이 커질수록 도움이 필요한 사람을 도와주려는 마음이 감소한다는 사실이 밝혀졌습니다. 사회적 태만social loafing과 비슷하지만, 방관자 효과는 누군가가 먼저 도와주는 모습을 봐야만 본인이 나서는 현상을 뜻합니다. 모두가 남들을 따르기만 해서 발생하는 효과죠. 엄밀히 말하면 방관자 효과도 집단 현상입니다. 만약 주위에 다른 사람이 없다면, 사람들은 대체로 도움이 필요한 사람을 도와줄 것입니다.

> **더 읽어보기**
> ### 방관자 효과의 유명한 사례
>
> 1964년 3월 13일 새벽 3시 20분, 28살의 캐서린 '키티' 제노비스는 퇴근하고 집에 돌아가는 길이었습니다. 그때, 아파트 현관에서 한 남자가 다가오더니 제노비스를 폭행하고 칼로 찔렀지요. 제노비스는 계속 도와달라고 소리를 질렀지만 아무도 먼저 경찰에 신고하지 않았습니다. 그 장면을 지켜보고 소리를 들은 목격자가 40명 가까이 되었는데도 말이에요. 다들 누군가가 신고했겠지 생각했고, 결국 새벽 3시 50분이 되어서야 경찰에 신고가 들어갔다고 합니다.

집단의 규칙

음악 밴드든 친한 친구 모임이든 직장 동호회든 스포츠팀이든, 어느 집단이나 비슷한 심리 과정을 거치고 일정한 규칙을 따릅니다.

1. 집단은 거의 아무것도 없는 곳에서도 만들어질 수 있습니다. 우리라는 소속감을 주기 때문에 집단을 이루고 싶은 마음은 인간의 본능입니다.
2. 집단에는 대체로 어떤 형태의 입문 의식이 있습니다. 누군가가 원래 모여 있는 집단에 새로 들어가는 경우라면 대개 어떤 형태의 입문 의식을 치러야 합니다. 지적이거나 금전적이

거나 신체적인 비슷한 경험을 공유하는 방식일 수 있습니다. 집단은 새로 들어오려는 사람을 시험하고 집단의 구성원 자격에 가치를 두려 합니다.

3. 집단은 구성원들의 순응을 이끌어냅니다. 집단에는 구성원이 따르는 나름의 규칙이 있고, 이런 규칙은 개인의 행동을 왜곡해 더 바람직한 판단을 방해할 수 있습니다(가장 좋은 예로 솔로몬 애시의 순응 연구를 참고하세요).

4. 집단에서는 집단의 규칙을 배워야 합니다. 집단이 정한 규칙을 어기면 다른 구성원들이 반드시 알려줄 것입니다.

5. 누구나 집단 안에서 각자의 역할을 맡습니다. 집단 모두에게 적용되는 규칙도 있지만, 개인은 자신의 역할과 관련된 규칙을 따릅니다.

6. 대부분의 지도자는 집단에서 서서히 출현합니다. 먼저 지도자를 정해 자리를 맡기는 경우도 있지만, 대체로 지도자는 일단 집단에 순응하고 신뢰를 얻으며 자신감을 쌓고 결국 사람들이 그를 따르게 만듭니다.

7. 집단은 더 나은 성과를 냅니다. 개인이 사람들과 함께 있으면 더 나은 성과를 낼 수 있습니다. 각자가 맡은 과제가 타인의 과제와 구분되고, 개인의 실력을 따로 평가받을 수 있을 때 집단으로서 더 좋은 성과를 낼 수 있습니다.

8. 집단에서는 소문이 도는데, 대개 그 소문은 진실입니다. 1985년에 진행된 직장 환경에 관한 연구에 따르면, 사람들은

회사에 머무는 시간의 80%를 소문을 퍼트리거나 뒷말을 하는 데 사용하고, 이렇게 오가는 정보 중 무려 80%가 진실인 것으로 드러났습니다. 다른 연구에서도 매우 유사한 결과가 나왔습니다.
9. 집단은 경쟁을 유발합니다. 집단에 속한 사람들은 다른 경쟁 집단의 구성원들을 의심하고 경계할 수 있습니다. '우리 대 그들'의 구도가 생기고, 경쟁 집단의 개개인은 좋게 보더라도 그가 속한 집단 전체는 믿을 수 없다거나 나쁘다고 생각합니다.

집단은 일상에서 매우 중요한 역할을 하고 우리가 내리는 모든 결정에 큰 영향을 미칩니다. 회사에서 중요한 재정적 결정을 책임지는 직원 모임부터 다음에 어디서 모일지 정하는 친구 모임까지, 어떤 모임이든 집단이 될 수 있습니다. 누군가가 옆에 있기만 해도 우리의 행동은 크게 달라집니다. 집단은 아무것도 없는 곳에서도 생길 수 있고, 우리가 더 나은 성과를 내도록 자극하기도 하고, 어떤 사람이 성과를 내지 않기로 선택하게 만들기도 하며, 구성원이 따라야 하는 역할과 규범을 제시할 수도 있습니다.

데이비드 콜브의 학습 유형
David Kolb's Learning Styles

#주기
#유형
#경험

경험을 통한 학습

> "학습은 경험의 변화를 통해 지식이 창조되는 과정이다."
> ─데이비드 콜브

1984년에 철학 교수인 데이비드 콜브는 새로운 학습 유형에 관한 모형과 학습 이론을 개발했습니다. 콜브의 학습 이론은 두 부분으로 이루어지는데, 그것은 네 단계 학습 주기와 네 가지 학습 유형입니다.

콜브는 학습을 추상적 개념을 습득해 다양한 상황에 적용하는 능력을 갖추는 상태, 그리고 새로운 경험을 통해 새로운 개념을 형성하는 상태라고 정의했습니다.

콜브의 네 단계 학습 주기

콜브의 학습 이론에서는 네 단계 '학습 주기'를 설정합니다. 우리가 학습할 때는 이 네 단계를 모두 거칩니다.

1. **구체적 경험**: 새로운 경험에 직면하거나 이전의 경험을 다시 해석합니다.
2. **반사적 관찰**: 새로운 경험에 대한 관찰입니다. 이해와 경험의 불일치가 특히 주목할 만합니다.
3. **추상적 개념화**: 성찰에서 새로운 개념이 나옵니다. 이미 존재하는 추상적 개념을 수정하는 것과 관련될 수 있습니다.
4. **적극적 실험**: 이 개념을 세상에 적용하고 마지막에 어떤 결과가 나오는지 확인합니다.

콜브의 실험적 학습 유형

콜브는 앞의 네 단계를 거치며 네 가지 학습 유형을 구분했습니다. 사람마다 선호하는 학습 유형이 다르고, 이는 개인의 교육 경험과 인지 구조, 사회적 환경을 비롯한 여러 요인에 영향을 받습니다. 어떤 영향을 받든 개인이 선호하는 학습 유형은 두 가지 선택의 결과인데, 콜브는 이런 선택 또는 변수를 축으로 표현했습니다. 축의 양쪽 끝에는 상충되는 방식이 있습니다. 감각(구체적 경험, CE) 대 사고(추상적 개념화, AC), 행동(추상적 실험, AE) 대 관찰(반성적 관찰, RO)로 상충되는 방식이 있습니다.

○ 그림 3-7. 학습 유형의 교차하는 축

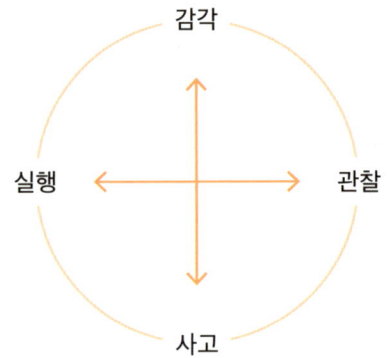

 동서 축은 '처리의 연속선'으로, 개인이 주어진 과제에 접근하는 방식을 다룹니다. 남북 축은 '지각의 연속선'으로, 개인의 정서 반응을 다룹니다. 동시에 한 축의 양쪽 모두를 경험할 수는 없습니다.

 콜브는 개인이 연속선에서 어디에 위치하는지에 따라 네 가지 학습 유형을 나눌 수 있다고 했습니다. 네 가지 유형에는 수용형, 분산형, 수렴형, 동화형이 있습니다. 모두가 다양한 학습 유형을 사용하기는 하지만 특히 더 선호하는 유형이 있습니다. 다음의 도표와 차트를 보면 학습 유형의 작동 방식을 더 잘 이해할 수 있습니다.

○ 그림 3-8. 콜브의 네 가지 학습 유형

	적극적 실험(AE)	반성적 관찰(RO)
구체적 경험(CE)	수용(CE/AE)	분산(CE/RO)
추상적 개념화(AC)	수렴(AC/AE)	동화(AC/RO)

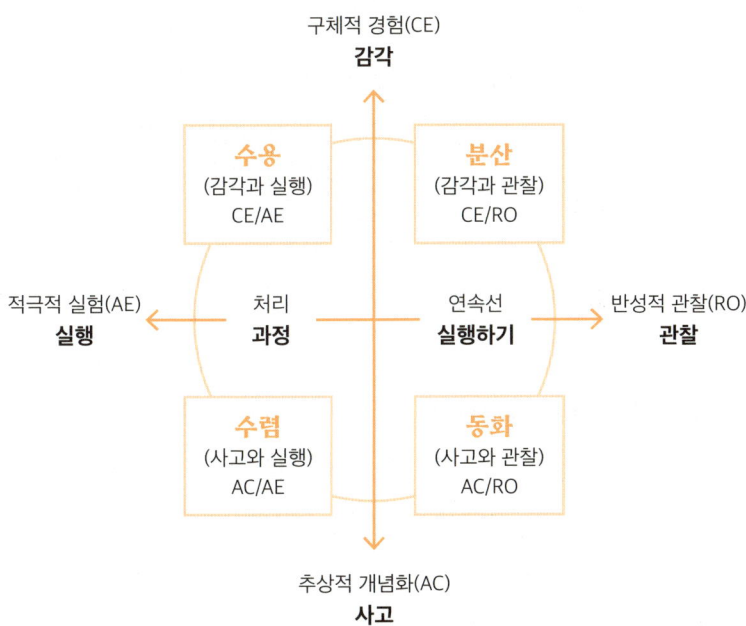

수용(CE/AE) : 감각과 실행

수용형 학습 유형은 논리보다 직관을 주로 사용하며 자신의 '직감'에 따릅니다. 수용형 학습을 하는 사람은 대부분 다른 사람들에게서 정보를 구한 다음, 이 정보를 스스로 분석합니다. 이 유형의 사람들은 계획대로 끝까지 해내는 것을 좋아하고 새로운 상황과 도전에 매력을 느낍니다.

분산(CE/RO) : 감각과 관찰

분산형 학습을 하는 사람들은 직접 해보기보다는 관찰하기를 선호하고 정보를 수집하고 상상력을 발휘해 문제를 해결합니다. 다양한 관점에서 상황을 바라볼 줄 알고, 아이디어를 내야 하는 상황에 가장 능숙하게 대처할 수 있습니다. 이 유형의 사람들은 민감하고 감성적이며 예술적인 경향이 있습니다. 다른 사람들과 함께 일하고, 피드백을 받고, 정보를 얻고, 열린 마음으로 다른 사람의 말을 듣는 것을 즐깁니다.

수렴(AC/AE) : 실행과 사고

수렴형 학습을 하는 사람들은 기술 지향적이고, 대인 관계 문제보다는 실용적인 문제를 해결하는 것을 선호합니다. 이 학습 유형의 사람들은 질문의 답을 찾아 의사 결정을 내리는 데 가장 능숙합니다. 따라서 실험하고 시연하고 실생활에 적용하는 활동을 좋아합니다.

동화(AC/RO) : 보고 생각하기

동화형 학습을 하는 사람들은 구체적인 사람이나 실제 상황보다는 추상적 아이디어와 개념에 논리적으로 접근하는 데 중점을 둡니다. 동화형 학습을 선호하는 사람들은 광범위한 정보를 이해하고, 정보를 논리적으로 조합하는 능력을 갖추고 있습니다. 따라서 이 유형은 과학 분야에서 가장 효과적이며, 상황을 검토하고 분석적 모형을 적용하는 것을 선호합니다.

자신과 다른 사람들의 학습 유형을 제대로 이해하는 것은 매우 중요합니다. 이는 실제 과제에 유용하게 적용할 수 있는데, 정보를 전달하는 데 가장 효과적인 자신만의 방법을 이해하고 스스로 개선할 점을 파악할 수 있기 때문입니다.

성격 장애
Personality Disorders

#편집성
#경계성
#회피성

행동이 잘못된 방향으로 나아갈 때

> "성격은 완제품이라기보다는 전이적 과정이다.
> 안정적인 기능을 가지고 있는 동시에
> 지속적인 변화를 겪고 있다."
> ─고든 올포트

성격 장애는 그 사람이 속한 사회규범을 벗어나는 행동 양상과 내적 경험입니다. 이런 양상은 융통성이 없고 불가피하며, 청소년기나 성인 초기에 시작됩니다. 일상생활에 심각한 고통이나 피해를 초래할 수도 있습니다.

  연구자들은 성격 장애의 원인이 무엇인지 아직 명확히 알아내지는 못했습니다. 어떤 사람들은 유전의 결과라고 생각하지만, 또 다른 사람들은 정상적인 행동과 사고 양상이 발달하지 못하게 막는 유년기의 경험에서 근본적인 원인을 찾을 수 있다고 생각합니다.

성격 장애 진단

심리학자들은 『정신 장애의 진단 및 통계 편람 4(DSM-IV)』에 명시된 기준에 따라 성격 장애를 진단합니다. 성격 장애로 진단받기 위해 반드시 나타나야 하는 증상은 다음과 같습니다.

1. 행동 양상이 인간관계와 사회생활을 비롯한 삶의 여러 영역에 영향을 미쳐야 합니다.
2. 행동 양상이 지속적이고 광범위하게 퍼져 있어야 합니다.
3. 증상이 감정, 생각, 충동 조절 능력, 사람들과 잘 어울리는 능력 중 두 가지 이상에 영향을 미쳐야 합니다.
4. 행동 양상이 청소년기나 성인 초기에 시작되어야 합니다.
5. 시간이 지나도 행동 양상이 변하지 않아야 합니다.
6. 증상이 다른 의학적 상태나 정신 질환이나 약물 남용의 결과가 아니어야 합니다.

성격 장애의 여러 유형

성격 장애에는 10가지 유형이 있는데, 비슷한 특징에 따라 크게 세 가지 범주로 분류할 수 있습니다.

A군

A군 성격 장애는 괴팍하고 이상한 행동으로 나타납니다.

1. **편집성 성격 장애**: 편집성 성격 장애는 조현병과 유사한 증상을 보입니다. 편집성 성격 장애가 있는 사람들은 끊임없이 남을 의심하고 불신합니다. 자신이 이용당하거나 기만당하거나 거짓말에 속는다고 느낍니다. 대화나 손짓에서 숨은 의미를 찾으려 하고, 배우자, 가족, 친구가 믿을 만하지 않고 충실하지 않다고 느낍니다. 그들에게 속았다고 생각하며 분노를 표출하는 증상을 보이기도 합니다. 지나치게 진지하고, 질투가 많고, 의뭉스럽고, 차가워 보일 때가 많습니다.

2. **조현성 성격 장애**: 다소 드문 유형의 성격 장애이므로 정확한 발병 비율은 알 수 없습니다. 다만, 여성보다 남성에게 더 많이 발병하는 것으로 알려져 있습니다. 조현성 성격 장애는 다른 사람과 친밀한 관계를 맺으려는 욕구가 거의 또는 전혀 없고, 재미있거나 유쾌한 활동에 거의 참여하지 않습니다. 이들은 다른 사람에게 관심이 없으며, 거절과 비판, 긍정과 칭찬에 무관심하다는 특징이 있습니다. 조현성 성격 장애를 앓는 사람들은 대체로 위축되고 무관심하며 차가워 보입니다.

3. **조현형 성격 장애**: 조현형 성격 장애의 증상으로는 특이한 견해나 행동, 사고, 인간관계의 어려움이 있습니다. 상황과 관계없이 사라지지 않는 심각한 형태의 사회적 불안을 겪기도

하고, 마음을 읽거나 미래를 내다볼 수 있다고 믿기도 합니다. 다른 사람을 무시하고 혼잣말을 하는 등 부적절한 반응을 보이는 것도 조현형 성격 장애의 증상입니다. 조현형 성격 장애를 앓는 사람은 정신 질환과 우울증에 걸릴 위험이 매우 높습니다.

B군

B군 성격 장애는 변덕스럽고 극적인 행동이 특징입니다.

4. **반사회적 성격 장애**: 반사회적 성격 장애는 여성보다 남성에게서 더 자주 나타납니다. 자신과 타인의 안전을 완전히 무시하고, 기만적이고, 충동적이고, 극도로 공격적인 증상을 보입니다. 화를 잘 내고(그래서 끊임없이 갈등을 일으키고), 다른 사람들에게 냉담하고, 사회의 규범을 따르지 않는 양상도 보입니다. 그래서 반사회적 성격 장애가 있는 사람들은 종종 법적 문제를 일으키기도 합니다.

5. **경계성 성격 장애**: 경계성 성격 장애도 여성보다 남성에게 더 자주 나타납니다. 경계성 성격 장애의 증상으로는 (몇 시간에서 며칠까지 이어지는) 극심한 우울증과 불안, 과민성, 충동성이 있습니다. 남들을 조종하기 위한 수단으로 약물 남용이나 섭식 장애 같은 자기 파괴적인 행동을 보이기도 합니다. 이들은 낮은 자아상과 빈약한 자아 정체성을 가지고 상대방을

끊임없이 이상화하거나 저평가하기도 합니다. 그 결과, 지속적으로 불안정하고 치열한 대인 관계를 유지합니다.

6. **연극성 성격 장애**: 연극성 성격 장애는 남성보다 여성에게서 더 자주 나타납니다. 연극성 성격 장애의 증상으로는 끊임없이 관심의 중심이 되려는 욕구, 부적절하게 성적이거나 도발적인 행동, 변덕스럽고 얕은 감정 표현이 있습니다. 이들은 다른 사람에게 쉽게 영향을 받고, 관계를 실제보다 훨씬 더 친밀하게 인식합니다. 상세한 정보가 부족함에도 지나치게 극적으로 말하는 것도 연극성 성격 장애의 증상 중 하나입니다.

7. **자기애성 성격 장애**: 자기애성 성격 장애의 증상으로는 자신의 중요성에 대한 과대망상, 자신이 특별한 대접을 받아야 하고 그럴 자격이 있다는 믿음, 남들을 질투하는 마음과 남들이 자신을 질투한다는 믿음이 있습니다. 이들은 권력과 성공에 대한 환상에 사로잡히고, 자신과 같은 지위의 특별한 사람들과만 어울려야 한다고(그런 사람들에게만 이해받을 수 있다고) 생각합니다. 사적인 이익을 위해 남을 이용하고, 타인에게 냉담하며, 끊임없이 칭찬과 긍정과 관심을 갈망하는 성향이 있습니다.

C군

C군 성격 장애는 두려움과 불안에 기반을 둔 감정과 행동이 특징입니다.

8. **회피성 성격 장애**: 회피성 성격 장애는 사회 공포증이나 광장 공포증 같은 불안 장애를 경험할 위험이 있습니다. 회피성 성격 장애는 자존감이 낮고 스스로 부적절하다고 느끼며 수줍어합니다. 일부 유형의 거부나 비판에 극도로 민감하고, 학교나 직장에서 대인 관계를 회피하는 증상을 보입니다. 사람들과 친해지고 싶어 하지만, 직계가족이 아닌 사람과 관계를 형성하는 데 어려움을 겪습니다.

9. **의존성 성격 장애**: 의존성 성격 장애는 대개 경계성이나 회피성, 연극성 성격 장애를 함께 보이는 경우가 많습니다. 의존성 성격 장애를 겪는 사람은 자신감과 자존감이 낮고, 스스로 결정을 내리는 데 어려움을 겪으며, 타인에게 의존하는 데 집중합니다. 이들은 모든 유형의 거절이나 비판에 민감하고, 관계에서 수동적인 역할을 수행하며, 모든 종류의 책임을 회피하는 증상을 보입니다.

10. **강박성 성격 장애**: 강박성 성격 장애는 여성보다 남성에게서 두 배 더 많이 나타납니다. 강박성 성격 장애가 있는 사람은 스트레스와 불안 장애 때문에 의학적 질병을 앓을 위험도 있습니다. 강박성 성격 장애는 개인이 완전히 통제할 수 없는 상황에서 무력감을 느끼고, 질서, 통제, 규칙, 목록 등에 몰두하는 양상을 보입니다. 자신에게 의미가 없는 물건도 버리지 못하고, 목표 달성에 방해가 될 정도로 완벽함에 집착합니다. 삶의 다른 모든 부분을 제쳐두고 일에만 집중하거나,

변화를 받아들이지 못한 채 저항하는 모습을 보이기도 합니다. 강박성 성격 장애를 보이는 사람은 고집스럽고 경직된 사람으로 비춰지고, 심각하게는 돈을 자신이나 다른 사람을 위해 쓰는 것이 아닌 다가올 재난에 대비해 저축해야 하는 것으로 여기는 경우도 많습니다. 강박성 성격 장애(OCPD)는 강박 장애(OCD)와 비슷한 부분이 많지만, 전혀 다른 장애라는 점에 유의해야 합니다.

성격은 개인의 경험에 매우 중요한 영향을 미칩니다. 특히 일상생활에서 정해놓은 문화 규범에서 벗어나는 행동을 할 때 극적인 영향을 미칠 수 있죠. 심리학자들은 성격 장애를 이해하고 여러 범주로 나누면서 이 장애를 앓는 사람들을 더 잘 이해하고 치료할 수 있게 되었습니다.

해리성 장애
Dissociative Disorders

#기억상실
#공황장애
#다중인격

갑자기 단절되는 사람들

> "나는 이중적인 사람이긴 하지만 결코 위선자는 아니었다.
> 나의 양면은 둘 다 매우 진지했다."
> —『지킬 박사와 하이드 씨』

해리성 장애는 우리의 지각이나 기억, 정체성, 의식에서 혼란, 중단, 분열이 일어나는 장애입니다. 이런 기본적인 기능이 제대로 작동하지 않으면 엄청난 심리적 고통을 겪습니다. 해리성 장애에는 여러 유형이 있지만 모든 유형에서 공통으로 보이는 특성이 있습니다.

심리학자들은 모든 해리성 장애는 우리가 일생에 걸쳐 어떤 유형의 외상을 경험해서 생긴다고 믿습니다. 어떤 상황이나 경험이 고통스럽고 충격적이어서 의식 차원의 자아에 통합되지 않기 때문에 대처 기제로 해리를 사용한다는 것입니다. 해리성 장애의 증상은 공황 장애, 강박 장애, 외상 후 스트레스 장애와 같은 정신 질환에서도 나타납니다.

해리성 장애에는 해리성 기억상실, 해리성 둔주, 해리성 정체감 장애, 이인화 장애 이렇게 네 가지 유형이 있습니다.

해리성 기억상실

해리성 기억상실에서는 대개 스트레스나 외상 사건과 관련된 중요한 정보를 차단합니다. 해리성 기억상실은 다시 네 가지 유형으로 나뉩니다.

1. **국소 기억상실**: 특정 사건, 주로 외상 사건과 관련된 기억이 완전히 사라지는 유형입니다. 국소 기억상실에서는 시간이 중요합니다. 교통사고를 당했는데 사흘이 지나도록 사고 당시의 기억을 떠올리지 못한다면 해리성 기억상실이 발병했다는 뜻입니다.
2. **선택적 기억상실**: 특정 기간에 발생한 사건의 일부만 기억하는 경우입니다. 신체적 학대를 당한 사람이 학대 당시 상황의 특정 부분만 기억할 수 있는 경우가 있습니다.
3. **전반적 기억상실**: 자신의 삶에 일어난 세세한 부분을 모두 기억하지 못하는 경우입니다. 이 유형의 해리성 기억상실은 매우 드뭅니다.
4. **체계적 기억상실**: 특정 범주의 정보만 기억하지 못하는 경우입니다. 특정 장소나 사람과 관련된 어떤 정보도 기억하지

못할 수 있습니다.

환자가 위 네 가지 중 선택적·전반적·체계적 기억상실을 보인다면, 해리성 정체감 장애처럼 더 크고 복잡한 유형의 해리성 장애가 원인인 경우가 많습니다.

해리성 둔주

매우 드문 유형의 해리성 장애로, 환자가 아무 계획도 없이 갑자기 자신이 살던 곳을 떠나 멀리 떨어진 곳으로 가는 증상을 보입니다. 떠나는 기간은 몇 시간일 수도 있고 몇 달까지 지속될 수도 있습니다. 해리성 둔주 증상으로 수 킬로미터를 이동한 사람도 있습니다. 해리성 둔주 상태에서는 기억상실 증상을 보이고, 자신이 왜 떠났는지 모르며, 과거를 기억하는 데 어려움을 겪습니다. 자신의 정체성에 대해 혼란스러워하거나 전혀 기억하지 못하며, 드물게는 새로운 정체성을 갖기도 합니다.

해리성 정체감 장애

한때 다중 인격 장애로도 불리던 해리성 정체감 장애는 해리성 장애에서 가장 잘 알려진 유형입니다. 해리성 정체감 장애를 보이는 사람은 하나의 인격이 아니라 여러 개의 인격과 정체성을 갖습니다. 최소 두 개의 인격이 반복적으로 등장하며 개인의 행동을 통제해야 해리성 정체감 장애로 인정할 수 있습니다. 해리성 정체감 장애를 앓는 사람의 절반은 11개 미만의 정체성을 갖지만 약 100개의 정체성을 가지는 경우도 있습니다.

각 해리성 인격은 고유한 정체성과 자아상, 개인사, 이름을 가지고 있습니다. 하나의 인격이 다른 인격으로 바뀌면 기억에 공백이 생기고, 다른 자아로 바뀌는 데는 몇 초가 걸릴 수 있습니다. 자아가 바뀌는 과정에서 나이와 국적, 성별, 성적 취향, 심지어는 신체 언어나 자세까지 달라질 수 있고, 인격이 나타나고 사라지는 현상은 대개 심각한 스트레스 사건으로 촉발됩니다.

해리성 정체감 장애를 앓는 사람은 경계성 성격 장애, 우울증, 섭식 장애, 약물 남용과 같은 다른 장애를 동반하는 경우가 많습니다. 이런 장애들이 복합적으로 작용해 폭력성과 자해, 자살 성향을 보이는 경우도 많지요.

이인화 장애

이인화 장애를 보이는 사람은 동떨어진 느낌을 경험합니다. 이들은 자신의 몸을 비현실적으로 느끼는데, 그 증상은 사람마다 다릅니다. 가장 일반적으로 자신의 몸이 해체되고 변형된 것처럼 느끼거나, 자신의 삶이 펼쳐지는 장면을 외부 관찰자로서 지켜보는 것처럼 느낍니다. 천장에 떠다니며 자신을 내려다보는 것처럼 느끼기도 하고, 자신이 일종의 로봇이나 기계인 것처럼 느끼기도 합니다. 이인화 장애를 앓는 사람 중 대다수는 정서적 분리를 경험하고 감정이 무감각해지는 것을 느낍니다.

이인화를 경험한다고 해서 반드시 이인화 장애를 앓는다는 뜻은 아닙니다. 이인화는 공황 장애나 급성 스트레스 장애, 외상 후 스트레스 장애, 경계성 성격 장애와 같은 다른 질환의 증상으로 나타날 때도 많습니다. 외상 후 스트레스 증상이나 공황 발작을 일으킬 때만 이인화가 나타난다면 이인화 장애가 아닙니다.

이인화는 정상인에게도 발생할 수 있습니다. 수면이 부족하거나 정서적으로 스트레스를 받을 때, 특정 마취제를 사용하거나 체중을 감량할 때도 이인화가 나타날 수 있습니다.

이인화는 흔하게 나타나는 증상이기 때문에 이 증상이 심해져 정서적으로 큰 고통을 느끼고 정상적인 기능에 장애가 생길 때만 이인화 장애로 진단합니다.

불안 장애
Anxiety Disorders

#공황장애
#강박장애
#특정공포증

긴장 그 이상의 상태

> "불안은 흔들의자와 같아 당신에게 할 일을 제공하지만, 당신을 아주 멀리 데려가지는 못한다."
> ─조디 피콜트

불안과 스트레스는 누구나 경험하는 감정이지만, 불안 장애는 심각한 정신 질환으로 큰 고통을 유발합니다. 여러 증상을 초래해 정상적이고 건강한 삶을 살지 못하게 방해하기도 하죠. 불안 장애에는 크게 여섯 가지 유형이 있습니다.

공황 장애

공황 장애를 앓는 사람은 격렬한 공황 발작을 일으키는데, 아무 이유나 경고가 없을 때도 많습니다. 공황 발작의 증상은 다음과 같습니다.

1. 과도한 발한
2. 가슴 통증
3. 몸 떨림
4. 숨이 가쁘거나 질식할 것 같은 느낌
5. 안면 홍조
6. 가슴 두근거림
7. 어지럼증이나 현기증
8. 따끔거리거나 마비된 감각
9. 위경련이 일어나거나 메스꺼움과 같은 소화기 불편감
10. 압도적인 죽음의 공포와 통제력 상실

이런 공황 발작은 대개 처음 10분 이내에 절정에 이르고 더 오래 이어질 수도 있습니다. 또 많은 환자가 공황 발작이 지나간 후에도 몇 시간 동안 불안을 느낍니다.

> **더 읽어보기**
>
> ### 광장 공포증과 공황 장애의 관계
>
> 광장 공포증이 열린 공간에 대한 공포라는 일반적인 오해가 있습니다. 광장 공포증은 개인이 어떤 장소나 상황(예: 열린 공간)에서 공황 발작을 일으킬지 모른다는 두려움, 공황 발작 때문에 당혹스러운 상황에 처할지도 모른다는 두려움을 갖는 증상입니다. 다음에 공황 발작을 일으킬까 두려워서 더 이상 같은 장소에 가지 않으려 하거나 같은 활동을 하지

> 않으려 합니다. 대다수의 광장 공포증은 공황 장애 때문에 발생하지만, 공황 장애가 없는 사람도 발생할 수 있습니다. 공황 장애를 겪는 사람의 약 3분의 1이 광장 공포증을 함께 겪습니다.

강박 장애

강박 장애Obsessive-compulsive disorder는 가장 적극적인 유형의 불안 장애입니다. 강박 장애의 불안은 지속적인 강박 사고obsession에서 나오는데, 강박 사고는 원하지 않는데도 사라지지 않는 괴로운 생각과 개념을 뜻합니다. 환자는 의식儀式을 치르듯 행동하면서 긴장을 해소하려 하지만, 이런 의식은 결국 강박 행동compulsion이 됩니다. 환자는 이런 행동을 계속 반복하죠. 강박 행동은 매우 복잡해 일상의 모든 측면을 심각하게 방해할 수 있습니다. 대부분의 강박 행동은 그 자체로 강박 사고와 관련이 있습니다. 손이 더럽다는 생각 때문에 10분마다 계속 손을 씻는 것처럼 말이죠. 다만, 모든 강박증이 그런 것은 아닙니다.

강박 장애를 겪는 사람들은 자신의 행동이 얼마나 비합리적인지 잘 알고 있습니다. 일상적인 좌절과 혼란에 빠지기도 하죠. 강박 장애는 모든 연령대에서 발병할 수 있지만, 증상은 주로 사춘기 이전의 초기 강박 장애와 이후의 후기 강박 장애로 나뉘어 나타납니다. 강박 장애에는 다섯 가지 유형이 있습니다.

1. **오염에 대한 강박 사고와 청소나 세탁 강박 행동**: 더럽다는 느낌과 청결하지 않다는 불쾌감에 몰두하는 유형입니다. 이런 느낌을 줄이려고 과도하게, 때로는 몇 시간씩 손을 씻습니다.

2. **남에게 해를 끼치거나 해를 입는 것에 대한 강박 사고와 거듭 확인하는 강박 행동**: 이런 강박증의 예로는 집에 불이 날 것이라고 (강박적으로) 생각하는 사람이 있습니다. 그래서 오븐과 토스터, 스토브가 제대로 작동하는지, 전등이 꺼져 있는지 자꾸 확인해야 하고, 심지어 집에 불이 났는지 확인하기 위해 다시 차를 몰고 집으로 돌아가야 합니다.

3. **순전한 강박 사고**: 겉으로 드러나는 강박 행동이 없는 강박 사고입니다. 이 유형의 강박 사고는 주로 종교적·성적·공격적인 성격을 띱니다. 예를 들어, 자신이 누군가를 죽일 것이라는 강박 사고에 사로잡혀 사는 사람이 있습니다. 스트레스를 해소하기 위해 정신적 의식을 치르며, 머릿속으로 숫자를 세거나 기도하거나 특정 단어를 암송합니다.

4. **대칭에 대한 강박 사고와 숫자를 세고 순서를 정하고 물건을 정리하는 강박 행동**: 이 유형의 강박 장애를 가진 사람들은 스스로 완벽하게 해냈다는 생각이 들 때까지 물건을 순서대로 배열하고 정리하려는 강렬한 충동을 느낍니다. 이 유형의 사람은 어떤 과제를 완벽히 수행할 때까지 단어나 문장을 반복하고 싶은 충동을 느낄 수도 있습니다. 어떤 경우에는 강박 행동을 제대로 수행하면 발생 가능한 위험을 피할 수 있다고 생각합

니다. 가령, 한 여성이 남편이 교통사고를 당하지 않게 하려고 특정 방식으로 계속해서 책상 위를 정리할 수 있습니다.

5. **저장 강박**: 실제 가치가 거의 또는 전혀 없는 물건을 모으고 버리지 못하는 행위입니다. 이렇게 모은 물건이 심각하게 많아서 집 안에서 생활하는 것이 어려울 정도로 어수선해질 수 있습니다. 일반적으로 저장 강박이 있는 사람들은 물건을 쌓아두면 언젠가는 쓸 일이 있을 거라는 강박관념에 사로잡힙니다. 다만, 강박 장애가 없어도 물건을 강박적으로 쌓아둘 수는 있습니다.

외상 후 스트레스 장애

이 유형의 불안 장애는 자신이나 주변 사람들이 다치거나 살해당할 위험에 처하거나 직접 그런 일을 경험했을 때 발생합니다. 외상 사건을 겪었다면 나중에 플래시백flashback이나 악몽, 과거 외상과 관련된 불쾌한 이미지와 생각에 사로잡힐 수 있습니다. 외상 사건을 떠올리게 하는 모든 상황을 피하려고 할 수 있는데, 만약 그러한 상황이나 단서에 노출되면 심각한 정서적 고통을 겪어야 하기 때문입니다. 이 외에도 행동이 달라지고, 참여하는 활동에 제약이 생기고, 다양한 감정을 표현하는 데 어려움을 겪고, 미래에 대한 희망을 잃은 듯 보일 수 있습니다.

사회 불안 장애

사회 불안 장애는 불안 장애의 가장 흔한 유형 중 하나이고, 전체 인구의 약 13%가 한 번쯤은 이 증상을 경험한다고 합니다. 사회 불안 장애를 앓는 사람은 남들이 자기를 어떻게 볼지 끊임없이 걱정합니다. 부정적인 시선이나 판단, 수치스럽고 모욕당하는 것에 대한 비합리적인 두려움이 있습니다. 사회 불안 장애는 보통의 수줍음과는 증상의 지속성과 심각성 면에서 다릅니다. 신체적·정서적 증상으로는 떨림과 과도한 발한, 심장 두근거림, 모르는 사람과 함께 있는 상황에서 느끼는 극도의 긴장감, 평가받는 것에 대한 강한 두려움, 굴욕을 느끼는 것에 대한 불안감, 자신이 불안해하는 것을 남들이 알아챌까 봐 두려워하는 마음, 미리 계획된 사건에 대한 두려움과 공포가 있습니다.

특정 공포증

특정 공포증은 특정 대상이나 상황에 대해 강렬하고 비이성적인 두려움을 느끼는 불안 장애입니다. 특정 공포증은 크게 네 유형으로 나뉘고, 대개는 한 범주에서 여러 가지 공포증을 보입니다. 다만, 한 개인이 여러 범주의 공포증을 보이는 경우도 있습니다. 네 가지 주요 유형은 상황, 의료, 자연환경, 동물과 관련된 공포증입니다.

공포증의 범주를 넘어서, 특정 공포증이 있는 사람은 공통적인 증상을 보입니다.

1. 두려워하는 대상과 마주칠 때 심각한 공포나 공황을 경험합니다.
2. 숨이 가빠지고, 땀을 많이 흘리고, 어지럽고, 몸이 마비되는 등 공황 발작과 유사한 증상을 경험합니다.
3. 자신이 극도로 두려워하는 대상을 피하려고 온갖 방법을 동원하느라 일상과 일과에 영향을 받습니다.
4. 다음에 두려워하는 대상과 마주칠 상황을 강박적으로 생각하고, 머릿속으로 그 대상과 접촉할 수밖에 없는 상황을 그립니다.

범불안 장애

범불안 장애는 가장 흔한 유형의 불안 장애로, 특별한 이유 없이 특정 사안이나 대상에 대해 지속적인 공포와 긴장을 경험하는 질환입니다. 가족, 직업, 재정, 건강, 죽음 등을 과도하게 걱정하고, 불안이 한 주제에서 다른 주제로 옮겨 다니는 것처럼 보입니다.

증상은 다양하지만 주로 과민성, 피로, 집중력 저하, 불안, 초조, 수면 문제가 있습니다. 메스꺼움, 설사, 두통, 특히 목과 어깨 등의 근육 긴장과 같은 신체 증상이 나타날 수도 있습니다. 이와 같은 증상들이 6개월 이상 지속적으로 나타나면 범불안 장애로 진단합니다. 범불안 장애가 심해지면 대인 관계와 직업 활동에 큰 어려움을 겪을 수 있습니다.

기분 장애
Mood Disorders

#우울장애
#양극성장애
#일시적

감정이 격해질 때

> "모든 사람에게는 세상이 알지 못하는 자신만의 은밀한 슬픔이 있다."
> —헨리 롱펠로

기분 장애란 어떤 사람의 정서 상태에 극단적인 문제가 생겨 사고 과정, 사회적 관계, 행동에 영향을 미치는 경우를 말합니다. 기분 장애는 일시적인 편이라 증상이 나타났다가 사라질 때가 많습니다. 기분 장애에는 크게 우울 장애와 양극성 장애 두 유형이 있고, 다시 여러 하위 유형으로 나눌 수 있습니다.

우울 장애

주요 우울 장애로 진단을 받으려면, 주요 우울 삽화 depressive episode 를 적어도 한 번 이상 경험해야 합니다. 주요 우울 삽화는 2주 이상 지속되고 아래 증상의 일부를 겪습니다.

1. 압도적이고 지속적인 슬픔 또는 짜증
2. 죄책감 또는 무가치감
3. 이전에 즐기던 활동을 비롯해 무엇에든 흥미를 잃고 사교적인 활동에 대한 흥미가 부족함
4. 활력이 매우 낮음
5. 집중하지 못하거나 의사 결정을 내릴 수 없음
6. 잘 먹지 못하거나 너무 많이 먹는 등 식사 양상이 달라짐
7. 잠을 자지 못하거나 너무 많이 자는 등 수면 양상이 달라짐
8. 자살이나 죽음을 반복적으로 생각함

흥미롭게도 극심한 우울증에 걸린 사람은 대개 자살을 하지 않습니다. 심각한 우울 삽화가 나타나는 기간에는 무감각하고 의욕이 없어 애초에 자살 계획을 실행에 옮기지 못하기 때문이지요. 오히려 회복하고 기운을 차리는 기간 동안 자살을 하는 사람이 더 많습니다. 남성보다 여성이 주요 우울 장애를 더 많이 겪습니다. 자살 시도도 여성이 남성보다 많이 하지만, 자살 성공률은 남성이 여성보다 더 높습니다. 주요 우울 장애 외에도 비슷한 증상을 보이는 몇 가지 유형의 우울증이 있습니다.

기분 부전 장애

최소 2년 동안 주요 우울 장애 증상을 경험하는 사람에게는 기분 부전 장애가 있습니다. 이 장애를 앓는 사람들이 항상 우울한

증상을 경험하는 것은 아닙니다. 그들은 스스로가 완전히 정상이라고 느끼는 순간이 있습니다.

계절성 정동 장애

계절성 정동 장애는 계절 요인으로 우울증 증상을 경험하는 상태입니다. 계절성 정동 장애를 경험하는 사람들은 대체로 겨울철에 이 증상을 겪습니다.

정신병적 주요 우울

주요 우울 장애의 증상과 함께 환각이나 망상을 경험하는 상태입니다.

산후 우울증

산후 우울증은 여성이 출산 후 경험하는 우울증입니다. 호르몬의 변화, 수면 부족, 신체적 변화, 여성의 사회적 변화 또는 직장 내 관계 변화 때문에 발생할 수 있습니다.

비정형 우울증

비정형 우울증은 주요 우울 장애의 여러 특징을 보이지만, 실제 주요 우울 장애로 분류할 만큼 증상이 심하지 않은 유형입니다. 일반적으로 비정형 우울증의 증상에는 체중 증가, 식욕 증가, 과도한 수면, 만성피로, 거절에 대한 예민한 반응 등이 있습니다.

긴장성 우울증

긴장성 우울증은 상당히 드문 유형의 우울 장애로, 오랜 시간 움직이지 않거나 기괴하게 움직입니다. 긴장성 우울증 환자는 말을 하지 않거나 다른 사람의 행동과 말하는 습관을 따라 하기도 합니다.

멜랑콜리아형 우울증

멜랑콜리아형 우울증은 모든 활동은 아니더라도 많은 활동에서 흥미와 즐거움을 잃는 것이 특징입니다. 또 좋은 일이 생겼을 때 긍정적으로 반응하는 것이 매우 어렵습니다. 증상은 주로 아침에 더 심해지고, 외부 자극 없이도 두 시간 이상 일찍 잠이 깨는 '일찍 깨어나기' 증상이 나타날 수 있습니다. 멜랑콜리아형 우울증을 앓는 사람은 자신이 남들과 다르게 보인다는 이유로 매우 강렬한 슬픔을 경험하기도 합니다.

양극성 장애

양극성 장애(한때 조울증이라고 부름)를 앓는 사람은 조증과 울증이 번갈아 나타나는 극심한 기분 변화를 경험합니다. 조증의 증상은 다음과 같습니다.

1. 짜증이 나는 느낌
2. 매우 활기차고 기분이 고양됨
3. 과대망상과 자존감이 비대해짐
4. 초조감을 느끼고 말이 빨라짐
5. 잠을 많이 자지 않아도 되거나 전혀 자지 않아도 될 것 같다고 느낌
6. 해로운 결과를 초래하더라도 즐거움을 주는 활동에 더 많은 관심을 보임
7. 충동적임
8. 편집증, 망상, 환각 증상을 보일 수 있음

양극성 장애에는 다음의 여러 유형이 있습니다.

1형 양극성 장애

1형 양극성 장애에서는 조증 삽화(또는 조증)와 우울 삽화가 7일 이상 지속적으로 나타나거나, 입원이 필요할 정도로 강한 조증 삽화가 나타납니다. 양극성 장애 환자는 보통 2주 이상 지속되는 우울 삽화도 경험합니다.

2형 양극성 장애

경조증과 우울 삽화가 그다지 심하지 않고, 가벼운 유형의 양극성 장애입니다.

달리 분류되지 않는 양극성 장애(BP-NOS)

양극성 장애의 증상(개인의 평소 행동과 명백히 다른 증상을 보이는 경우)을 겪지만, 1형 양극성 장애나 2형 양극성 장애로 진단하는 데 필요한 기준을 충족하지 못하는 경우입니다. BP-NOS의 증상은 지속 시간이 짧거나 적을 수 있습니다.

기분 순환 장애

양극성 장애 중에서 덜 심각한 유형입니다. 기분 순환 장애 환자는 양극성 장애와 동일한 증상을 경험하지만, 완전히 조증 상태에 빠지거나 주요 우울 삽화를 경험하지는 않습니다. 기분 순환 장애로 진단받으려면 최소 2년간 이 증상이 지속되어야 합니다.

신체형 장애
Somatoform Disorders

#일곱가지유형
#인지적요인
#성격요인

고통은 느끼지만 이유는 알 수 없는 상태

> "너 자신 외에 너에게 평화를 가져다줄 수 있는 것은 없다."
> —랄프 왈도 에머슨

신체형 장애는 의학적 질환으로 설명할 수 없는 신체 증상을 호소하는 정신 질환입니다. 신체형 장애를 진단할 때 사용되는 일정한 기준이 있습니다.

1. 신체적 증상이 의학적 질환이나 약물 사용, 다른 정신 질환의 결과여서는 안 됩니다.
2. 꾀병(환자가 금전적 이득을 위해 신체적 증상을 보이는 경우)이나 허위성 장애(남들이 자신을 안쓰럽다고 생각하게 만들고 싶은 것처럼 심리적 이득을 위해 신체적 증상을 보이는 경우)로 진단받지 않아야 합니다.
3. 증상 때문에 개인의 직업적·사회적·일상적 기능이 크게 손상되어야 합니다.

신체형 장애의 일곱 가지 유형

신체형 장애에는 일곱 가지 유형이 있습니다.

신체화 장애

신체화 장애(브리케 증후군이라고도 합니다)는 대개 30살 이전에 나타나고, 남성보다 여성에게 많이 나타납니다. 신체화 장애의 증상으로는 신체에서 네 부위 이상의 통증, 발기부전이나 성욕 감퇴와 같은 생식기관 문제, 실명이나 실신과 같은 가성 유사 신경학적 증상, 설사와 구토를 비롯한 소화기관 문제 등이 있습니다.

미분화 신체형 장애

신체화 장애의 증상 중 한 가지만 보이고, 이를 최소 6개월 이상 지속하는 유형입니다.

전환 장애

전환 장애의 증상은 스트레스나 외상 사건을 경험한 후 나타나고, 대개는 자발적 운동 및 감각 기능에 영향을 미칩니다. 일반적 증상으로 마비, 무감각, 실명, 언어 불능 등이 있습니다. 어떤 남자가 말을 타다가 떨어졌을 때, 실제 다리를 다치지 않고 멀쩡한데도 마비가 나타날 수 있습니다. 일반적으로 전환 장애의 신체적 증상은 마음의 갈등을 해결하려는 시도로 여겨집니다.

통증 장애

 통증 장애를 앓는 사람은 만성적으로 심각한 통증을 경험하는데, 이 통증은 몇 달간 이어질 수 있습니다. 가짜로 통증을 느끼는 꾀병과는 달리, 통증 장애를 앓는 사람은 실제로 극심한 통증을 느끼기 때문에 일상생활에 큰 지장이 생깁니다.

건강염려증

 건강염려증은 중병에 걸렸을 것이라는 두려움에 사로잡힌 상태입니다. 자신의 증상을 잘못 해석해 증상이 실제보다 훨씬 심각하다고 판단합니다. 의사에게 진찰과 평가를 받은 뒤에도 증상에 대한 집착과 믿음이 계속됩니다. 꾀병처럼 단순히 증상을 꾸며 내는 것이 아닙니다. 자신의 감정을 통제하지 못하고 모든 증상이 심각한 질병의 징후라고 확신합니다. 이런 행동이 6개월 이상 지속되고, 공황 장애나 강박 장애, 범불안 장애와 같은 다른 질환으로 설명되지 않는 경우 건강염려증으로 진단할 수 있습니다.

신체 변형 장애

 신체 변형 장애를 앓는 사람은 (실제 있을 수도 있고 전혀 없을 수도 있는) 신체 기형이나 신체적 결함에 과도하게 집착합니다. 신체 변형 장애는 경미하거나 아예 있지도 않은 신체적 결함에 집착하는 것이 특징이며, 이런 집착은 일상생활 전반에 스트레스를 유발합니다. 신체 변형 장애의 한 예로 손에 작은 흉터가 있어 항상 장갑을 끼고 다니는 여자를 들 수 있습니다. 아주 사소한 결함에 집착하는 것이죠. 신체 변형 장애로 분류하려면 어떤 증상도 다른 장애로 설명할 수 없어야 합니다. 예컨대, 체중을 걱정하는 사람은 일반적으로 신체형 장애가 아니라 섭식 장애의 결과입니다.

달리 분류되지 않는 신체형 장애(NOS)
신체형 장애의 특징적인 증상을 보이지만, 특정 장애와 관련된 조건을 충족하지 않는 경우입니다.

신체형 장애에 작용하는 요인

연구자들은 인지적·성격적 요인이 신체형 장애 발병에 중요한 역할을 한다고 생각합니다.

인지적 요인
연구자들이 신체형 장애를 일으킨다고 생각하는 인지적 요인은 다음과 같습니다.

1. 건강한 상태에 대한 개념이 왜곡되어 있고, 따라서 건강한 사람은 불편감이나 증상이 전혀 없을 것이라고 기대하는 경우

2. 신체 감각에 지나치게 몰두하는 경우

2. 증상이 경미한데도 극단적인 결론에 도달하는 경우

성격 요인

히스테리성 성격 특질을 가진 사람이 신체형 장애를 앓을 가능성이 더 크다고 보는 사람이 많습니다. 히스테리성 성격인 사람은 다른 사람들의 관심을 끌기 위해 특정 방식으로 행동하고, 지나치게 감정적이고, 암시에 잘 넘어가고, 자기중심적입니다.

이러한 요인이 결합하면 자발적 신체형 장애가 발병할 가능성이 커집니다.

인지 행동 치료
Cognitive Behavioral Therapy

#생각
#다중양식치료
#인지치료

부정적 행동 알아채기

> "더 강한 사람은 시끄럽게 떠드는 사람이 아니라 조용히 문제를 정의하고 해결하는 방향으로 대화를 이끌어갈 수 있는 사람이다."
> ―아론 벡

인지 행동 치료는 우리에게 있는 가장 강력한 생각과 감정을 바꿈으로써 부정적 행동을 고쳐나가는 데 중점을 두는 심리 치료의 한 형태입니다. 우울증, 공포증, 불안, 중독과 같은 장애를 치료하는 데 널리 사용되죠. 인지 행동 치료에서는 생각과 감정이 실제 우리 행동에 영향을 미치고, 나아가 행동을 강화한다고 믿습니다.

가령, 자동차 사고에 대한 생각에 사로잡힌 사람은 자동차를 타는 것을 피하려 할 수 있습니다. 사고에 대한 생각과 두려움이 실제 행동에 영향을 미치기 때문이죠. 자아상과 자신의 능력을 부정적으로 생각하는 사람은 자존감이 낮아집니다. 결국, 사회적 상황을 피하거나 좋은 기회를 놓치게 될 수도 있습니다.

생각의 양상을 바꾸면 행동도 달라집니다. 인지 행동 치료는 개인의 지극히 구체적인 문제를 해결하는 데 초점을 맞추므로 단기간에 완료되는 편입니다. 개인은 인지 행동 치료를 통해 외부 세계에서 벌어지는 모든 상황을 통제할 수는 없더라도, 자신에게 일어나는 상황에 접근하고 이를 해석하는 방식을 통제할 수 있다는 점을 배웁니다.

인지 행동 치료의 단계

인지 행동 치료는 두 단계로 나눌 수 있습니다. 첫 번째 단계는 기능 분석 단계입니다. 이 단계에서 치료자는 환자가 자신의 신념 중 어떤 것이 문제가 되는지 파악하도록 이끌어줍니다. 이때 치료자는 어떤 상황과 감정, 생각이 환자의 부적응적 행동을 유발하는지 알아냅니다. 환자에게는 어려운 단계일 수 있지만, 이 단계의 결과로 얻는 통찰과 자기 발견은 치료 과정에 중요하게 작용합니다.

두 번째 단계는 구체적인 행동에 주목하는 단계입니다. 이 단계에서 환자는 현실 세계에 적용할 수 있는 새로운 기술을 배우고 연습합니다. 일반적으로 환자가 목표를 향해 점진적으로 나아가는 단계입니다. 한 걸음씩 나아갈 때마다 주요 목표가 덜 위압적으로 느껴지고 달성 가능성은 더 커 보입니다.

다중 양식 치료

앞서 언급한 합리적 정서 행동 치료를 제외하고, 인지 행동 치료의 일반적인 형태에는 아놀드 라자루스Arnold Lazarus의 다중 양식 치료Multimodal Therapy가 있습니다. 이는 단순히 한두 가지 요소에 집중하는 것이 아니라 성격의 모든 특성을 치료에 통합합니다.

라자루스의 다중 양식 치료는 모든 사람이 특정 양식을 경험하는 생물학적 존재라는 전제에서 나왔습니다. 여기서 양식은 정서를 경험하고, 상상하고, 생각하고, 느끼고, 냄새 맡고, 행동하고, 다른 사람과 관계를 맺는 능력을 말합니다.

○ 3-9. 라자루스 양식의 개념도

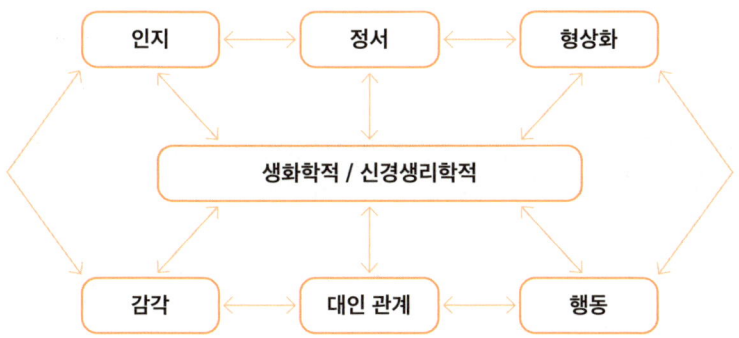

라자루스는 이 양식을 다음의 일곱 가지로 정리했습니다.

1. 행동
2. 정서적 반응이나 감정
3. 청각, 촉각, 시각, 후각, 미각과 같은 감각 반응
4. 자아상이나 이미지로 떠올리는 등의 심상
5. 신념, 의견, 태도, 단어로 생각하는 등의 인지
6. 대인 관계나 의사소통 방식
7. 약물 치료, 건강, 운동, 수면, 식단을 비롯한 약물과 생물학

다중 양식 치료의 구체적인 치료법은 환자마다 다릅니다. 환자는 진찰 과정을 거친 후, 본격적인 치료가 시작되기 전에 스스로 어떤 양식을 무시하거나 우선에 두는지 치료자에게 알립니다. 치료자는 환자에게 가장 적합한 양식에 집중하면서 치료를 시작합니다. 하지만 나중에는 모든 양식에 개입해 치료합니다.

> **더 읽어보기**
> ## 다리 놓기와 추적하기
>
> ### 다리 놓기 | bridging
> 치료자는 더 효과적일 수 있는 다른 치료 양식을 탐색하기 전에 환자가 선호하는 치료 양식을 알아봐야 합니다.
>
> ### 추적하기 | tracking
> 환자를 위한 치료법의 '점화 순서'를 이해하고, 평가하고, 우선순위를 정합니다. 사람들은 대개 상황에 따라 일정한 양상으로 반응하고, 특히 비

숱한 상황에서 더 그렇습니다. 환자의 고유한 양상을 파악하는 작업이 치료 효과를 높이는 데 중요합니다.

다중 양식 치료는 치료자가 다양한 기법과 심리 치료를 활용할 수 있고 어느 한 가지 이론에 얽매이지 않으며, 기술적으로 절충한다는 점에서 특히 주목할 만한 치료법입니다.

인지 치료

인지 행동 치료에서 또 하나의 인기 있는 치료법에는 1960년대 심리학자 아론 벡Aaron T. Beck이 개발한 인지 치료가 있습니다.

인지 치료에서는 정보는 끊임없이 걸러지고 해석되며, 그 과정에서 오류나 잘못된 믿음, 부정적 감정이 생긴다고 전제합니다. 잘못된 생각에는 10가지 양상이 있는데, 이를 인지 왜곡이라고 합니다. 행동을 바꾸려면 먼저 생각을 바꿔야 하는데, 이는 자신의 인지 왜곡을 이해하고 수정하는 방식으로 진행할 수 있습니다. 10가지 인지 왜곡은 다음과 같습니다.

1. **지나친 일반화**: 동떨어진 상황을 근거로, 다른 모든 상황도 똑같을 것이라고 광범위하게 가정합니다.
2. **긍정적 측면 무시**: 긍정적 사건은 별로 중요하지 않은 것처럼

행동합니다.

3. **전부 아니면 전무라는 생각**: 절대적인 관점으로만 사고하고, 중간 지점이 존재할 수 있다는 사실을 받아들이지 않습니다.
4. **감정적 추론**: 사실을 살펴보면서 상황을 객관적으로 바라보는 것이 아니라, 감정이 상황에 대한 사고를 지배하도록 내버려둡니다.
5. **성급한 결론**: 충분한 근거 없이 최악의 상황을 가정합니다.
6. **극대화와 극소화**: 긍정적 사건은 별것 아닌 것으로 치부하고, 부정적인 사건은 크게 부풀립니다.
7. **정신적 여과**: 삶에서 일어나는 긍정적 사건은 간과하고 나쁜 사건만 골라냅니다.
8. **당위 발언**: 현재 상황이 어떤지를 다루기보다 상황이 어떻게 흘러가야 하는지에 초점을 맞춥니다.
9. **개인화**: 자신이 통제할 수 없는 일로 자신을 탓합니다.
10. **낙인 찍기**: 다른 사람과 자신에게 거짓되고 잔인한 낙인을 찍습니다.

인지 행동 치료에서는 부정적 행동을 바꾸려면 부정적 사고를 바꿔야 한다고 말합니다. 합리적 정서 행동 치료, 인지 치료, 다중 양식 치료와 같은 방법을 통해 환자는 자신의 부정적인 사고 양식을 이해하고 극복할 수 있습니다. 나아가 부정적 행동에 대처하는 데 필요한 새로운 기술도 배울 수 있습니다.

미술 치료
Art Therapy

#내적자아
#상징
#은유

치유를 위한 미술

"예술은 영혼에 있는 일상생활의 먼지를 씻어낸다."
—파블로 피카소

미술은 표현력이 풍성한 매체입니다. 미술은 사람들이 소통하도록 도와주고 스트레스를 해소하게 해줍니다. 개개인이 가진 성격의 다양한 부분을 스스로 발견하고 연구할 수 있게 해주기도 하지요. 심리학에서 미술은 개인의 정신 건강을 개선하거나 심리 장애를 치료하는 데 사용되는데, 이것을 '미술 치료'라고 합니다.

미술 치료는 미술을 창작하는 데 필요한 과정과 심리 치료 기법을 통합해 개인이 자신의 문제를 해결하고 행동을 조절하도록 도와줍니다. 일상생활에서 직면하는 스트레스를 줄이고, 대인 관계 기술을 개선하며, 자기 인식과 자제력을 강화하는 데도 도움이 됩니다.

미술 치료는 1940년대에 별개의 치료 방법으로 등장했습니다. 이 무렵, 정신과 의사들은 정신 질환 환자들이 그린 그림에 관심을 가졌고, 교육자들은 아이들의 미술 작품에서 정신적·인지적·정서적 발달을 파악할 수 있다는 사실을 깨달았습니다.

미술 치료를 적용할 때

미술 치료에 긍정적으로 반응하는 집단이 있는데, 그중 일부는 다음과 같습니다.

1. 스트레스가 심한 성인
2. 학습 장애가 있는 아동
3. 외상 경험이 있는 사람
4. 정신 건강 문제가 있는 사람
5. 뇌 손상을 입은 사람
6. 가정이나 학교에서 사회적 문제와 행동 문제로 어려움을 겪는 아동
7. 우울증이나 불안, 가정 폭력으로 고통에 시달리는 사람

> **더 읽어보기**
> ### 미술 치료가 아닌 것
> 미술 치료는 취미 활동도 아니고, 미술을 창작하는 방법을 가르치는 활동도 아닙니다. 사전에 미술에 대한 경험이 있어야만 미술 치료를 받을

> 수 있는 것도 아닙니다. 미술 치료는 치료자가 환자의 작품을 해석하는 것이 아니라, 미술을 통해 치유하는 방법을 가르치는 것입니다.

미술 치료는 어떻게 작동하는가

미술 치료에 쓰이는 기법으로는 회화와 드로잉, 콜라주, 조각이 있습니다. 환자가 안전하다고 느끼는 환경에서, 미술 치료사는 환자가 작업을 하도록 주제를 제시하기도 하고, 환자가 자발적으로 작업을 할 수 있도록 지시를 내리지 않기도 합니다.

환자는 삶의 경험이나 사건과 관련된 미술 작품을 창작하면서, 자신의 경험을 더 깊은 차원에서 생각해보고 그 생각을 상징이나 은유로 표현할 수 있습니다. 이렇게 고유한 상징과 은유를 창조하면서 환자는 자기만의 용어로 이미지를 정의할 수 있는데, 이 과정은 회복과 자기 발견의 중요한 부분입니다. 환자는 이런 상징의 의미를 이해하고 설명할 수 있는 유일한 사람입니다.

이처럼 개인의 '내적 자아'에서 끌어낸 경험을 물리적 실체로 구현해 세상에 내놓는 동안 환자는 자신의 경험에서 한 발 멀어질 수 있습니다. 자신의 문제를 직접 말하는 힘든 과정 대신 자신이 만든 작품에 관해 이야기하며 조금 더 높은 안전감을 느낄 수 있죠. 이 과정을 통해 환자의 자기 이해, 자기 수용, 자기 인식이 서서히 나아집니다.

미술 치료의 이점

자기 수용과 자기 인식을 개선하는 것 외에도, 미술 치료로 얻을 수 있는 이점은 다양합니다.

1. 지루함, 소외감, 무관심과 싸우는 과정에 적극적으로 참여하게 합니다.
2. 스스로 의사 결정을 내리고 선택하게 합니다.
3. 창의력을 길러주어 어려운 상황에 다르게 대처하게 합니다.
4. 부정적 감정이 정화되는 카타르시스 효과를 볼 수 있습니다.
5. 대인 관계와 사회적 학습이 발생할 수 있습니다.

미술 치료의 특별한 점은 개인이 치료 과정에서 능동적으로 행동할 수 있다는 것입니다. 예술 작품과 상징을 통해 생각을 표현하면서 자기만의 방식으로 회복하고 자각할 수 있습니다.

최면
Hypnosis

#잠재의식
#암시요법
#환자분석

교묘한 속임수가 아니다

> "무의식적인 마음은 확실히 단순하고,
> 영향을 받지 않으며, 솔직하고 정직하다."
> ―밀턴 에릭슨

심리학에서 최면은 심리 치료에 사용되는 기법으로, 환자가 깊은 이완 상태로 들어가 자신의 마음에 집중하도록 돕는 장치입니다. 최면 상태에서는 자신의 생각과 느낌, 행동 사이의 연결성이 더 선명하게 드러납니다.

미디어에서는 최면이 부정적으로 묘사될 때가 많지만, 사실 최면은 심리 치료 효과만이 아니라 의학적 효과도 임상적으로 입증되었습니다. 특히 불안과 통증을 줄이는 데 효과적이고, 치매와 관련된 증상을 완화하는 데 유용할 수 있다는 의견도 있습니다.

대체로 최면은 치료 과정의 보조 수단으로 사용되며, 치료 자체가 목적은 아닙니다.

최면의 작동 원리

최면은 잠재의식을 변형하고 재설정하는 방법으로 개인을 치료하고 보살핍니다. 우리가 최면 상태에 들어가면 의식은 가라앉고 잠재의식이 깨어납니다. 심리학자들은 개인의 삶에 진정한 변화가 일어나려면 의식뿐만 아니라 잠재의식도 바뀌어야 한다고 말합니다. 의식 상태보다 최면 중에 잠재의식이 더 많이 드러나기 때문에 숨겨진 의식과 생각, 감정, 기억을 탐색할 수 있습니다.

가령, 의식 차원에서는 최선을 다해 담배를 끊으려 하지만 잠재의식에 금연을 실패하게 만드는 욕구가 깊이 자리하고 있을 수 있습니다. 이때 최면을 통해 잠재의식을 이해하고 변화시키고 재설정하면 금연에 성공할 수 있습니다.

최면 상태에서 환자는 깊은 잠에 빠지지 않고, 자신의 판단을 거스르거나 다른 때라면 하지 않았을 행동을 강요당할 수 없습니다. 치료자의 모든 지시를 따를 필요도 없죠. 환자는 최면 상태에서도 자신의 환경과 상황을 끊임없이 인식합니다.

> **더 읽어보기**
>
> ### 최면 치료의 두 가지 방법
>
> **환자 분석**: 최면을 이용해 무의식에 숨겨진 과거의 외상이나 사건, 증상이나 장애의 근본 원인을 찾습니다. 원인이 밝혀지면 심리 치료로 문제를 더 자세히 다룰 수 있습니다.

> **암시 요법:** 최면 상태에 들어가면 환자가 치료자의 암시에 더 잘 반응하기 때문에, 흡연이나 손톱 물어뜯기와 같은 행동을 변화시킬 수 있습니다. 최면 치료는 감각과 지각을 변화시키는 데도 이용되고, 통증 관리에도 자주 활용됩니다.

최면으로 치료할 수 있는 문제

실제로 최면으로 치료할 수 있는 정신적·정서적·신체적 문제는 많습니다. 최면은 우리가 감당하기 힘들어하는 모든 문제를 다루도록 도와주기 때문이죠. 최면요법이 자주 사용되는 문제는 다음과 같습니다.

1. 공포증
2. 스트레스와 불안
3. 공황 발작
4. 슬픔
5. 섭식 장애
6. 수면 장애
7. 우울증
8. 중독
9. 체중 감량

10. 금연

11. ADHD 증상

12. 출산 중 통증 감소

13. 성적인 문제

14. 화학 요법을 진행 중인 암 환자의 메스꺼움과 구토 감소

15. 과민성대장증후군 증상 완화

선한 사마리아인 실험
The Good Samaritan Experiment

#달리
#뱃슨
#시간제약

도움을 이해하기

"행복은 선한 일을 하고 다른 사람을 돕는 데서 비롯된다."
— 플라톤

1978년에 심리학자 존 달리John Darley와 대니얼 뱃슨Daniel Batson은 성경에 나오는 선한 사마리아인의 비유를 바탕으로 실험을 구상했습니다.

> **더 읽어보기**
> ### 선한 사마리아인 이야기
> 어느 유대인 남자가 예루살렘에서 예리코로 가던 길에 강도에게 폭행을 당하고 길바닥에서 죽어가고 있었습니다. 한 랍비가 길에 쓰러진 그 남자 옆을 지나갔지만, 못 본 척하며 도와주지 않았습니다. 이어서 어느 유대인이 불쌍한 처지의 그 남자에게 다가갔지만 도와주지는 않았습니다. 랍비가 그런 것처럼 그냥 쳐다보기만 하고 지나갔죠. 이후 어느 사마리아인이 그 남자에게 다가갔습니다. 사마리아인과 유대인은 서로 원수지

간이었지만, 사마리아인은 그 유대인 남자를 여관으로 데려가 치료하고 보살펴주었습니다. 이튿날 아침에 사마리아인은 여관 주인에게 돈까지 주며 비용은 얼마든지 댈 테니 그 남자를 돌봐달라고 부탁했습니다.

달리와 뱃슨은 세 가지 가설을 검증하기 시작했습니다.

심리학자 존 달리

1. 랍비와 유대인이 길에 쓰러진 남자를 도와주지 않은 것은 종교 문제에 몰두하느라 생각이 다른 데 가 있었기 때문이라고 전해졌습니다. 달리와 뱃슨이 검증할 첫 번째 가설은 종교에 몰두한 사람에게 남을 돕게 하는 것이 종교에 몰두하지 않은 사람에게 남을 돕게 하는 것보다 어려운지 알아보는 것이었습니다.
2. 두 번째 가설은 용무로 바쁜 사람이 도움의 행동을 표현할 가능성이 적은지 알아보는 것이었습니다.
3. 세 번째 가설은 삶의 의미를 이해하고 영적 통찰력을 얻기 위해 종교를 믿는 사람이 개인적 이득을 위해 종교를 믿는 사람보다 남을 도와줄 가능성이 더 큰지 알아보는 것이었습니다.

선한 사마리아인 실험

이 실험의 참가자는 종교학과 학생들로, 먼저 종교적 소속감과 신앙에 관해 묻는 설문지를 작성했습니다. 이 설문지는 세 번째 가설을 검증하는 데 사용되었습니다.

1. 학생들은 먼저 종교학 강의를 들은 후, 다른 건물로 이동하라는 지시를 받습니다.
2. 건물 사이에 한 연기자가 다쳐서 도움이 절실해 보이는 모습으로 길에 쓰러져 있습니다.
3. 긴박감이 참가자들에게 어떤 영향을 미치는지 검증하기 위해, 일부 학생에게는 다른 건물에 도착해야 할 시간이 얼마 남지 않았다고 서두르라고 알립니다. 반면, 다른 학생들에게는 서두를 필요가 없다고 알립니다.
4. 참가자들의 마음가짐을 검증하기 위해 일부 학생들에게는 다른 건물의 강의실에 도착하면 선한 사마리아인 이야기에 관해 발표하라고 지시하고, 다른 학생들에게는 신학교의 절차에 관해 강의하라고 지시합니다.
5. 참가자들의 행동을 평가하기 위해, 다쳐서 쓰러진 사람을 알아채지 못하는 행동부터 구급차가 올 때까지 그 사람 옆을 지키는 행동까지 여섯 단계로 나눠 계획을 세웁니다.

실험 결과

참가자의 긴박감이 다친 사람을 돕기 위해 가던 길을 멈출지를 결정하는 주요 요인이라는 결과를 얻었습니다. 서두를 필요가 없을 때는 참가자의 63%가, 급한 상황에서는 10%만이 그 사람을 돕기 위해 멈췄지요.

선한 사마리아인에 관해 발표하라고 지시를 받은 참가자들은 그렇지 않은 참가자들보다 쓰러진 남자를 도와주기 위해 멈출 가능성이 두 배 가까이 높았습니다. 개인의 생각이 영향을 미친다는 점을 보여주는 결과죠. 그러나 이 요인은 긴박감만큼 효과가 크지는 않았습니다. 선한 사마리아인에 관해 발표하라는 지시를 받았어도, 급한 용무가 있는 경우에는 대다수의 사람이 쓰러진 남자를 돕지 않았기 때문입니다. 개인적 이익을 위해 종교를 믿는지 영적 통찰을 위해 종교를 믿는지도 중요하지 않아 보였습니다.

다음 강의실에 도착한 일부 학생은 다친 남자를 못 본 척한 행동에 대한 불안감과 죄책감을 표현하기 시작했습니다. 다친 남자를 돕지 않은 것은 평소 남을 배려하지 않아서가 아니라 시간 제약과 압박감 때문이라는 점을 보여주는 태도로 보입니다.

선한 사마리아인 실험에서는 우리가 가던 길을 멈추고 피해자를 돕지 못한 것은 전적으로 시간을 지켜야 한다는 압박감 때문이라는 사실과 머릿속이 너무 얽혀 있으면 놀라운 결과를 초래할 수 있다는 사실을 보여줄 수 있었습니다.

마법의 숫자 7, 플러스 또는 마이너스 2
The Magical Number Seven, Plus or Minus Two

#기억
#인지심리학
#조직화

기억의 한계

> "뭔가를 훨씬 더 잘하고 싶다면, 실제로 그렇게 할 수 있다."
> ―앤더스 에릭슨

1956년, 인지심리학자 조지 밀러George A. Miller는 「마법의 숫자 7, 플러스 또는 마이너스 2: 정보 처리 능력의 한계The Magical Number Seven, Plus or Minus Two: Some Limits on Our Capacity for Processing Information」라는 제목의 유명한 논문을 발표했습니다. 이 논문에서는 단기 기억(STM)은 주어진 시간에 일곱 개에서 두 개를 더하거나 뺀 항목만 저장할 수 있다는 이론을 내놓았습니다. 일곱 개보다 많은 정보를 처리하려면 정보를 큰 덩어리로 묶어야 한다는 것이죠. 단어를 결합해 문장으로 만들거나 문장을 결합해 이야기로 만들면 단기 기억에 일곱 개 이상의 단어를 저장할 수 있습니다. 하지만 우

인지심리학자 조지 밀러

리의 기억은 여전히 한 번에 일곱 개의 덩어리만 저장할 수 있습니다. 예를 들어, 일곱 개 이상의 다음과 같은 숫자열은 기억하기 어려울 수 있습니다.

4819762013

하지만 이 숫자를 자연스럽게 덩어리로 묶어주면 단기 기억은 이 숫자를 기억할 수 있습니다. 위의 숫자열에서 숫자를 함께 묶으면(연도처럼 익숙한 수로 묶는다고 해봅시다) 다음과 같은 순서로 만들 수 있습니다.

4 - 8 - 1976 - 2013

앞에서 개별 숫자 10개를 기억하는 것은 어려웠지만, 이제는 네 개의 덩어리로 된 숫자열이 있어서 훨씬 더 수월하게 기억할 수 있습니다.

단기 기억 능력을 기르려면 이렇게 정보를 큰 덩어리로 묶어야 합니다. 작은 부분을 묶어서 더 큰 덩어리를 이루는 방식으로 기억력을 향상시킬 수 있습니다.

암기

밀러는 논문에서 심리학자 시드니 스미스Sydney Smith의 연구를 인용했습니다. 스미스는 1과 0으로 이루어진 2진수 네 개가 모인 긴 숫자열을 암기할 수 있었습니다. 이 2진수 배열은 10진수 하나와 같은데, 가령 숫자 2는 0 0 1 0으로 표시됩니다. 스미스는 2진수 16개를 10진수 4개로 표시할 수 있다는 사실을 발견했습니다. 그리고 이 4:1 비율을 이용해 2진수 10개를 기억할 수 있는 수준에서 2진수 40개를 기억할 수 있는 수준으로 기억 범위를 확장했습니다. 연구가 끝날 즈음 스미스는 10진수 10개를 연속적으로 암기하고, 다시 2진수로 변환해 2진수 40개의 목록을 작성할 수 있었습니다.

1980년에 심리학자 앤더스 에릭슨K. Anders Ericsson, 허버트 사이먼Herbert Simon, 빌 체이스Bill Chase는 이런 암기 개념을 확장하기로 했습니다. 심리학자들은 한 학부생에게 하루에 한 시간씩, 일주일에 3~5일 동안 무작위로 배열된 10진수를 외우게 했습니다. 1년 반이 넘는 시간이 지나고 연구가 끝날 무렵, 놀랍게도 이 학생의 기억력은 숫자 일곱 개를 기억하던 수준에서 79개를 기억할 수 있는 수준까지 향상되었습니다. 이 학생은 79개의 무작위 숫자를 듣고 곧바로 숫자를 완벽하게 말할 수 있었지요. 심지어 전날 암기한 숫자도 기억할 수 있었습니다.

이 연구에 참여한 학생은 숫자를 암기하는 특별한 방법을 제공

받지 않았고, 대신 자신의 개인적 경험을 이 과정에 적용했습니다. 달리기 선수인 그는 이 숫자열을 달리기 시간으로 암기했습니다. 이를테면, 3593이라는 숫자를 듣고 3분 59.3초로 기억하는 것이었죠.

조지 밀러와 에릭슨, 사이먼, 체이스의 연구는 복잡하고 정교한 암기 체계를 이용하면 사람의 기억력이 실제로 더 좋아진다는 사실을 밝혀냈습니다.

부록

심리학 이론별 목차 정리

정신분석학
1-1 지그문트 프로이트: 정신분석학의 창시자
1-2 카를 융: 내향성, 외향성, 무의식
1-3 헤르만 로르샤흐: 잉크 반점으로 알아보는 성격
1-4 카렌 호나이: 여성, 신경증, 프로이트에서 벗어나기
1-5 헨리 머레이: 성격 특질
1-6 안나 프로이트: 아이들을 생각하다
1-7 에리히 프롬: 인간의 근본적인 욕구
2-5 해리 스택 설리번: 대인 관계 정신분석
2-10 존 보울비: 모성애 이론의 아버지

발달심리학
2-6 장 피아제: 아동의 발달
2-7 레프 비고츠키: 사회적 상호작용의 중요성
2-13 메리 애인스워스의 낯선 상황: 애착에 대한 다른 접근

인본주의 심리학
1-8 에이브러햄 매슬로: 인간의 잠재력에 주목하다
2-8 칼 로저스: 사람들이 스스로 일어서도록 도와주기
2-11 해리 할로우: 원숭이들만의 이야기가 아니다
2-14 앨버트 엘리스: 새로운 유형의 심리 치료 창시자
2-15 앨버트 반두라: 다른 사람들을 관찰하면서 배우기
2-16 로렌스 콜버그: 도덕적 딜레마

행동주의 심리학
2-1 이반 파블로프: 인간의 가장 친한 친구를 연구한 사람
2-3 존 브로더스 왓슨: 행동주의의 창시자
2-9 버러스 프레더릭 스키너: 결과의 중요성

사회심리학
2-4 쿠르트 레빈: 현대 사회심리학의 아버지
2-12 솔로몬 애시: 사회적 영향의 힘
2-17 로젠한 실험: 건강한 사람이 정신 장애 환자들 사이에 있으면 어떻게 될까?
2-18 스탠리 밀그램: 대단히 충격적인 심리학자
2-19 필립 짐바르도: 교도소를 만든 연구자

개인심리학
2-2 알프레드 아들러: 개인이 중요하다

인지심리학
1-9 인지심리학: 머릿속에서 실제로 무슨 일이 벌어나는지 이해하기

게슈탈트심리학
3-1 게슈탈트심리학: 행동과 마음을 전체로 보기

심리학 이론
1-11 추동 감소 이론: 균형을 맞추기 위한 노력
1-12 인지 부조화 이론: 나 자신과의 싸움
1-13 자기 불일치 이론: 성취 또는 미달의 영향
1-14 휴리스틱: 의사 결정
1-16 좌뇌와 우뇌: 내 쪽에서 생각하기

1-17	시지각: 보이는 것을 어떻게 보는가
3-6	지능 이론: 생각에 대한 생각
3-7	리더십 이론: 리더가 되려면 무엇이 필요한가?
3-8	귀인 이론: 우리가 하는 모든 일에 의미 부여하기
3-9	집단에 관한 기초 이론: 성취 또는 미달의 영향
3-10	데이비드 콜브의 학습 유형: 경험을 통한 학습
3-19	선한 사마리아인 실험: 도움을 이해하기

심리학 응용

1-10	정서: 우리는 왜 이렇게 느낄까?
1-15	합의성 착각 효과와 고유성 착각 효과: 나랑 같은 생각인 거… 맞죠?
3-2	꿈: 빛이 사라질 때 나타나는 것
3-3	스트레스: 압박감의 과학
3-4	성격: 우리는 어떻게 우리가 되는가?
3-5	사랑: 진심으로 들어주기
3-20	마법의 숫자 7, 플러스 또는 마이너스 2: 기억의 한계

심리 장애 및 치료

3-11	성격 장애: 행동이 잘못된 방향으로 나아갈 때
3-12	해리성 장애: 갑자기 단절되는 사람들
3-13	불안 장애: 긴장 그 이상의 상태
3-14	기분 장애: 감정이 격해질 때
3-15	신체형 장애: 고통은 느끼지만 이유는 알 수 없는 상태
3-16	인지 행동 치료: 부정적 행동 알아채기
3-17	미술 치료: 치유를 위한 미술
3-18	최면: 교묘한 속임수가 아니다

> 부록

심리학, 더 즐겁게 공부하기

내면을 이해하는 심리학

도서

- 『자유로부터의 도피』(에리히 프롬, 김석희 옮김, 휴머니스트, 2020): 왜 인간은 자유로부터 도망치려 하는가, 인간의 불안은 어디로부터 시작되는가에 대한 답을 심리학적으로 풀어낸 책입니다.
- 『나를 다 안다는 착각』(카렌 호나이, 서나연 옮김, 페이지2, 2023): 신경증을 연구한 카렌 호나이의 저서입니다. 개인의 무의식, 심리적 고통 등을 정신분석학의 관점으로 정리했습니다.
- 『프로이트의 의자』(정도언, 지와인, 2023): 프로이트의 정신분석학을 공부할 수 있는 책입니다. 마음공부를 위해 무의식을 들여다보는 시간을 가져볼 수 있습니다.

드라마

- 《이번생은 처음이라》(tvN, 2017): 매슬로의 욕구 다섯 단계를 하나씩 충족시키며 어엿한 어른으로 성장하는 한 여자 주인공과 그 주변 인물들의 심리를 흥미롭게 풀어낸 드라마입니다.
- 《안나》(쿠팡플레이, 2022): 작은 거짓말을 시작으로 인생이 통째로 바뀌어버린 한 여자의 삶을 다룬 드라마입니다. 인지 부조화를 해소하기 위해 신념을 계속 왜곡하는 주인공을 볼 수 있습니다.
- 《사이코지만 괜찮아》(tvN, 2020): 어릴 적 엄마에게 받은 상처가 무의식에 자리한 여자와, 착한 아이 증후군에 걸린 남자가 만나 서로를 위로하고 성장하는 내용의 드라마입니다.

영화

《**트루먼쇼**》(피터 위어, 1998): '트루먼쇼 증후군'이라는 용어를 만들어낸 영화로, 주인공이 온전한 자유를 얻기 위해 내면의 두려움을 마주하고 이겨내는 과정을 흥미진진하게 그렸습니다.

《**인셉션**》(크리스토퍼 놀란, 2010): 꿈과 현실 사이를 오가며 작전을 수행하는 이야기로, 주인공의 무의식에 존재하는 욕망을 들여다보는 재미가 있습니다.

관계를 이해하는 심리학

도서

『**관계의 불안은 우리를 어떻게 성장시키는가**』(에드 트로닉·클로디아 M. 골드, 정지인 옮김, 북하우스, 2022): 인간을 성장시키는 것은 결국 관계의 불안이라고 주장합니다. 무표정 실험을 통해 밝혀낸 다양한 이론을 읽을 수 있습니다.

『**가짜 환자, 로젠한 실험 미스터리**』(수재나 캐헐런, 장호연 옮김, 북하우스, 2023): 로젠한 실험의 역사적 이면을 추적하는 책입니다. 실험 과정과 의미를 공부하며 정신의학의 본질을 이해할 수 있습니다.

『**마음의 지혜**』(김경일, 포레스트북스, 2023): 인지심리학자가 전해주는 유쾌한 위로가 담긴 책입니다. 인간관계, 성공, 사랑, 죽음 등 인생의 다양한 고민을 해결할 수 있는 지혜가 있습니다.

드라마

《**디어마이프렌즈**》(tvN, 2016): 부모와 자녀, 부부, 친구 등 여러 관계 사이의 심리를 엿볼 수 있는 드라마입니다.

《**나의 아저씨**》(tvN, 2018): 주인공 지안의 변화를 통해 관계가 심리에 어떤 영향을 미치는지, 주변 사람과의 관계가 얼마나 중요한지 느낄 수 있는 드라마입니다.

다큐멘터리

《**아인슈타인과 원자폭탄**》(넷플릭스, 2024): 아인슈타인의 윤리적 괴리감을 다룬 다큐멘터리입니다. 전쟁을 끝내기 위해 만든 폭탄이 또 다른 공포가 되어버린 상황에서 아인슈타인이 겪는 딜레마를 볼 수 있습니다.

영화

《**굿 윌 헌팅**》(구스 반 산트, 1998): 괴짜 수학 천재와 어느 교수의 우정을 통해 사회적 관계의 힘을 느낄 수 있습니다. 나아가 상담법에 대한 통찰도 얻을 수 있습니다.
《**원더**》(스티븐 크보스키, 2017): 부모의 지지와 사랑이 아이에게 얼마나 큰 힘이 되는지 깨달을 수 있는 영화입니다. 주인공 메기가 성장하는 과정을 통해 인간관계와 심리의 긴밀한 상호작용을 확인할 수 있습니다.

세상을 이해하는 심리학

도서

『**프레임**』(최인철, 21세기북스, 2021): 자유롭고 행복한 삶을 위해 세상을 바라보는 관점을 재정의해야 한다고 이야기합니다. 자신의 틀을 깨고 보다 지혜로운 사람이 되기 위한 마인드셋을 배울 수 있습니다.
『**12가지 인생의 법칙**』(조던 B. 피터슨, 강주헌 옮김, 메이븐, 2023): 혼란한 세상에서 무너지지 않고 살아갈 수 있는 12가지 인생의 법칙을 제시합니다. 아주 작은 습관부터 전반적인 태도까지 심리학을 바탕으로 한 인생의 지혜를 전합니다.
『**사랑의 기술**』(에리히 프롬, 황문수 옮김, 문예출판사, 2019): 사회심리학자 에리히 프롬의 유명한 심리학 고전입니다. 사랑은 하나의 기술이자 능력이라는 색다른 관점을 접할 수 있습니다.

드라마

《킬미힐미》(MBC, 2015): 해리성 정체감 장애(다중 인격 장애)를 다루는 드라마입니다. 주인공이 가진 여러 개의 인격과 그의 사연을 알아가는 과정이 흥미롭게 그려집니다.

《이 구역의 미친 X》(카카오TV, 2021): 분노 조절 장애를 가진 남자와 양극성 장애를 가진 여자가 심리적 장애를 극복하며 내적으로 성숙해지는 과정을 다루는 드라마입니다.

《정신병동에도 아침이 와요》(넷플릭스, 2023): 정신병동에 모인 온갖 인물에 대한 이야기로, 다양한 심리 장애가 등장하는 드라마입니다.

영화

《위대한 쇼맨》(마이클 그레이시, 2017): 바넘이라는 실제 인물에 관한 이야기로, 그가 어떻게 쇼 비즈니스를 성공시켰는지 알 수 있습니다. 진정한 리더란 어떤 사람인지 고민해볼 수 있습니다.

《콘크리트 유토피아》(엄태화, 2023): 집단 사고 중에서도 극도의 집단 이기주의의 실상을 확인할 수 있는 영화입니다. 집단 사고의 부정적인 측면을 실감나게 느낄 수 있습니다.

공통(유튜브 채널)

〈놀면서 배우는 심리학〉: 여러 심리학 개념을 알기 쉽게 정리한 유튜브 채널입니다. 국내 심리학자와의 인터뷰도 올라 있습니다.

〈그것이 알고싶다-지선씨네마인드〉: 범죄심리학자의 시선으로 영화 속 세상과 사람을 분석합니다. 그들의 심리를 파악하고 해석하는 과정이 재미있습니다.

이미지 출처

1. 내면을 이해하는 심리학

카를 융　Carl Jung/Wikimedia commons(CC-BY-SA-4.0)
카렌 호나이　Karen Horney/Wikimedia commons(CC-BY-SA-4.0)
헨리 머레이　Harvard University Archives
에리히 프롬　Erich Fromm/Wikimedia commons(CC-BY-SA-3.0)
울릭 나이서　Ulric Neisser/Cornell University
월터 캐넌　Walter Cannon/Wikimedia commons(CC-BY-4.0)
리처드 라자루스　Richard Lazarus/UC Berkeley(Saxon Donnelly photo)
클라크 헐　Clark Hull/Wikimedia commons(CC-BY-SA-4.0)
레온 페스팅거　Leon Fesringer/Wikipedia(CC-BY-SA-4.0)
에드워드 토리 히긴스　Edward Tory Higgins/Wikimedia commons(CC-BY-SA-4.0)
대니얼 카너먼　Daniel Kahneman/Wikimedia commons(CC-BY-SA-2.0)
리 로스　Lee Ross/Wikimaedia commons(CC-BY-3.0)
제임스 깁슨 - James J. Gibson/Cornell University Library

2. 관계를 이해하는 심리학

알프레드 아들러　Alfred Adler/Wikimedia commons(CC-BY-SA-4.0)
존 브로더스 왓슨　John B. Watson/Wikimedia commons(CC-BY-SA-4.0)
꼬마 앨버트 실험　Little Albert experiment/Wikimedia commons(CC-BY-SA-4.0)
쿠르트 레빈　Kurt Lewin/EASP(collection of Tomasz Kardaś)
쿠르트 레빈(2)　Kurt Lewin/Wikimedia commons(CC-BY-SA-4.0)
해리 스택 설리번　Harry Stack Sullivan/parataxic
장 피아제　Jean Piaget/Wikimedia commons(CC-BY-SA-4.0)
칼 로저스　Carl Ransom Rogers/Wikimedia commons(CC-BY-SA-4.0)
버러스 프레더릭 스키너　Burrhus F. Skinner/Wikimedia commons(CC-BY-3.0)
존 보울비　John Bowlby/Wikipedia(CC-BY-SA-4.0)

해리 할로우　Harry Harlow/Wikipedia(CC-BY-SA-4.0)
솔로몬 애시　Solomon Asch/Wikipedia(CC-BY-SA-4.0)
메리 애인스워스　Johns Hopkins University Sheridan Libraries(Photograph by William C. Hamilton)
낯선 상황 실험　Johns Hopkins University Sheridan Libraries(Photograph by Richard W. Linfield)
앨버트 엘리스　Albert Ellis/Wikipedia(CC-BY-SA-4.0)
앨버트 반두라　Albert Bandura/Wikimedia commons(CC-BY-SA-4.0)
보보 인형 실험　Bobo doll/Wikimedia commons(CC-BY-SA-4.0)
데이비드 로젠한　David Rosenhan/Wikipedia(CC-BY-SA-4.0)
스탠리 밀그램　Stanley Milgram/Wikimedia commons(CC-BY-SA-4.0)
필립 짐바르도　Philip Zimbardo/Wikimedia commons(CC-BY-SA-4.0)
스탠퍼드 교도소 실험　The Stanford Prison Experiment/Wikimedia commons (CC-BY-SA-4.0)

3. 세상을 이해하는 심리학

볼프강 쾰러　Wolfgang Kohler/Wikimedia commons(CC-BY-SA-2.5)
로버트 맥칼리　Robert McCarley/Nature
앨런 홉슨　Allan Hobson/Wikipedia(CC-BY-SA-4.0)
캘빈 홀　Calvin S. Hall/Alchetron
윌리엄 돔호프　G. William Domhoff/Wikipedia(CC-BY-SA-4.0)
한스 젤리에　Hans Selye/Wikimedia commons(CC-BY-SA-4.0)
로버트 스턴버그　Robert Sternberg/Tilburg University
루이스 서스톤　Louis L. Thurstone/Photographic Archive/The University of Chicago
로버트 여키스　Robert Yerkes/Wikimedia commons(CC-BY-SA-4.0)
데이비드 웩슬러　David Wechsler/Wikimedia commons(CC-BY-4.0)
존 달리　John Darley/Princeton University(Photo by Paul Bree)
조지 밀러　George A. Miller/Wikipedia(CC-BY-SA-4.0)

찾아보기

ㄱ

가용성 휴리스틱 · 119
간결성의 법칙 · 267
감각 기억 · 92
강박 장애 · 348
강박성 성격 장애 · 339
강화 계획 · 196
개성화 · 32
개인심리학 · 152
거래 이론 · 313
거세 불안 · 23
건강염려증 · 362
게슈탈트심리학 · 265
경계성 성격 장애 · 337
계절성 정동 장애 · 356
고든 올포트 · 288
고유성 착각 효과 · 123
고전적조건형성 · 145
공변 모형 · 318
공생 가족 · 75
공황 장애 · 346
광장 공포증 · 347
광학적 흐름 패턴 · 136

구강기 · 22
군집화 · 94
귀인 이론 · 315
규범적 영향 · 215
근본적인 귀인 오류 · 320
근접 발달 영역 · 182
근접성의 법칙 · 268
긍정적 강화 · 157, 193
긍정적 스트레스 · 280
기본 정신 능력 이론 · 303
기분 부전 장애 · 355
기분 순환 장애 · 359
기분 장애 · 354
기준점과 조정 휴리스틱 · 121
긴장성 우울증 · 357
꼬마 앨버트 실험 · 158
꿈 · 273
꿈의 활성화-합성 모형 · 275

ㄴ

남근기 · 23
낯선 상황 분류법 · 216
내담자 중심 치료법 · 186

넥커의 정육면체 ········· 134

ㄷ

다리 놓기 ················· 368
다중 불일치 이론 ········ 116
다중 양식 치료 ·········· 367
다중 지능 ················· 303
단기 기억 ············ 92, 383
대니얼 뱃슨 ·············· 379
대니얼 사이먼 ············· 88
대니얼 오길비 ··········· 117
대니얼 카너먼 ··········· 119
대응 추론 이론 ·········· 316
대인 관계 이론 ·········· 167
대인 관계 정신분석 ····· 172
대표성 휴리스틱 ········ 121
데이비드 로젠한/로젠한 실험 ···· 242
데이비드 웩슬러 ········ 306
데이비드 콜브 ··········· 328
도덕 발달단계 ··········· 237
도덕적 불안 ··············· 67
도식 ························ 175

ㄹ

레온 페스팅거 ··········· 108
레이몬드 카텔 ··········· 288

레프 비고츠키 ··········· 180
로라 펄스 ················· 270
로렌스 콜버그 ··········· 236
로르샤흐 검사 ············· 38
로버트 맥칼리 ··········· 275
로버트 스턴버그 ········ 297
로버트 여키스 ··········· 306
로잘리 레이너 ··········· 158
로저 스페리 ·············· 128
루돌프 하이덴하인 ····· 143
루스 베네딕트 ············· 79
루이스 서스톤 ··········· 303
루이스 터먼 ·············· 305
리 로스 ···················· 123
리더십 ··············· 163, 309
리더십 유형 ·············· 163
리더십 이론 ·············· 309
리처드 그레고리 ········ 133
리처드 라자루스/라자루스 이론 ···· 101

ㅁ

막스 베르트하이머 ····· 265
맨프레드 코첸 ··········· 254
메리 애인스워스 ········ 216
멜랑콜리아형 우울증 ··· 357
모성 박탈 ················· 203

모튼 프린스	60
무조건반사	147
무조건반응	146
무조건자극	146
무주의 맹시	88
문제 해결	89
문화적 편견	321
미분화 신체형 장애	361
미술 치료	371

ㅂ

반동 형성	69
반사회적 성격 장애	337
방관자 효과	324
방어기제	67
버나드 와이너	319
버러스 프레더릭 스키너	191
범불안 장애	352
변혁 이론	313
보보 인형 실험	233
보이지 않는 고릴라 실험	88
복종 연구	249
볼프강 쾰러	211, 265
부정적 강화	157, 193
부정적 스트레스	281
분리 뇌 실험	130

분석심리학	30
불변성	137
불안 장애	346
붉은털원숭이 실험	207
비정형 우울증	356
빈 의자 기법	271
빌 체이스	385

ㅅ

사랑	293
사회 발달 이론	181
사회 불안 장애	351
사회 학습 이론	231
사회적 무의식	76
사회적 촉진	322
산후 우울증	356
삼각 사랑 이론	297
삼원 지능 이론	304
상보적 교수법	183
상향식 처리	134
상황 이론	311
상황 적합 이론	310
생식기	24
샤흐터-싱어 이론	100
선한 사마리아인 실험	379
성격 5요인 이론	291

성격 장애 ········· 334
성격의 구조적 모형 ········· 25
성기 선망 ········· 24
소멸 ········· 193
솔로몬 애시 ········· 211
수학-연역적 행동 이론 ········· 105
순응 실험 ········· 212
스키너 상자 ········· 193
스탠리 밀그램 ········· 248
스탠리 샤흐터 ········· 100
스탠퍼드 교도소 실험 ········· 257
스트레스 ········· 280
승화 ········· 69
시드니 스미스 ········· 385
시지각 ········· 132
신경증적 불안 ········· 67
신체 변형 장애 ········· 362
신체형 장애 ········· 360
신프로이트학파 ········· 72
실반 톰킨스 ········· 102
심인성 욕구 이론 ········· 60
싸우거나 도피하는 반응 ········· 281

ㅇ

아놀드 라자루스 ········· 367
아돌프 히틀러 ········· 60

아동 정신분석 ········· 69
아론 벡 ········· 369
아모스 트버스키 ········· 119
안나 프로이트 ········· 65
안면 피드백 이론 ········· 102
알프레드 비네 ········· 305
알프레드 아들러 ········· 150
암기 ········· 385
애착 이론 ········· 201
앤더스 에릭슨 ········· 385
앨런 홉슨 ········· 275
앨버트 반두라 ········· 230
앨버트 엘리스 ········· 223
양극성 장애 ········· 357
에드워드 존스 ········· 316
에드워드 토리 히긴스 ········· 113
에리히 프롬 ········· 71
에이브러햄 매슬로 ········· 78
엘렉트라콤플렉스 ········· 24
여섯 가지 사랑 유형 ········· 296
역동성 ········· 168
연속성의 법칙 ········· 268
열등감 ········· 151, 153
영웅적 상상력 프로젝트 ········· 257
오이디푸스콤플렉스 ········· 21
외상 후 스트레스 장애 ········· 350

찾아보기 | 399

욕구 위계	79
우울 장애	354
우월감	153
울릭 나이서	85
원초아	25
원형	33
월터 캐넌	98
위인 이론	309
윌리엄 돔호프	277
윌리엄 제임스	97
유사성의 법칙	266
의존성 성격 장애	339
이기적 편향	320
이디엘 드 솔라 풀	254
이반 파블로프	143
이상적 자아	188
이인화 장애	344
익명의 알코올중독자 모임	35
인간상 형성	169
인본주의 심리학	186
인지 발달단계	174
인지 부조화 이론	108
인지 부조화 지루함 실험	110
인지 치료	369
인지 행동 치료	224, 365
인지심리학	85
일레인 햇필드	294
일반 적응 증후군	283
일반 지능	302
일치성	188

ㅈ

자궁 선망	54
자극의 일반화	160
자기 불일치 이론	113
자아	26
자아실현	82
작은 세계 실험	254
잠복기	24
장 마르탱 샤르코	20
장 피아제	173
장기 기억	93
장이론	162
저장 강박	350
전치	68
전환 장애	361
정서	96
정신병적 주요 우울	356
제롬 싱어	100
제임스 깁슨	134
제임스 칼스미스	110
제임스-랑게 이론	97

조건반사	144
조건반응	146
조건자극	146
조작적조건형성	157
조증	357
조지 밀러	383
조현성 성격 장애	336
조현형 성격 장애	336
존 달리	379
존 리	296
존 보울비	199
존 브로더스 왓슨	155
좌뇌와 우뇌	128
주제통각검사	60
중립자극	146
지그문트 프로이트	19
지능검사	304
지능 이론	301
지식화	68
직 루빈	293
집단 극단화	324
집단 사고	323
집단에 관한 기초 이론	322

ㅊ

찰스 스피어먼	302

참여 이론	312
철수하는 가족	75
초자아	26
추동 감소 이론	104
추적하기	368

ㅋ

카니 랜디스	102
카렌 호나이	51
카를 랑게	97
카를 마르크스	71
카를 아브라함	52
카를 융	30
칼 로저스	185
캐넌-바드 이론	98
캘빈 홀	276
쿠르트 레빈	161
쿠르트 코프카	265
클라크 헐	104
키스 데이비스	316

ㅌ

토머스 칼라일	310
통증 장애	362
퇴행	69
투사	68

ㅍ

편집성 성격 장애 336
폐쇄성의 법칙 269
표정 연구 102
프리츠 하이더 316
필립 바드 98
필립 짐바르도 256

ㅎ

하워드 가드너 303
하인츠의 딜레마 238
하향식 처리 133
학습 유형 328
한스 아이젠크 290
한스 젤리에 282
합리적 정서 행동 치료 225
합리화 68
합의성 착각 효과 123
항문기 23
항상성 105
해럴드 켈리 318
해리 스택 설리번 166
해리 할로우 206
해리성 기억상실 342
해리성 둔주 343
해리성 장애 341

해리성 정체감 장애 343
행동 유도성 138
행동 이론 312
행동주의 155
행위자/관찰자 차이 321
헤르만 로르샤흐 36
헨리 머레이 59
현실 불안 67
현실 원리 26
형상-배경 270
회피성 성격 장애 339
휴리스틱 119

기타

16가지 성격 요인 288
44가지 절도에 관한 연구 203
ABC 모형 225

드디어 시리즈 01

드디어 만나는
심리학 수업

1판 1쇄 발행 2024년 9월 27일
1판 4쇄 발행 2025년 5월 21일

지은이 폴 클라인먼
옮긴이 문희경
발행인 박명곤 **CEO** 박지성 **CFO** 김영은
기획편집1팀 채대광, 백환희, 이상지
기획편집2팀 박일귀, 이은빈, 강민형, 박고은
기획편집3팀 이승미, 김윤아, 이지은
디자인팀 구경표, 유채민, 윤신혜, 임지선
마케팅팀 임우열, 김은지, 전상미, 이호, 최고은

펴낸곳 (주)현대지성
출판등록 제406-2014-000124호
전화 070-7791-2136 **팩스** 0303-3444-2136
주소 서울시 강서구 마곡중앙6로 40, 장흥빌딩 10층
홈페이지 www.hdjisung.com **이메일** support@hdjisung.com
제작처 영신사

ⓒ 현대지성 2024

※ 이 책은 저작권법에 따라 보호받는 저작물이므로 무단 전재와 복제를 금합니다.
※ 잘못 만들어진 책은 구입하신 서점에서 교환해드립니다.

"Curious and Creative people make Inspiring Contents"
현대지성은 여러분의 의견 하나하나를 소중히 받고 있습니다.
원고 투고, 오탈자 제보, 제휴 제안은 support@hdjisung.com으로 보내주세요.

현대지성 홈페이지

이 책을 만든 사람들
기획 박일귀 **편집** 박고은, 박일귀 **표지 디자인** 구경표 **본문 디자인** 임지선